KB139904

이주와 다문화총서 2

이주와 노동

Migration and Labor

이 책은 2019년 정부(교육부)의 재원으로 한국연구재단의 지원을 받아 수행된 연구임(NRF-2019S1A5C2A04083298).

이주와 노동

Migration and Labor

김춘수 지음

　한국에서 이주노동자는 살아 숨 쉬는 자인가, 아니면 쓰다가 버려지는 일회
용 물건인가? 한국 사회에서 살아가는 이주노동자를 생각할 때 이 질문은 이
상과 현실의 괴리를 만나는 지점이다. 이주노동자에 대해 존 버거는 『제7의 인
간』에서 "불사의 존재, 끊임없이 대체 가능하므로 죽음이란 없는 존재"라 했다.

　한국 사회에서 이주노동자는 오직 노동하는 몸으로 기능하기를 요구받고,
표류하는 것을 당연함으로 받아들여야 하고, 존재할 권리를 국가의 허락에 구
해야 하는 것이 현주소이다. 체류권을 '허가'받은 이주민들조차 한국 사회의 성
원권을 제대로 획득했다고 말하기 어렵다. 국가는 잔혹하고, 사회는 무심하다.

　국제이주기구(IOM, 2020) 통계에 따르면 전 세계적으로 2억 7천만 명의 사람
들이 국제이주를 하고 있다(International Organization for Migration, 2020). 이러한 국제
이주의 원인은 다양하지만, 많은 경우 국가 간 노동력과 자본의 불균형을 해소
하는 데 필요한 이주 노동시장의 변화가 중요한 요인으로 작용한다.

　2003년 「외국인 근로자의 고용 등에 관한 법률」(이하 외고법)이 통과되고 1년
후인 2004년 8월 '고용허가제'가 시행된 이후, 이주노동자의 수는 매년 증가하
고 있다. 2022년 4월 말 기준 우리나라 체류 외국인 수가 200만 명에 육박하
고, 고용노동부 통계에 따르면 이 가운데 고용허가제로 국내에 유입된 외국인

근로자는 34만 명으로 재외동포 30여만 명까지 포함한다면 60여만 명의 외국인 근로자가 기초산업 분야에 종사하고 있다. 특히 코로나-19 여파가 조금씩 사라지고 모든 분야가 코로나-19 이전과 같은 일상으로 돌아가면서, 법무부는 2022년 상반기 외국인 계절 근로자 도입 규모를 9개 광역자치단체, 88개 기초자치단체에 대해 11,550명으로 확정하였다. 2021년 상반기 5,342명과 비교하면 거의 200% 이상 증가한 것이다.

하지만 용어에서 나타나듯 고용허가제는 사업주가 이주노동자를 고용할 수 있도록 허가한 제도로, 이주노동자에 대한 막강한 권한이 사업주에게 있어 직장 변경의 횟수 제한 등 이주노동자의 권리가 침해당하는 일이 비일비재하다.

이외에도 임금 착취, 과도한 노동시간, 산업재해 등 이주노동자들이 공통으로 겪는 어려움은 고용주에게 모든 권한이 부여되는 고용허가제에서 기인한다.

고용주와 국가의 기초사업 유지라는 기조 아래 시행되어 온 이러한 고용허가제의 영향은 단순히 산업현장에서만 나타나지 않는다. 대중매체를 통해 나타나는 이주노동자의 권익 침탈은 단순히 애처로운 시선의 대상일 뿐 그 이상도 그 이하도 아니며, 일부에서는 아주 냉소적 반응을 보이며 "남의 나라에 돈 벌러 왔으면 그 정도는 감수해야 하는 것 아닌가?"라는 어처구니없는 실언을 내

뱉곤 한다.

과연 왜 사람은 이주하는가? 그것도 일하기 위해서.

인류 시작부터 끊임없이 진행된 노동 이주, 그리고 그와 동반하여 나타나는 여러 가지 사회적 문제는 현재까지 연속성을 가지고 있다고 해도 과언은 아닐 것이다.

하지만 끊임없이 발생하는 다양한 인격과 권리의 문제 앞에서 우리는 한 발 뒤로 물러서 다시금 '노동 이주'를 직시해야 한다.

이주노동자가 최소한의 권리와 노동권을 보장받기 위해서는 정책의 변화나 제도의 변화 이전에 '노동'에 대한 인식의 변화가 선행되어야 한다.

아직도 우리 사회에는 이주노동자를 이방인 취급하거나 범죄자 집단처럼 바라보는 왜곡된 시각이 있다. 이제 그들을 그 어느 나라 사람이 아닌 지금 나와 함께 여기서 살아가는 존재로, 인격을 가지고 노동을 통한 자아실현과 인격 성장을 도모해야 할 존재로 인식해야 한다.

이 책은 대구가톨릭대학교 다문화연구원에서 수행하는 사업의 하나로 제작되었다. 너무나도 방대한 내용과 의미를 가진 '이주'와 '노동'이라는 주제로 책을 집필한다는 것 자체가 무모한 작업일 수도 있다. 그러나 '세계화'라는 거부할 수 없는 상황에서 노동을 위한 이주는 발생할 수밖에 없으며, 시간의 경과 속에 세계화는 더욱 깊이 모든 국가에 침투할 것이고, 노동 이주는 더욱 빈번해질 것이다. 이러한 확신 속에서, 이 책은 가장 기본이 되는 '노동'을 이해하고, 한국 사회는 어떻게 노동을 위해 국제이주를 감행하는 사람들을 환대해야 할지를 고민하는 길잡이적 교재이다.

이 책이 나오기까지 물심양면으로 도움을 주신 연구책임자이신 김동일 교수와 시작부터 마무리까지 함께해 주신 김용찬 교수, 김남경 교수께 감사드립니다. 그리고 원고를 교정하고, 부족한 부분에 첨언(添言)해 준 김도희 박사과정 연구보조원에게 고마움을 전합니다. 또한 이 책을 낼 수 있는 기회를 준 한국연구재단과 출판을 위해 수고하신 한국학술정보 관계자께 감사드립니다.

2022년 7월
김춘수(Kim, Chun Soo)

표 차례

그림 차례

제1부

⋮

세계화와 노동의 이해

제1장

$\vdots$

세계화 개념과 영향

1. 세계화의 개념과 유의 개념

1) 세계화의 개념

현재 정치 · 문화, 사회 · 경제에서 나타나고 있는 변화 가운데 한 가지를 뽑는다면 당연히 '세계화'일 것이다. 세계화, 즉 글로벌(Globalization)이란 국가 간에 존재하던 상품 자본 노동 정보 등의 장벽이 제거돼 세계가 거대한 단일 시장으로 통합돼 가는 것으로, 각국의 국가 경제가 세계 경제로 통합되는 이른바 '국경 없는 세계'를 의미한다.

미국 하버드 비즈니스 스쿨의 시어도어 레빗(Theodore Levitt) 교수는 1983 년 'The Globalization of Markets'란 기고문에서 "각국 소비자의 기호에 맞게 상품을 생산, 공급하는 다국적기업의 시대는 가고 규모의 경제를 실현한 글로벌 기업이 활약하는 세상이 올 것"이라고 예측했다. 국경 개념이 무너지고 경쟁력 있는 글로벌 기업이 세계 소비시장을 석권하는, 세계가 마치 하나의 지구촌처럼 국경을 초월하는 것을 뜻하는 말이다('세계화와 국제화의 차이'. 매거진 한경).

질레트 사의 회장인 자이언(Alfred M. Zeine)은 외국을 외국으로 생각하지 않는다고 말했다. 신발회사인 리복은 "리복이라는 행성에는 국경이 없다(On planet Reebok, there are no boundaries)"라는 광고 캠페인을 들고나왔다. 이러한 담론은 우리가 세계화 시대에 살고 있다는 간접적인 징표이다.

미국의 정치학자 로널드 스틸(Ronald Steel, 1931년~)은 다음과 같은 비유로 세계화의 불가피성을 설명하고 있다.

> 우리가 문을 닫아 세계화를 막으려 해도 세계화는 창문으로 들어올 것이며, 창문을 막으면 케이블로, 케이블을 자르면 인터넷으로 들어올 것이다. 그것은 방 안에 있을 뿐만 아니라 우리가 먹기까지 한다. 그리하여 그것은 우리 몸 안에 들어와 있다는 것이다(Thomas Friedman, OPINION "Big Mac II.")[1]

로널드 스틸의 말에서 세계화는 우리가 의지적으로 거부할 수 없는, 어떠한 경우에서도 받아들여야 하는 그 '무엇'인 것이다.

'세계화'가 무엇인지에 대해 많은 사람이 다양한 정의를 내렸지만, 여전히 세계화에 대한 합의된 이론은 존재하지 않는다(김덕호, 2006).

존 톰린슨(John Tomlinson)도 강조한 것처럼, '세계화'는 다차원적이며 중층적 성격을 지니고 있어서 잘못하다가는 코끼리 다리만 만지고도 코끼리가

---

1 "You try to shut the door and it comes in through the window, says the historian Ronald Steel about globalization. You try to shut the window and it comes in on the cable. You cut the cable, it comes in on the Internet. And it's not only in the room with you. You eat it. It gets inside you."

어떻게 생겼다고 주장하는 꼴이 될 수 있다(John Tomlinson, 1999, 27-29).

비록 합의된 이론은 없지만 '세계화(globalization)'라는 용어는 '지구의', '전 세계의', '세계적인'이라는 사전적 의미가 있다. '세계화'라는 용어는 '지구, 세계, 세계적'이라는 의미 때문에 최근에 생겨난 용어라고 인식되지만, 이미 400년 전부터 사용되었고, 오늘날 통용되고 있는 세계화라는 의미는 1960 년에 『The Economist』에 수록된 자동차 수입 관련 기사에서 그 사용의 기원을 찾을 수 있고, 명문화된 것은 1961년 웹스터 사전에 '세계주의(globalism)', '세계화(globalization)'에 관한 규정이 나타나면서부터이다.

> 세계화란 개인적·국가적 차원에서 인간의 활동을 비롯하여 어떤 현상이 국경을 초월하여 세계의 여러 지역으로 확대되어 나타나는 현상으로 국경을 넘는 인간 활동 영역의 확장, 상호작용의 증대, 상호의존성의 증가, 유사성 또는 합의성의 증대 등을 의미하고, 인류공동체적 차원에서는 개별국가로서는 해결할 수 없거나, 여러 국가가 직면한 공통 문제를 해결하는 과정 또는 그러한 능력을 의미한다(정홍익, 1994).

이렇게 길다면 길고, 짧다면 짧은 역사를 가진 세계화는 어느 한순간에 진행된 것이 아니라 역사의 과정에서 오랜 시간을 가지고 점진적으로 진행이 되기 때문에 학자마다 그 과정 구분에는 차이가 있다.

세계화의 진행 과정을 구분한 대표적인 사람은 스코틀랜드의 애버딘 대학교의 사회학자이자 이론가인 롤랜드 로버트슨(Roland Robertson, 1938년~)이다.

로버트슨은 세계화는 인적 자원을 비롯한 물적 자원들이 전 지구적으로 연결되고 상호의존 관계를 형성하는 과정을 의미하는 개념으로서의 세계화는 세계의 압축과 전체로서의 세계라는 인식의 집중과 함께 20세기의 견고

한 세계적 상호의존과 하나로서의 세계에 대한 인식을 의미하지만, 직접적인 결과로 보지 않는다는 점을 강조한다(Robertson, 1992; 재인용: 황선자 2008).

로버트슨은 세계화의 단계를 다섯 가지 국면(시기)으로 구분하였다〈표 1-1〉.

〈표 1-1〉 세계화의 진행 과정(Roland Robertson, 1992)

구분[2]	시기	단계별 특징
1단계	배태기 15세기 초~ 18세기 중반	• 민족공동체 성장 시작 • 개인과 인류에 관한 이념 강조 • 태양 중심 이론 등장 • 그레고리안 달력 보급
2단계	발생기 18세기 중반~ 1870년대	• 단일 국가의 이상 • 국제적 초국적 규제 및 커뮤니케이션과 관련된 협약과 대행자들의 급속한 증가 • 유럽 중심의 '국제사회'형성 (비유럽 사회의 '국제사회' 유입 승인) • 민족국가-국제주의 이슈 제기
3단계	도약기 1870년대~ 1920년대 중반	• 민족적, 개인적 정체성 관련 이념 제기 • 인류에 대한 이념이 국제적으로 공식화 • 세계교회운동의 발생 • 올림픽, 노벨상 등 전 지구적 경쟁 발전 • 제1차 세계대전 발발 / 국제연맹 결성
4단계	헤게모니 투쟁기 1920년대 초~ 1960년대 중반	• 생활 형태와 관련된 지구 전체의 국제적 갈등 존재 • 전 지구화 과정의 취약한 측면에 관한 논쟁과 전쟁 발생(유대인 대학살, 원자폭탄으로 인한 인류의 본성과 전망에 초점이 집중) • 국제연합(UN)결성

---

2 이 표는 로버트슨이 설명한 전 지구화, 즉 세계화의 시간적-역사적 진행 경로에 관한 내용을 도표로 요약정리한 것이다(Robertson, Roland(1992). Globalization: Social Theory and Global Culture Culture & Society, SAGE Publications. 58-60. (재인용: Robertson, Roland 2013, 103-105).

구분[2]	시기	단계별 특징
5단계	**불확실성기** 1960년대~ 1990년대 초	• 제삼 세계가 국제사회에 포함됨 • 전 지구적 의식 강화 • '탈 물질주의적' 가치 강조 • 다문화성과 다인종성의 문제에 직면 • 사회주의 몰락, 전 지구적 미디어 체계 확산 • 공동체로서의 인류(종, species)에 관심 증가 • (세계 시민사회와 시민권에 대한 관심 발생)

로버트슨의 5단계의 구분 외에도 국내 학자로 이수훈(1998)은 세계화의
진행 과정을 3단계로 구분한다〈표 1-2〉.

〈표 1-2〉 세계화의 진행 과정(이수훈, 1998)

구분	시기	단계별 특징
제1차	16세기~ 19세기	• 시대 정신 : 합리주의 • 자본주의 태동 • 국민국가 형성 • 국제적인 지리적 분업체계의 형성 • 유럽 내 주요 도시 간 교역의 활성화 • 중심-주변 구조 공고화로 불평등한 남북구조 정착
제2차	19세기 중반~ 20세기 초	• 시대 정신 : 자유주의 • 산업자본주의 팽창 • 제국주의와 식민주의 시대 • 유럽 자본주의의 전 지구적 확산 • 유럽 열강의 동아시아 진출 시기(지리적 팽창기) • 20세기 초 제1, 2차 세계대전으로 귀결
제3차	20세기 후반	• 시대 정신 : 신자유주의 • 하나의 과정이자 현재진행형 • 자본에 의한 지배력 강화 • 국가통제력의 약화 • 생산 영역의 세계화 • 거래 혹은 이동의 시공간 압축 • 초국가적 금융자본에 의한 세계 지배 • 생산방식의 새로운 패러다임 형성

이러한 세계화 과정을 '인도에 가보니 영혼이 자유로운 사람들이 있더라' 등 많은 문학가나 철학가들이 묘사한 아름다움이나 낭만은 없고, 현실의 인도는 상상할 수 없는 극심한 빈곤과 가난, 불평등이 인도에는 존재한다는 것을 로버트 A. 아이작은 『세계화의 두 얼굴』에서 지적한다.

하지만 중요한 것은 인도뿐만 아니라 저개발국가들의 현실을 보면 인도와 저개발국가들이 빈곤하다는 사실을 넘어, 비록 직접 세계화가 그들 국가를 가난하게 만들고 빈곤한 삶을 살도록 강요하지는 않지만, 대부분 개발도상국에서 빈민으로 살아가는 사람들이 최저 생존 수준의 삶을 살면서도 자신들이 빈곤하다는 사실을 인식하지 못하고, 스스로의 만족을 찾아 살다가 세계화로 인해 그들 국가의 국민이 자신들이 빈곤하다고 느끼고 있다는 점이다(조준현 2010, 50~51).

이러한 세계화로 인하여 상대적 박탈감으로 사회가 바뀌게 된 예가 바로 '부탄'이다.

"(부탄은) 2010년 (중략) 영국의 싱크탱크인 유럽 신경제재단(NEF)이 발표한 '국가별 행복지수'에서 143개국 중 1위를 차지한 것. 당시 1인당 국민소득(GNI)이 2,000달러에도 미치지 못하는 가난한 나라였는데 국민의 97%가 '행복하다'라고 응답했으니 깜짝 놀랄 결과였다. (중략) 하지만 약 7년여가 지난 지금, 부탄은 여전히 행복할까? 행복을 측정하는 기준이 다양해 쉽게 단정하긴 어렵지만, 지표상으로만 드러나는 그들의 모습은 더 이상 예전만큼 행복해 보이진 않는다. 특히 급격한 도시화로 인해 발생한 문제들이 부탄의 행복지수를 끌어내리고 있다. (중략) NEF의 2016년 국가별 행복지수 조사에서 부탄이 56위로 추락한 것도 이 같은 배경이 주요하게 작용했다"(김진주, 2018).

일부에서는 부탄의 행복지수가 급격하게 감소한 이유 중 하나로 인터넷
의 발달로 SNS가 보급되면서 부탄 국민이 자신의 나라가 얼마나 빈국인지,
자신들이 얼마나 낙후된 환경에서 살고 있는지를 자각했기 때문이라고 분석
하기도 한다.

오늘날 세계화는 다양한 분야에서 사용되고 있지만, 신자유주의와 세계
화는 1970년대 세계 경제의 위기에 대한 자본의 재구조화 시도의 하나로 거
의 동시에 나타났고, '세계화'와 '신자유주의'라는 말의 유래와 근원이 자본
의 필요로부터 나왔다는 사실은 분명하다.

자본은 한 지역에서 이윤율이 하락하면 다른 지역으로 이동함으로써 이
윤율을 회복하고자 시도하게 된다. 그런데 모든 지역에서 동시적으로 이윤
율이 하락하면 어떻게 해야 할까? 자본이 새로운 산업은 만들 수 있지만, 아
무리 전능한 자본일지라도 공간을 다시 만들 수는 없다. 결국 이윤율을 높이
기 위해서는 당연히 공간 구조가 재편되어야 한다. 여기서 공간 구조의 재편
은 새로운 공간을 만든 것이 아니라 공간을 이용하는 방식을 새롭게 만드는
형태로 나타나게 된다. 즉 '절대적' 개념의 공간을 '상대적' 개념의 공간으로
전환하는 것이다. '공간 개념의 상대화' 이것이 단순화시킨 '세계화'이다.

예를 들면 19세기 세계화라고 부르는 제국주의 국가들의 대외 팽창은 상
당 부분 철도와 선박 등과 같은 수송 수단의 발달에 힘입은 것이다. 당시 교
통수단의 발달은 단지 공간의 물리적 분리를 극복하는 데 드는 시간과 비용
을 절약할 수 있었을 뿐 여전히 물리적 공간의 분리는 절대적이었다. 하지만
정보통신 수단의 혁신은 공간적 분리를 절대적 개념이 아니라 상대적 개념

으로 만들었고, 이것이 본래 의미의 세계화이다.

그러므로 세계화를 정의하는 데 가장 유용한 단어는 물리적인 것을 넘어서 경제적인 의미의 '가동성(mobility)'이다. 세계화는 다국적기업의 관리자와 같은 특권층에게만 가동성을 제공하는 것이 아니라 개발도상국의 외국인 근로자들에게도 새로운 직장과 거주지를 얻어 이동하게 하는 가동성을 제공해 주었다.

한마디로 세계화는 자본과 노동 모두에게 기회를 제공하여 가동성이 증대하는 것이지만, 중요한 문제는 세계화라는 문제 이전에 자본은 죽어 있지만, 사람은 살아 있으므로 자본과 노동이 획득한 가동성의 정도가 똑같지 않다는 것이다.

세계화가 새로운 가동성을 부여한다고 해도 '그것을 얼마나 어떻게 이용할 수 있는가?'의 문제에서 자본과 노동은 서로 다른 기회를 부여받게 되고, 세계화로 인해 자본과 노동의 격차는 더 확대될 수밖에 없다.

상대적 공간의 축소, 가동의 증대 등의 말로 표현이 가능하지만, 추상적이고 개념적인 '세계화'를 이해하기란 어려움이 있다. 하지만 우리가 세계화를 이해하지 않고서 살아갈 수는 없다.

개념적인 세계화를 이해하기 어렵다면 좀 더 구체적으로 세계화와 함께 다니는 세계무역기구(WTO)나 자유무역협정(FTA) 등의 단어를 이해함으로써 세계화를 이해할 수 있다.

> WTO가 무엇이죠? 선진국의 자본가와 신자유주의자가 개도국의 노동자와 농민을 착취하는 수단이지요. 그러면 FTA는요? 미국이 한국 경제를 장악하고 노동자와 농민을 착취하기 위한 수단이지요(조준현 2010, 56).

이처럼 '착취'라는 용어를 앞세워 세계화를 반대하는 사람들의 논리에서 세계화의 부정적인 단면을 볼 수 있다.

서유럽 국가들은 제2차 세계대전 이후 복지국가의 건설로 경제성장과 완전고용을 동시에 성취했지만, 1970년대 초반과 후반 두 차례의 오일쇼크와 아시아 신흥공업국들의 시장잠식으로 인플레이션과 경기침체가 동시에 발생하여 스태그플레이션에 빠져들었고, 결국 대규모 실업이 발생하고 사회지출이 증대하여 재정위기에 봉착하였다. 이러한 세계화에 대한 부정적인 인식과 요인에도 불구하고 자본주의 축적체제의 위기와 1980년대 금융자본의 세계적 확장과 기술 진보, 그리고 1980년대 말 이래 현실 사회주의권의 붕괴 등을 배경으로 세계화(globalization)는 가속화되었다.

현재 세계화는 다양한 양상으로 전개되고, 관점에 따라서 그 개념도 다양하다. 세계화의 복합적 성격을 분석한 Reich(1998)는 세계화를 보는 시각을 다음과 같이 네 가지로 유형화한다.

첫 번째 시각은 세계화를 인류 역사 과정 중 하나인 역사적 시기(historical epoch)로 파악하는 것이다. 최근의 세계질서가 새로운 것이기는 하지만, 냉전 체제가 무너진 이후에 탄생했다는 점에서 역사적으로 특정 시기의 현상이라고 보는 관점이다. 이 관점은 1990년대 이후 진행된 일련의 변화들은 근대화론적 시각으로는 파악할 수 없으며, 근대화의 핵심 제도들이었던 계급 타협, 포디즘, 대량생산체제, 코포라티즘(corporatism),[3] 냉전 구도 등은 세계화 시

---

3 자본과 노동에 대한 국가의 통제 방식을 일컫는 개념으로, 긍정적으로 작용하면 대기업의 횡포를 막고 시장 부패와 파업으로 인한 사회 혼란을 막을 수 있다. 국가, 노동자, 자본가의 권위가 동등한 상태에서 경제적, 사회적 순화을 이루는 상태를 주장하는 이론이기도 하다. 협동조합주의(協同組合主義) 또는 조합주의(組合主義)라고도 한다. 국가의 역할을 최대한 강조하면서 애국심과 민족주의를 고취하여 곧 자본가와 노동자를 국가가 손쉽게 통제할 수 있는 사상을 가리키기도 하는 것이다('협동조합주의', 위키백과).

대에는 적합성을 상실했다고 보고 있다.

두 번째 시각은 세계화를 경제적 현상(economic phenomena)**으로 파악하는 것이다.** 자본, 상품, 노동시장을 규제하던 규칙들이 소멸하고 이른바 신경제(new economy)라 불리는 새로운 경제 질서가 출현한 것을 강조하는 시각이다. 이 시각은 자본의 축적 위기에 대한 대응으로 자본의 전 지구적 이동 현상을 강조하는 견해를 포함한다.

세 번째 시각은 세계화를 미국적 가치의 지배 현상(hegemony of American value)**으로 보는 것이다.** 세계화는 자본주의와 민주주의 원리에 대한 동질적 합의와 프로테스탄트(Protestant)적 가치관과 계몽적 가치를 전 세계적으로 확대하는 과정이며, 이는 미국적 가치의 세계화 과정과 일치한다.

네 번째 시각은 세계화를 정보 기술혁명과 이에 따른 사회조직과 기업의 급격한 구조변화에 초점을 둔 기술 및 사회혁명(technology and social revolution)**으로 정의하는 것이다.** 정보 기술혁명에 의해 기업구조가 수직적 관료제에서 네트워크 조직으로 바뀌었고, 경제행위자들의 행위 양식과 사고 양식, 기업 내 권력 구조, 의사 결정 구조 등이 획기적으로 변화되었다. 사회적으로 규제가 가능했던 자본은 정보과학기술의 도움과 자유시장 이데올로기에 힘입어 '고삐 풀린 자본(unfettered capital)'으로 변하였다. 그리고 각국의 노동시장은 국가 경계를 넘어 지역별, 권역별로 통합되고 있으며, 새로운 직업군의 탄생으로 전통적 직업개념과 노동 개념 자체가 바뀌었다.

이처럼 다양한 양상으로 전개되고 있는 세계화는 경제적 현상을 넘어, 초국적 차원의 권력이나 문화의 세계적 동질화 현상 등 다면적이고 다차원적인 현상으로 정의되기도 한다.

Waters(1995)는 세계화를 '경제의 세계화', '정치적 세계화', '문화의 세계화'로 구분하여 개념을 정의한다.

'경제의 세계화'는 무역·생산·투자·조직 이데올로기·금융시장 및 노동시장으로 나누고, 이상적인 무역의 세계화를 "지역 간의 무역에 있어서 완전한 자유"가 이루어지는 것이라고 정의하고, '정치적 세계화'는 주권국가·문제 해결 행위초점·국제적 조직체·국제 관계·정치 문화 등으로 구분하고, 이상적인 정치적 지구화를 "주권국가의 부재와 전 세계 지역 및 상호작용 수준에 있어서 중심의 다원성"을 가지는 것으로 정의한다. 그리고 '문화의 세계화'는 종교·인종·생태·미디어·여가 등의 영역에서의 세계화로 구분하고 "미디어 세계화를 이미지와 정보의 전 세계적 전달"로 정의한다(Waters, M., 1995).

비록 Waters는 세계화를 여러 관점에서 구분하였지만, 세계화는 본질적으로 '자본의 세계화'라고 할 수 있다. 마르크스에 의하면 자본은 '자기 증식하는 가치(self-valorizing value)'로 자본의 무한한 가치 증식성 때문에 자본은 가치증식 방법 또는 활동 공간을 끊임없이 확대해 나간다(카를 마르크스·프리드리히 엥겔스, 1993).[4] 자본은 가치증식을 위해 국내 공간을 이용하고, 국경을 넘어 타국에 진출하며, 궁극적으로는 세계 전체를 활동 공간으로 삼는다.

이 같은 자본의 세계화는 자본의 형태와 성격에 따라 시기를 달리하면서 전개되었는데, 1970년대 중후반 이후 자본의 축적 위기가 심화함에 따라 1980년대 초에 선진 복지 국가들이 자본이동에 대한 통제력을 상실하게 되면

---

4   마르크스·엥겔스에 의하면 "부르주아지는 생산물의 판로를 계속 확대해야 해서 세계 전체를 누비고 다닌다. 부르주아지는 어느 곳에서나 뿌리를 내려야 하고, 어느 곳에서나 정착해야 하며, 어느 곳에서나 연고자를 두어야 한다. 부르주아지는 세계시장의 개척을 통해 모든 나라의 생산과 소비에 범세계적인 성격을 주게 되었다. 오래된 국민적 산업들은 이미 파괴되었거나 나날이 파괴되고 있다. 다른 이해관계·법률·정부·조세제도를 가지고 있던 독립적인 지역들 또는 가벼운 관계를 맺고 있던 지역들이 하나의 정부·법률·국민적 계급이익·국경·관세를 가진 하나의 국가로 통합되었다."(카를 마르크스·프리드리히 엥겔스, 1993).

서 금융자본 이동의 가속화는 자본의 세계화를 선도하게 된다(박시종 2001, 27).

결국 OECD 국가들의 금융 자유화 조치가 완료되는 1980년대 이후 급속히 전개된 금융자본의 자유화에 따른 초국적 금융자본의 지구적 운동은 자본의 세계화와 그에 따른 세계 자본주의 체제의 지구적 통합에 핵심적 역할을 하고 있다. 전통적으로 금융 부문은 개별국가가 대내적 재정정책과 조세정책, 노동시장 정책, 사회복지 정책 등을 자율적으로 시행하기 위해 다른 어느 부문보다도 강력하게 규제해왔다. 이는 특히 서구 선진 복지국가에서는 케인스주의적 혼합경제를 관리하기 위한 정책 수단으로 그 자율성이 중요하게 여겨져 왔기 때문이다.

세계화는 테일러주의적, 포디즘적 생산방식이 경쟁력의 한계를 드러내면서 제2차 세계대전 이후 30여 년간 전개되어 온 케인스주의적 복지국가를 비판하고 시장의 자유와 자유경쟁의 원리를 핵심으로 하는 신자유주의와 함께 전개되고 있다. 신자유주의는 1979년 영국의 대처 정부와 1981년 미국의 레이건 정부의 경제정책 기초가 되면서 영향력을 얻기 시작하여 오늘날에는 세계 경제에 지배적 영향을 미치고 있다. 영국의 대처 정부와 미국의 레이건 정부는 당시 장기불황과 고실업 문제를 해결하기 위해 경제 주체들을 좀 더 시장원리에 맡김으로써 생산성과 효율성을 높이고, 노동시장이나 고용 문제, 복지공급을 시장원리에 맡기는 강력한 신자유주의적 제도개혁을 추진하였다.

신자유주의는 특정 국가 차원을 넘어 전 지구적으로 전개되는 세계 자본 운동의 축적양식을 정당화하는 이데올로기 또는 정책을 표현한다. 세계화가 자본의 전 지구적인 자유로운 이동을 향한 경제적 조류이자 실천을 의미하는 것이라면, 신자유주의는 세계화를 추동하는 지배적 담론이며, 국제적 차원에서 각 국가에 강제력으로 작용하는 정치 논리라고 할 수 있다(Mishra, R.,

1999). 이러한 인식하에서 세계화 과정과 신자유주의가 결합하여 전개되고 있는 세계화 단계의 자본주의 전개 과정을 신자유주의 세계화라 한다.

2) 세계화의 유의 개념

로버트슨은 세계화의 단계를 크게 다섯 가지 국면(시기)으로 구분하고, 이수훈이 세 시기로 구분을 하고, 또 세계화의 복합적 성격을 분석한 Reich(1998)가 세계화를 보는 시각을 네 가지로 유형화하는 등 세계화에 수많은 논의가 진행되고 있지만, '세계화'가 무엇인지 또 무엇을 의미하고 어떠한 상황을 말하는지는 명확하지 않다. 정치경제, 사회문화 등 다양한 영역에서 '세계화(globalization)'라는 용어를 사용하지만, 'globalization'은 '지구화' 혹은 '전 지구화'로도 번역할 수 있고, '세계화'라는 용어가 포함하고 있는 내용에 따라 다양한 용어로 사용되기도 한다(노택환, 2005).

(1) 국제화(internationalization)

'국제화(internationalization)'는 국경 없는 세계를 말하는 세계화(Globalization)와 달리 다른 나라의 국경을 인정하고 각 나라의 경제 정치 문화적 고유성을 인정하면서 이뤄지는 나라 간의 교류를 뜻한다. 세계화와 국제화의 차이는 국경의 존재를 인정하는가에 달려 있다('세계화와 국제화의 차이'. 매거진 한경).

'국제화'는 국가와 국가 간에 사람·재화·자본의 이동이 확대되고 상호 의존도가 더욱 높아진다는 것을 의미한다. 자유주의자들의 경우 이러한 의미의 세계화는 시장의 확대 또는 시장의 통합이라는 말과 동의어라고 생각하고 시장원리만으로 경제활동이 이루어지게 됨으로써 장래의 세계 경제는 보다 효율적이고 보다 발전하게 된다고 설명하며 이를 지지한다. 반면 국제

정치경제의 중상주의자는 세계화는 국내의 정치경제를 국민국가가 통제할 수 없게 되는 것을 의미하므로 국가 주권의 훼손을 의미한다는 관점에서 이를 비판한다.

(2) 자유화(liberalization)

'자유화(liberalization)'는 국가와 국가 간의 재화 이동(무역)과 요소 이동(금융 및 투자)에 대한 규제 장벽이 사라지고, 국내적으로도 탈규제화·민영화가 이루어지면 국가에 의한 시장개입이 제거됨으로써 하나의 통합화된 경제체제가 시장원리에 따라 이루어지게 되는 것을 말한다. 이와 같은 자유화·규제완화·민영화라는 신자유주의적 흐름이 세계적인 흐름이며 그 흐름이 확대해 나가는 모습을 세계화라고 지칭한다. 반면 중상주의자는 세계화를 자유화로 개념화하는 것에 대하여 경제 분야에만 주목하고 정치의 역할을 무시한다고 저항하지만, 자유주의자들은 당연히 이를 지지하게 된다. 급진주의자나 구조주의자의 반(反) 세계화론이 주로 이러한 자유화 논리에 대한 반대이므로 그들 역시 '세계화=자유화'라는 이러한 정의의 관점에 서 있다고 할 수 있다.

(3) 보편화·표준화(standardization)

'보편화·표준화(standardization)'는 위에서 설명한 두 가지의 정의가 경제적 측면에서 '세계화'를 정의한 것과 달리 문화적·사회적 측면에 주목하고 있다. 세계의 어느 곳을 가서 보아도 같은 패스트푸드·영화·의류가 성행하고 있다는 점에서 세계화가 표준화·보편화·평준화된 상태를 의미한다. 지금까지 지리적·문화적·정치적으로 구분되어 개별성·차별성이 기본이 되어 온 세계가 보편성·총체성이 기본이 되는 세계로 바뀌는 것을 말한다. 이

때문에 이 정의에 대해서는 국제정치경제에 집중하는 중상주의도, 자유주의도 사회적·문화적인 부분에 관심이 없는 만큼 많은 관심이 없다. 다만 급진주의 속에서 반제국주의 등에 관심이 있는 사람들은 이 정의에 일찍부터 주목하여 세계화를 문화적 신제국주의·신식민주의로 규정하면 세계화가 초래하는 문화적인 지배력을 비판한다.

(4) 미국화·서양화(Americanization)

'미국화·서양화(Americanization)'는 자유화·표준화라는 정의와 상호 관련된 정의로 자유화를 통한 표준화가 서구 또 미국을 중심으로 이루어진다는 것이다.

미국화는 미국 문화(미디어, 요리, 대중문화 등)와 비즈니스(비즈니스 관행, 기술 등), 정치 방식이 미국 밖의 다른 국가에 미치는 영향이다. 분명한 사실은 이 용어가 최근에 나타난 용어가 아니라 적어도 1907년부터 사용됐다는 것과 비록 경멸적인 용어는 아니지만, 대상 국가의 비평가들이 그 영향력에 반대하는 것으로 해당 용어를 자주 사용한다는 것이다.[5]

본격적으로 미국화는 1991년 소련 체제가 끝난 후, 2000년대 중반 초고속 인터넷이 널리 보급되면서 더욱 널리 퍼졌다('미국화, '위키백과).

전 세계적으로 브랜드 가치가 높은 상위 10개 기업〈표 1-3〉 가운데 2020년과 2022년 사이에 순위의 변동은 있었지만, 애플·아마존·구글·마이크로소프트와 같은 미국 기업이 대부분이라는 점 역시 전 세계인의 삶에서 미국의 경제가 얼마나 많은 영향을 주고 또 받고 있는지 알 수 있다.

---

5 미국에서 미국화(Americanization)라는 용어는 이민자 또는 원주민(Californios 또는 Louisiana Creeoles 등)이 미국의 관습과 가치에 적응하는 과정을 말한다('미국화, '위키백과).

<표 1-3> 글로벌 기업 브랜드 가치 TOP 10

순위	2020년		2022년	
	기업명	브랜드 가치	기업명	브랜드 가치
1위	애플	2,420억	애플	3,551억
2위	구글	2,075억	아마존	3,503억
3위	마이크로소프트	1,629억	구글	2,634억
4위	아마존	1,350억	마이크로소프트	1,846억
5위	페이스북	703억	월마켓	1,119억
6위	코카콜라	644억	삼성	1,073억
7위	디즈니	621억	페이스북	1,012억
8위	삼성	510억	ICBC	751억
9위	루이뷔통	472억	화웨이	712억
10위	맥도날드	460억	VERIZON	697억

출처: 포브스 웹사이트(2020); Statista 사이트(2022)

하나의 예를 들면 자유화에 의해 세계 각지로 진출한 맥도널드나 스타벅
스는 세계 각 지역의 길모퉁이에서 전혀 낯설지 않은 모습으로 보편화된 풍
경을 만들고 있다. 스타벅스는 전 세계에 32,938개의 매장(2021년)을 가지고
있다. 미국이 15,340개로 가장 많고 한국도 1,509개의 매장이 있다.

<그림 1-1> 스타벅스 세계 매장 지도

결국 우리의 삶의 방식과 공간은 서양적 · 미국적이 되어 버리고 서구(미국)의 시스템이 국제표준(global standard)이 되고 있음을 의미한다. 이러한 정의 속에는 서구(미국)를 중심으로 하는 세계관 · 시스템에 의해 서구(미국)에 유리한 세계관 · 시스템이 정비되어 비서구 사회의 저개발과 이익 훼손을 초래한다는 의미를 내포하는 동시에 서구(미국)에 의한 위로부터의 일방적인 보편화 과정이 강요된다고 해석할 수 있다. 따라서 이 정의는 사회문화적인 측면에 초점이 맞춰있어 중상주의와 자유주의는 비교적 무관심한 것 같이 보이지만 급진주의는 이 정의에 관해 관심을 보인다. 그들은 이러한 의미의 세계화가 종전의 생활체계나 시스템을 파괴하는 동시에 세계시민에 의한 아래로부터의 세계화 문제를 무시한다는 점에서 비판적이다.

(5) 탈영토화(de-territorialization)

'탈영토화(de-territorialization)'는 국가의 영토라는 개념이 서서히 의미를 잃거나 없어진다는 것이다. 실제로 오늘날의 세계화는 기본적으로 국경을 붕괴시키는 새로운 차원의 경제적 통합을 추진하는 경제적 탈영토화 현상을 의미한다. 지금까지의 세계는 몇 개의 고립되고 동시에 자율적인 공동체의 집합으로 성립되어 있었지만, 현대의 세계에서는 이 공동체가 밀접한 상호 관계를 맺는 단계로까지 경제사회 관계가 통합되고 있다는 것이다. 따라서 이 정의는 국가영역의 경계가 점차 없어진다는 의미에서 첫 번째의 정의 '국제화'를 포괄한다고 할 수 있고, 탈영토화의 상태는 국가 간의 장벽이 없어진다는 것을 전제로 하므로 두 번째 정의 '자유화'가 성립조건이라고 할 수 있다. 따라서 '세계화=탈영토화'라는 정의에는 경제뿐만 아니라 사회 · 문화 등 국제 정치경제학의 범주에 들지 않는 모든 것을 포함한다.

2. 세계화의 영향

무역자유화, 자본이동의 자유화 등 경제의 자유화 추세가 확대됨에 따라 선진 자본주의국가들은 점점 더 세계시장에 통합된다(Rodrik, 2000). 그리고 금융시장의 세계적 통합으로부터 촉발된 세계화는 금융시장의 통합에 기초한 세계 표준(global standard)을 생산시장, 상품시장, 노동시장의 모든 영역에 관철하려고 한다. 신자유주의 세계화는 전 사회적 과정에서 자유시장의 원리와 무한경쟁을 적용하는데, 이는 각 국가의 제도를 변화시키는 압력으로 작용하고 있고, 임금 및 소득 불평등에 영향을 미친다.

개별국가의 세계 경제로의 통합에 따라 전 지구적 차원에서 경쟁이 이루어지고, 이는 노동시장의 변동에 따라 이전보다 빠르게 생산과 노동력을 조정하도록 압력을 가하여 노동시장 유연성을 강제하는 측면이 있다. 금융자본의 지구적 이동성과 생산자본의 생산입지가 해외 현지화 등을 통해 자본은 국가와 노동에 대한 교섭력의 우위를 확보해 나간다. 현 단계 세계화의 가장 현저한 특징을 들자면 금융자본의 이동은 자유롭지만, 노동의 이동은 엄격하게 규제되고 있다는 것이다(Soros 2002, 3).

자본이 생산입지(production sites)를 이동시킬 자유가 증가한다는 것은 노동자는 다른 나라의 저임금 노동자와 경쟁해야 하고, 고용, 임금, 복지에 있어서 하향 압박으로 작용할 뿐만 아니라 다양한 형태의 불안정 고용이 발생함을 의미한다. 또한 생산과 자본시장에 대한 경쟁은 특히 외국인 근로자와 대체될 수 있는 노동자에 대해 임금과 노동에 대한 수요의 탄력성(elasticity)을 증가시킨다(Rodrik, 1997). 사용자의 교섭력은 자본의 자유로운 이동성을 무기로 증가하고 노동자의 교섭력은 약화한다. 결국 자본은 다양한 방법(비정규 계약(atypical contract)으로 노동자를 고용하는 것을 포함)으로 유연성을 성취할 수 있도록 한다(Mishra, 1999; Rodrik, 1997). 따라서 노동시장에서 임금 및 고용이 불안정해지고, 자연스럽게 임금 및 소득 불평등은 심화한다(황선자 2008, 11~12).

무역자유화에 따른 무역 확대는 노동수요의 변화 및 경제 불확실성의 증가를 통해 임금 분배에 영향을 미친다. 국제 무역의 고전이라 할 수 있는 헥셔-올린 정리(Heckscher-Ohlin theorem)에 의하면 선진국의 경우 무역 확대에 따라 숙련 노동 수요가 증가하고 비숙련노동에 대한 수요는 줄어들게 된다. 결국 무역자유화로 숙련 노동과 비숙련 노동 사이에 임금 격차가 커져 임금 불평등이 확대되고, 경제 내 불확실성을 증가시켜 고용 및 소득불안정성을 심화시키는 경향이 있다.

각 국가는 경제성장과 일자리 창출을 위해 자본유입을 촉진하고 자본유출을 막기 위해 제반 규제를 완화하고 법인세를 낮추는 등 노동시장 제도, 사회보장제도, 조세제도 등을 세계적 표준에 따라 동질화하도록 압력을 받고 있다. 특히 금융자본의 국가 간 이동이 자유로워짐에 따라 각국 정부가 금융통제에 기초한 케인스주의적 경제 운용을 하기가 어려워졌고 복지국가의 물질적 토대인 조세를 통한 사회안전망 확충이 어렵게 되었다.

금융의 세계화는 국가가 자본을 쉽게 통제할 수 없게 만들고 복지국가의 물질적 토대인 조세를 통한 사회안전망 확충을 어렵게 만들어 신자유주의 세계화에 의한 임금 및 소득 불평등을 완화할 여지를 축소한다. 이런 측면에서 신자유주의 세계화는 소득 불평등을 발생시키면서 동시에 소득 불평등을 완화할 정책 수단을 무력화시킨다는 특징을 가지고 있다.

신자유주의 세계화에 따른 경쟁 강화와 재정지출 축소 압력은 특히 노동시장 제도 및 복지제도를 약화하는 경향이 있지만, 다른 한편으로 신자유주의 세계화로 인한 노동의 불안정화와 세계화의 이익으로부터 배제된 취약부문의 보호를 위한 사회적 대응의 필요성이 높아져 정부가 규제 수준에 개입하거나 규제 수준을 향상하게 시킬 동기로 작용하기도 한다. 신자유주의 세계화라는 공통의 압력에 직면하여 개별국가들은 자신들이 역사적으로 발전시켜온 제도적 환경에 따라 서로 다른 경제·사회정책을 발전시켜 경제적 성과와 소득분배 등 세계화의 결과를 다르게 보고 있다.

참고문헌

'글로벌 기업 브랜드 가치 TOP 10'. 포브스 웹사이트 https://www.forbes.com/the-worlds-most-valuable-brands/#2457adf0119c

'미국화'. 위키백과(https://ko.wikipedia.org).

'세계화와 국제화의 차이'. 매거진 한경(2009.02.16.). https://magazine.hankyung.com/money/article/202101228928c(검색일:2021.10.07).

'헥셔 올린 모형'. 위키백과(https://ko.wikipedia.org.)

'협동조합'. 위키백과(https://ko.wikipedia.org).

John Tomlinson(1999). 『Globalization and Culture』. Chicago:University of Chicago Press. (국역: 김승현, 정영희(2004). 『세계화와 문화』. 서울: 나남).

Mishra, R.(1999). 『Globalization and the Welfare State』, Edward Elgar Publishing, Inc.

Rodrik, D.(1997). 『Has Globalization Gone Too Far? Institute for International Economics』. Washington, DC.

Roland Robertson(1992). 『Globalization: Social Theory and Global Culture』. London:Sage Publications. (국역:이정구(2013). 『세계화: 사회이론과 전 지구적 문화』. 문학과지성사.)

Soros, G.(2002). 『George Soros on Globalization』. New York: Public Affairs.

Thomas Friedman, OPINION "Big Mac II," New York Times(December 11, 1996). https://www.nytimes.com/1996/12/11/opinion/big-mac-ii.html(검색일:2021.08.12.)

Waters, M.(1995). 『Globalization』. London and New York: Routledge.

김덕호(2006). 미국화인가 세계화인가: 코카콜라를 통해서 본 글로벌리즘. 『미국사 연구』 24, 171-206.

김진주(2018). 〔다만세〕'문명의 속도'에 저항했던 부탄의 지금. 한국일보(2018.02.10.). https://www.hankookilbo.com/News/Read/201802101644823488(검색일:2021.10.08.).

노택환(2005). 세계화의 본질과 배경에 대한 정치 경제적 논점. 『영상저널』 13. 227-285.

박시종(2001). 『한국의 신자유주의 세계화 전략과 생산적 복지정책연구: 노동시장의 변화와 소득보장의 위기를 중심으로』, 성균관대학교 박사학위 논문.

샤이(2013). 국제무역이론(헥셔-오린 정리, 레온티예프 역설, 현대무역이론). 샤이 World, https://m.blog.naver.com/PostView.naver?isHttpsRedirect=true&blogId =ruiseme&logNo=70179276987(검색일:2021.08.10.)

이수훈(1998). '세계화'의 복잡성 연구. 『동북아 연구』 4. 217-235.

정홍익(1994). 政策準據로서 世界化와 文化政策의 課題. 『문화정책논총』 6. 28-32.

조준현(2010). 자본의 세계화, 노동의 세계화, 『인물과 사상』. 48-64.

카를 마르크스 · 프리드리히 엥겔스(1993). 『칼 마르크스 · 프리드리히 엥겔스 저작 선집』 2, 김세균 감수, 최인호 외 역, 박종철 출판사.

황선자(2008). 『세계화와 노동시장 제도가 임금 불평등에 미친 영향에 대한 연구』. 숭실대학교 박사학위 논문.

제2장

:·:

세계화, 노동과 자본의 변화

1. 세계화, 유연성, 노사관계

1980년대 이후 선진자본주의 경제에서 나타난 노사관계의 분권화 (Decentralization),[1] 특히 단체협상의 분권화와 네오-코포라티즘[2](NEO-corporatism) 의 쇠퇴론은 세계화 시대 자본에 대한 노동의 상대적 힘이 취약해졌음을 반영 한다. 자본의 헤게모니, 즉 물적-이념적 지도기능에 근거해 조직된 것이 자본 주의인 만큼, 자본주의 사회에서 기업의 특권적 지위는 당연하다.

자본주의 사회에서 노동자는 자기 노동력을 상품화하여 사용자와 계약 체결하고, 노동의 대가로 임금을 받아 생계를 유지한다. 하지만 계약에서 노

---

1   조직의 활동, 특히 계획 및 의사 결정과 관련된 활동이 중앙의 권위 있는 위치 또는 그룹에서 분산되 거나 위임되는 프로세스이다('분권화', 위키백과).

2   'corporatism'은 협동조합주의(協同組合主義) 또는 조합주의(組合主義)는 자본과 노동에 대한 국가의 통제 방식을 일컫는 말로, 긍정적으로 작용하면 대기업의 횡포를 막고 시장 부패와 파업으로 인한 사 회 혼란을 막을 수 있다('코포라티즘', 위키백과).

동자는 자신의 생활과 생존의 기회가 사용자에게 절대적 의존성을 가질 수밖에 없다는 사실은 개별협상에서 노동자에게 원천적으로 불리한 상황에 놓여 있음을 의미한다. 결국 노동자는 노동시장의 개별협상에서 열세에 처할 수밖에 없는 상황에서 고용조건의 향상과 균등화 도모, 각자의 상품화된 노동 가치를 높이는 동시에 불평등한 힘의 관계를 교정하기 위해 개별협상이 아닌 단체협상을 선택한다.

네오-코포라티즘 쇠퇴(론)도 노동의 상대적 힘의 약화를 의미한다. 비판적인 시각에서 보면, 코포라티즘은 노동자에게 불리한 요소를 안고 있는 계급지배의 강화 기제로 볼 수 있다. 그러나 코포라티즘은 노조의 단결된 힘을 바탕으로 정부와 정치적 교환(political exchange)을 할 수 있는 기제라는 점에서 노조에 중요한 채널이 될 수 있고, 일정 부분 노동의 힘을 반영하는 것으로 보아야 한다.

일본에서 노동이 배제된 코포라티즘이 발달한 것이나 미국에서 코포라티즘이 발달하지 못한 것은, 노동이 자본가계급과 자본주의적 국가에 의해 포섭이 덜 되었다기보다는, 코포라티즘 기제를 발전시키기 힘들 정도로 노동이 분열되고 상대적 역량이 부족했기 때문이다.

노사관계의 분권화와 코포라티즘 쇠퇴의 중요한 요인은 바로 노동자계급 내 이질성의 증가이다. 노동자의 동질성이 약화하면서, 중앙의 산업별 수준이나 전체산업 수준에서 노동조건과 임금인상을 일률적으로 정하는 것에 대해 불만을 품고 이탈하는 노동자집단이 늘어나게 된다. 결국 단체협상과 노사관계가 분권화되면서 단체협약의 내용에 균등성이 줄어들면서, 코포라티즘의 쇠퇴는 노동자계급의 연대성 구축을 더욱 어렵게 만든다. 이러한 관점에서 볼 때, 노동운동이 위기에 처한 중요한 한 가지 이유는 노동자계급 내의 이질성이 증가하여 집단적 힘을 발휘하기가 어려워졌기 때문이다.

노동계급의 연대성이 애초에 주어진 것이 아니라 만들어 나가는 것이라면, 노동계급의 연대성을 위협하는 이질성의 증가는 새로운 것이 아닐 수도 있다. 그러나 포드주의에서 유연 생산방식으로의 변화를 동반하는 세계화 시대에 노동자의 이질성은 더욱 커지게 되었고, 이로 인해 노동계급의 연대성을 구축하기가 더욱 어려워졌다.

세계화 진행 과정에서 노동자의 이질성이 증가하는 요인으로 몇 가지 사항들을 들 수 있다.

① 서비스 부문이 팽창하면서 서비스업 고용자 특히 여성 노동자의 비중이 증가하고, 이에 따라 전통적인 제조업 남성 노동자의 비중이 감소하고 있다.
② 신기술 및 유연 생산화에 적응하는 핵심 노동자와 그렇지 못한 주변 노동자 사이의 이원화 현상이 심해지고 있다.
③ 신자유주의의 공세로 노동시장의 탈규제가 가속화되면서 시간제, 기간제, 계약직, 임시직, 파견근로자 등 비정규직 노동자들이 급증하였다.
④ 기업의 다국적화에 따라 노동자의 초국적 이질성이 증가하였다.
⑤ 노동 공간과 생활공간의 분리가 커지면서 노동자들의 문화적 동질성이 줄어들고 있다는 점 등이다.

노동자계급의 이질성 증가는 노조조직의 파편화 경향으로 연결된다. 전통적인 제조업 남성 노동자를 중심으로 구축된 조직의 통일성이 전문직, 공공부문 근로자, 여성 노동자, 비정규직 노동자 등 새로운 노동집단이 형성과 구성원의 다양화로 인하여 위협받고, 노조조직의 통일성에 큰 문제가 되고 있다. 이질성이 증가함에 따라 노동계급 내에 집단주의 문화가 퇴색하고 개인주의적 성향이 확산하면서, 문화적 변화는 노동계급의 연대성 구축을 더욱 어렵게 만든다. 선진자본주의 사회에서 전반적으로 나타나는 노조조직률의 감소 현상은 노동자 대중의 이질성 증가와 연대성 감소 추세를 보여준다. 자본에 대한 노동의 단체 협상력이 노동자계급 내부에서 감소하고 있다. 다만 노동계급이 역사적으로 불균등하게 발전하였지만, 이러한 불균형 속에서도 동질성을 가졌다는 사실은 새로운 차원의 연대성 회복으로 해결의 가능성이 없는 것도 아닐 것이다.

노사관계의 분권화와 코포라티즘의 쇠퇴를 가져오는 또 다른 요인은 자본 측에서 찾을 수 있다. 생산방식이 포드주의에서 유연 방식으로 전환하면서 기업들은 상품과 공정의 혁신 주기가 계속 단축되기 때문에 더욱 분권화된 단체협상을 선호하게 된다.

자본은 중앙 수준에서의 집단적이고 균일한 단체협상으로는 급변하는 상황에 신축성 있게 대처하기 어렵기 때문이다. 유연 생산방식은 작업장 수준의 자율성 증대와 활발한 의사소통이 있어야 한다. 유연 생산방식의 이점을 살리기 위하여 기업 내부에서도 결정 권한을 하향화/분권화하는 경향이 강한데, 단체협상의 분권화도 이와 같은 맥락에서 선호하는 것이다.

이러한 기업(자본) 측의 분권화 선호는 세계화 시대 자본의 증가한 이동성 덕분에 더욱 막강한 힘이 실리게 된다. 자본의 탈출 위협에 직면하여 노동 측의 단체협상력은 감소할 수밖에 없으며 네오-코포라티즘적 조정이 설 공간은 점점 더 좁아진다. 직장이 폐쇄되어 일자리를 잃게 되는 노동자들은 자본을 붙잡기 위해 많은 양보를 하게 되고, 기업이 새롭게 들어설 곳의 노동자들은 열악한 조건에서라도 일자리를 얻는 것이 낫다고 판단한다. 초국적 기업들이 재배치를 통해 노조와 노동자로부터 많은 양보를 얻어내는 것은 전통적인 분할점령 전략으로 이해할 수 있다. 같은 회사에 종사하는 다른 지역의 노동자들과 노조를 서로 경쟁시켜서 기업 측에 유리한 양보를 하도록 사실상 강제하는 것이고, 노동자 스스로 열악한 노동조건을 제시하는 사회적 덤핑을 촉진한다. 이러한 초국적 자본의 노동 분할점령정책에 대항해서 노조는 초국적 조율과 공동 대응이 필요한데, 단체협상이 분권화되고 있는 상황에서 이러한 초국적 조율은 더욱 어렵다.

세계화 시대는 자본에 대한 국가 및 노동의 상대적 힘의 약화를 의미한다. 세계화는 자본에 대한 국가 및 노동의 상대적 힘의 약화를 초래한다. 서유럽 나라들은 자본의 힘, 즉 기업의 경쟁력이 갈수록 중요해지고, 새로운 경제환경 아래에서 기존의 복지 및 노동시장 제도가 재정적자, 고실업, 경제 위기 등의 문제를 유발하자 경쟁적으로 탈규제, 유연화 전략을 추진한다.

노동 개혁이 유럽에서 먼저 시작된 것은 다양한 규제제도가 노동시장의 여러 영역과 분야에 큰 영향을 미쳤기 때문이다. 노동시장에 대한 규제제도는 2차대전 후 서유럽에서 경제성장과 함께 복지국가가 발전하면서 노동계급을 보호하고 노동시장의 불완전성을 제거하기 위해 강화되어 완전고용, 노동계급의 임금 증가, 소득 평등이라는 규제의 긍정적 효과가 나타나기도 하였지만, 세계화, 고실업 등 대내외적 환경변화로 인해 규제제도의 유효성이 크게 약화하면서 탈규제 개혁의 목소리가 커지게 되었다.

세계화와 유연 생산방식, 사회구조의 변화 등에 기인한 일과 복지의 변환(transformation)은 기존 제도의 유용성을 크게 약화하고, 새로운 정책의 필요성을 제기한다. 노동시장 제도와 복지제도가 효율적이어야 할 뿐 아니라 사회적 정당성을 가지고 고용 촉진 및 사회통합 정책을 재구축해야 하는 도전에 직면한 것이다.

그러나 많은 나라가 세계화에 적극적으로 대응하면서 고용과 복지 수준을 유지하려고 노력하고 있지만 이러한 정책 방안은 '서비스 경제의 3자 택일(service economy trilemma)'이라는 문제가 발생하기 때문에 쉽지 않다. 서비스 경제의 3자 택일의 문제는 국제경쟁 및 기술혁신의 심화가 수출 제조업 부문의 고용 창출을 어렵게 만들고, 자본이동이 정부의 경제정책 자율성을 제한하여 재정 확대를 어렵게 할 뿐 아니라, 노동집약적인 내수 서비스 부문의 생산성이 상대적으로 낮은 개방경제체제에서 발생한다. 이러한 개방경제체제의 문제는 투명한 재정과 소득 평등, 그리고 고용증대를 동시에 달성하는 일이 불가능하다는 것이다. 결국 ①고용증대를 달성하기 위해서는 재정팽창에 의한 고임금 공공서비스 부문의 고용을 확대, ②소득 불평등의 심화를 감수하고 저임금 민간서비스 부문 고용을 확대, ③재정안정과 소득 평등을 중요시한다면 고실업을 감수하는 가운데 한 가지를 포기해야 한다.

단적인 예로, 사회민주주의 국가인 스웨덴은 고임의 공공부문 서비스 고용을 확대함으로써 높은 수준의 고용과 평등을 유지해 왔으나 세금과 부채를 통해 재정지출을 조달하는 어려움을 겪었고, 영국은 재정안정을 위협하지 않는 민간부문의 저임 서비스 고용을 확대함으로써 고용을 높였지만. 저임금 근로자 및 가족의 빈곤과 사회적 배제라는 문제를 해결하지는 못했다. 또한 독일은 공공부문 및 민간부문의 저고용이라는 희생을 감수하여 예산 억제와 소득 평등을 유지하고 있다.

이러한 현상은 노동시장 제도의 다양성에서 비롯된다. 그래서 보편적인 사회 급여, 임금 및 소득 평등, 노사 간 조정된 협상을 중요시하는 유럽 사회모델을 지지하는 견해에서는 기존의 노동시장 제도와 복지제도에 대한 신자유주의적 개혁에 비판적이다. 실제로 노동시장의 제도개혁에서 복지 체제뿐 아니라 생산체제의 다양성이 국내외적 환경변화에 따른 조정과 대응 방안은 각 국가의 노동시장 제도의 특성과 역량의 차이로 인해 다양하게 나타났다. 복지

체제와 생산체제 간 다양성을 강조하는 자본주의 다양성 이론에 의하면 조정적 시장경제와 자유주의적 시장경제라는 생산체제의 차이는 노사관계와 노동시장 제도를 서로 다른 방향으로 발전시켰다. 이들은 노동시장 제도의 혼성화(hybrid)나 수렴화 주장보다 제도의 지속성과 다양성을 더 강조하면서 신자유주의적 개혁이 모든 나라에서 가능하지도, 바람직하지도 않다고 주장한다.

하지만 세계화론자들이 주장하는 노동시장 제도의 신자유주의적 수렴화는 아니라도 제도의 혼성화에 대한 논의는 활발히 전개된다. 특히 유럽연합(EU)은 'Open Method of Coordination(OMC)'[3]을 통해 지역, 국가 및 EU 차원에서 고용 촉진 정책을 실행하고, 각국의 실업 및 복지국가 문제를 국가 간 차원에서 공동의 해결방안을 찾고 있다. OMC는 벤치마킹, 정책교류 등을 통해 완전고용, 사회통합, 재정안정을 조화시키는 방안을 EU 회원국들이 상호 학습하도록 지원하여 EU 회원국 간의 정책 결정에 광범위한 참여, 다차원적 거버넌스의 조정, 정보 및 벤치마킹 이용, 다양성의 필요성 인식, EU 차원의 체계화된 지침(guideline)의 권고 등의 일률적인 전통적 통제와 규제가 아니라 유연성, 참여 및 권고를 지향하는 정책혼합(policy mix)을 추진하는 것이다. 예를 들어 영국, 아일랜드, 네덜란드, 프랑스, 독일 등은 미국의 '근로소득 보전제(Earned Income Tax Credit, EITC)'[4]와 같은 정책을 도입하여 저임 서비스 부문 고용을 확대하고 있다. 자신의 복지 및 노동시장 제도에 맞게 다른

3　OMC(Open Method of Coordination)는 2000년 리스본 유럽 평의회에서 공식적으로 시작한 EU 목표를 향한 수렴을 달성하는 것을 목표로 하는 소프트 거버넌스의 방법·정책 결정 프로세스 또는 규제 도구로써, 비록 EU 전체에 입법으로 이어지지 않지만, 회원국이 부분적 또는 완전한 권한에 속하는 정책 영역에서 모범 사례를 확산시키고 있다('The Open Method of Coordination', https://www.europarl.europa.eu/EPRS/EPRS-AaG-542142-Open-Method-of-Coordination-FINAL.pdf).

4　'근로소득 보전제'는 생계비 이하의 저소득층 취업자에게 일정 소득을 현금으로 지급하는 제도로 1975년 미국이 세계 최초로 도입하여 근로의욕을 고취하고 복지제도에 무임승차 하는 병폐를 줄이는데 큰 효과를 본 것으로 평가되고 있다.

지역이나 국가의 제도를 변용, 적용함으로써 고용과 경제 성과를 높이는 것이다. 이처럼 미국에서 저임의 노동 집약 서비스 부문의 근로 빈곤층에 대한 지원대책인 근로소득 보전제가 유럽에서는 정규/비정규직의 노동시장 분절화 문제의 해결책으로 도입되고 있다. 또한 기존의 일국적 사회협약은 정책 및 관련 당사자의 과다, 생산성과 분배 간의 긴장, 당파적 갈등 내포, 협약의 수직적 구조 등의 문제를 초래하기 때문에 EU 차원, 지역 및 기업 차원의 새로운 사회협약이 필요하다.

이러한 국제적 노력에도 불구하고 유럽이나 동아시아국가 대부분에서 비정규직이 급증하고 실업자가 양산되면서 노동시장 내의 양극화 현상과 노동시장 내부자와 외부자 간의 분절화 현상의 심화, 노동운동의 조직적 힘의 약화, 근로조건의 하향화는 피하기 어려운 현실이 되는 상황은 세계화 시대 노동의 미래를 상당히 암울하게 만든다.

그렇다면 과연 노동의 미래는 없는가, 자본은 국가를 초월하여 존재하는가, 노동조직은 유연성과 생산성에 긍정적인 역할을 할 수 없는가, 코포라티즘적 조정 기제는 이제는 유효하지 않은가. 이러한 문제와 관련하여 희망 또는 시사점을 찾기 위해서는 다음의 몇 가지 점을 주목할 필요가 있다.

첫째, 세계화 시대 레짐 경쟁에 관한 논의가 매우 과장되었다는 점이다.

국제 경제가 더욱 통합되고 자본의 이동성이 더욱 증가한다고 하더라도, 이것이 사회정책이나 조세정책, 또는 환경정책 등 다양한 규제정책에 있어서 반드시 바닥으로의 경쟁을 불러일으킨다고 볼 수는 없다. 노사관계에서도 영미식 신자유주의 노동시장 체제로의 수렴화가 불가피한 것은 아니다. 무역자유화는 규제체제의 하향화뿐만 아니라 상향화로도 귀결될 수 있다.

미국의 여러 주 사이에서 교역 자유화에 따라서 체제 경쟁이 구별되어 바닥으로의 경주 현상을 보이는 델라웨어 효과(the Delaware effect)와 상향경쟁을 보이는 캘리포니아 효과(the California Effect)[5]로 나타나듯이 국제 차원에서도 경제통합이 규제 레짐의 위를 향한 경주로 귀착될 수 있는 캘리포니아 효과로 나타날 수 있다.[6] 물론 캘리포니아 효과에 대한 보겔의 논의는 주로 소비자 보호와 환경보호 영역에 국한되어 있지만, 노동 관련 규제에서도 국제 통합의 심화에 따라서 반드시 하향경쟁이 아니라 상향경쟁이 일어날 수도 있다.

실제로 선진국 기업들의 해외직접투자 결정에 있어서 노동비용의 차이는 중요한 고려요인이 되지 않는다. 오히려, 초국적 기업들의 입지 선정에 있어서 중요하게 고려하는 요인들로는 천연자원과 시장, 좋은 하부구조 시설, 숙련된 노동력 등이다. 또한, 노동자의 개별적, 집단적 권한이 이미 높은 수준에서 수립된 선진국으로서는 노동 규제와 무역을 연계시킴으로써 개발도상국들의 노동 규제와 근로 기준을 상승시킬 유인이 강하다.

둘째, 세계화 시대, 자본 이동성에 대한 논의도 과장된 측면이 있다는 점이다.

세계화 논의 자체가 과장되었다는 것 자체를 문제 삼지 않더라도, 초국적 기업의 이동성은 탈퇴에 수반되는 비용과 부동성과 근접성의 이점이라는 두

---

5 보겔(Vogel, David, 1947년~)이 주장한 '캘리포니아 효과'는 '델라웨어 효과'와 정반대되는 프로세스로, 소비자, 환경 및 기타 규제가 더욱 엄격한 규제 기준과 함께 정치적 관할권 방향으로 이동하는 것이다. 대기업은 소규모 경쟁사와 달리 규제에 대처하기 위한 자원을 하고 있어서 이익을 얻을 수 있다. 이 프로세스는 델라웨어 효과는 단순히 다른 국가(델라웨어의 경우 주)가 규제 부담을 줄여 더 많은 기업을 관할구역으로 끌어들이는 것이다. 델라웨어 효과의 배경에는, 경쟁적인 규제 환경에서는, 정부가 기업의 기능을 쉽게 해, 새로운 기업을 끌어들여 비즈니스를 확립할 수 있도록, 규제 장벽을 철폐할 필요가 있는 것을 전제한다('California effect'. Wikipedia, https://en.wikipedia.org/wiki/California_effect).

6 캘리포니아 효과를 가져오는 요인으로 보겔은 (1) 국내 생산업자들의 이해관계, (2) 국내시장의 개방 유혹, (3) 국제무역협정에서 선진국들의 높은 규제 요구 등을 들고 있다.

가지 측면에서 크게 제한된다. 먼저, 자본의 이동성은 탈퇴와 재배치가 수반하는 비용만큼 제한될 수밖에 없다. 단순한 조립공정을 제외한다면, 기업 대부분은 다양한 종류의 설치비용 때문에 이동성의 제약이 있다. 예컨대, 사업의 초기 개시 비용, 좋은 관계를 만들고 정부나 종업원 및 다른 기업들 사이에 신뢰를 쌓는 데 드는 비용 등을 들 수 있다. 반면에, 초국적 기업의 모국은 부동성과 근접성의 이점을 가지고 있다. 국제 경쟁력이 중요해질수록 기업의 국내 연계 구조가 중요해진다. 생산자협회들, 교육 및 훈련기관과 금융기관들, 그리고 중앙 및 지방 정부들과의 네트워크가 기업의 국제 경쟁력 강화에 도움이 된다. 생산자와 공급자의 지리적 근접성도 중요하다. 선진화된 경영기법을 갖춘 인재를 육성하는 교육제도와 그 사회에 고유한 기업문화, 고용 관계 및 노사문화 등도 기업의 경쟁력 향상에 중요한 자산이다. 특히 기술혁신에 있어서 모국의 기반이 여전히 중요한 것으로 드러나고 있다. 요컨대, 기업 경쟁력 대부분은 그 기업 자체의 능력에도 달려 있지만, 그에 못지않게 중요한 것은 그 기업이 기반을 두고 있는 국가의 제반환경과 정책이다.

오늘날 이동성이 증대한 시대에 기업의 경쟁력은 이동하지 않는 부분, 즉 부동의 요소들에 많이 의존하여 있다는 점에 주목해야 한다. 기업의 물리적 하부구조, 헌신적이고 유연한 노동력의 공급, 사용자와 공급자 간의 긴밀한 유대와 관계를 통한 혁신 등의 조건들에 의해서 많은 영향을 받는다. 기업이 필요로 하는 사회적 재화들, 즉, 교육, 하부구조, 기업 활동 네트워크 형성, 직접적인 산업지원 등을 제공할 수 있다는 점에서 국가의 중요성은 감소하지 않는다.

셋째, 국가뿐 아니라 노동조직도 기업이 필요로 하는 것을 제공할 수 있으며, 이 점에서 노사 간 협력 관계가 필요하다는 점이다.

유연하고 숙달된 노동력의 제공, 안정되고 평화로운 노사관계, 필요할 경우 임금 상승을 자제할 수 있는 노동조직 등이 기업의 경쟁력 향상에 이바지한다. 자본의 이동이 높아진 시대에 자본이 필요로 하는 요소들을 제공할 수 있는 기능적 헤게모니를 국가와 노동조직이 발휘할 여지가 있는 것이다.

이것은 노동시장의 유연화를 위하여 노조 타파 또는 약화를 추구하는 신자유주의 시각에 근본적으로 도전하는 것이다. 네덜란드, 덴마크, 아일랜드 등이 노동시장의 부분적 탈규제 개혁과 함께 노사관계 시스템을 발전시키고 적극적인 노조 참여에 기반을 둔 노동 개혁전략으로 경쟁력과 고용 창출을 가져왔다. 스웨덴은 규제체제 아래에서도 노사관계의 조정과 인적자본 향상을 통해 노동시장 체제의 유연성과 경쟁력을 높이고 있다. 또한 사회적 연대 및 평등, 임금 조정, 노사 간 신뢰 및 협력, 인적자본에 대한 투자 등을 우선시하여 국가와 노조가 적극적으로 자본축적에 유리한 환경을 제공하고 있다.

이와 관련하여 유의미한 현상으로 오늘날 네오-코포라티즘적인 노사(정)협의(concertation) 노력이나 노사 간 단체협상을 통한 협력 시도가 부활하는 현상을 주목할 필요가 있다. 1980년대 말부터 전개되었던 네오-코포라티즘 쇠퇴론과 달리, 1990년대 중반 이후 서유럽뿐만 아니라 동유럽 국가들에서도 네오-코포라티즘적 삼자 협의나 노사 간 양자 협력이 많이 시도되고 있다. 나라별로 다른 배경과 원인이 있겠지만, 일반적으로 네오-코포라티즘과 중앙 수준에서의 노사 간 대화와 협력은 세계화에 의해서 쇠퇴하기보다는 오히려 더욱 촉진되는 경향이 있다. 국제 경쟁력이 중요한 잣대가 되면서 자국 기업의 경쟁력을 강화하기 위한 노력이 노·사·정 3자 간의 협의를 통하여 시도되는 경쟁적 코포라티즘(competitive corporatism)으로 나타나고 있기 때문이다. 경쟁적 코포라티즘은 신자유주의적 방식이라기보다 사회적 보호와 사회적 합의를 유지하면서 시장압력과도 일치를 이루기 위한 유럽 모델의 재조정으로 봐야 한다. 더 나아가서 유럽통합이 심화함에 따라 조합주의가 약화할 것이라는 예측과 달리, 유럽통합의 심화에 따라 유럽 차원에서 조합주의적 협의가 더욱 강화되고 있다는 의견도 있다.

세계화 시대에 코포라티즘이 부활하거나 노사 간 사회적 협력과 대화가 증가하는 현상은 노동조직이 기업의 경쟁력 제고를 위해서 공헌할 수 있는 부분이 있음을 의미한다. 특히, 유연 생산방식을 위해서 노동시장의 유연성도 필요하겠지만, 노동 자체의 유연성 즉 노동의 기능적 유연성 제고가 더욱 요망된다는 사실에 주목해야 한다. 다양한 소비자의 급변하는 기호에 맞추어서 다양한 제품을 신축성 있게 생산하고 제공하기 위해서는 무엇보다도 그러한 변화에 빠르고 정확하게 적응할 수 있는 노동력이 필수적이다. 다양한 기술을 발휘할 수 있고 변화가 요구하는 상황을 의사소통으로 이해할 수 있는 노동(력)의 유연성 제고가 필요한 것이다.

하지만 이것은 노동시장의 유연화를 통해서는 구하기 어려운 요소다. 비정규직 노동자가 회사에서 필요로 하는 다양한 기술을 습득할 의사도 없을 뿐만 아니라 그러한 여건도 되지 않는다. 이 점에서, 노동의 유연성과 고용 안정성은 상호 보완관계에 있다. 따라서 노동시장의 유연성을 제한하는 노조의 역할은 고용의 안정성을 강화하는 데 기여하고, 이는 기업의 경쟁력 제고를 위해서도 순기능적인 역할을 한다고 보아야 한다. 최근 선진국에서 노사 간 합의를 통하여 유연성과 안정성을 동시에 추구하는 노력에서 알 수 있듯이 사회정의와 복지 차원에서뿐 아니라 경쟁력 확보를 위해서도 노동력의 유연성과 고용의 안정성을 동시에 추구할 필요가 있다. 이러한 사실은 오늘날 비정규직의 급증으로 노동시장 유연성을 지나치게 높여버린 한국의 경우, 사회적 형평성과 정의에서 뿐 아니라, 기업의 경쟁력 자체를 위해서도 어느 정도 국가나 노조에 의한 규제가 필요하다는 것 혹은, 노사 간 합의에 입각한 자율규제가 이를 대체할 수도 있다는 것을 의미한다. 다만, 이를 위해서는 세계화 시대 자본주의 수렴론에 입각한 노동시장의 신자유주의적 유연화 전략과 정책들을 근본적으로 수정할 필요가 있다.

　　마지막으로, 노동시장 정책의 최근 경향은 유연화와 탈규제에 대한 다양한 접근 방식을 보여주고 있으며 노동시장의 다양성이 존재한다는 점이다.

　　일본이나 중국도 기존의 제도를 환경변화에 맞게 혁신하여 경쟁력 있는 노동시장 체제를 목표로 할 것이다. 이 과정에서 중국의 사회주의적 구(舊)제도와 일본식 모델이 사회적 형평성과 고용 창출 그리고 고용 보호에 얼마나 역할을 할 수 있을지가 성공의 관건이 될 것이다. EU 내에서도 노동시장의 자유화를 강조하는 나라와 노동시장의 보호를 주장하는 나라가 대조를 이루고 있다.[7] 자본주의 다양성은 노동시장의 유연화 전략에도 지속성과 다양성이 있을 수 있음을 의미한다. 한국의 노조는 낮은 조직률로 노동계급의 대표성을 인정받지 못하고 있으며, 노동 세력의 분열 또한 노사관계의 민주화와 선진화에 걸림돌로 작용하고 있다. 많은 선진 산업 국가들이 노사(政) 협의를 통해 고용 창출, 경제성장, 삶의 질 향상 등을 이루어내고 있는데 반해, 한국의 노동 세력은 이러한 동반자적 역할을 할 역량을 갖지 못하고 있다. 노동 세력을 대표하는 민주노동당이 제도권 정치에 진입하고 노사정위원회를 통해 노조가 정부의 정책 입안 과정에 일정한 목소리를 낼 수 있는 장치가 마련되었음에도, 사회 전반적으로 노동의 자본에 대한, 그리고 노동의 정부에 대한 상대적 힘과 영향력이 약화하였음을 부인하기가 어렵다. 정부와 (대)기업이 비정규직의 양산에 따른 노동시장 양극화, 고실업, 사회적 배제 등의 문제를 해결하려는 적극적인 의지 없이는 사회구성원의 삶의 질과 사회통합은

7　2014년 브뤼셀에서 개최된 EU 정상회의에서 영국, 아일랜드, 네덜란드, 포르투갈 등은 노동시장 자유화를 강조하였고, 프랑스, 독일, 스웨덴 등은 노동시장의 보호가 필요하다고 주장하였다.

물론, 노동의 경쟁력도 유연성도 높이기 어려울 것이다.

2. 세계화와 자본주의에 대한 다양성 이론

무역 및 자본이동의 자유화 등 경제의 자유화 추세가 확대됨에 따라 선진
자본주의국가들은 점점 더 세계시장에 통합됐다. 금융시장의 세계적 통합으
로부터 촉발된 세계화는 금융시장의 통합에 기초한 세계표준(global standard)
을 생산시장, 상품시장, 노동시장의 모든 영역에 관철하려 하고 있다.

세계화는 전 사회적 과정에서 자유시장의 원리와 무한경쟁을 적용하고,
이에 따라 각 국가의 제도와 정책이 변화의 압력을 받고 있다. 세계화의 확
대와 더불어 다양한 사회경제 체제가 하나로 수렴되어 가고 있다는 서구 자
본주의 체제의 발전에 대한 체제논쟁이 활발히 전개되었다. 케인스주의 경
제정책의 실패, 동구 사회주의권의 붕괴 등은 한편에서는 자기 조절적 시장
경제의 효율성에 대한 믿음을 확산시켰다. 또한 다른 한편으로 시장이 증가
하는 불확실성에 대한 적절한 조정 기제의 역할을 상실했다고 평가하고 시
장 이외의 대안적인 조정 기제와 조정 경로를 분석하려는 이론적 논의들이
축적됐다(Hollingworth and Boyer 1997, 1-2).

제2차 세계대전 이후 '경제 기적'의 모델로 칭송을 받았던 독일과 일본의
자본주의 모델이 1990년대에 들어서 독일의 높은 실업률, 일본의 장기침체
로 어려움을 겪지만, 미국 경제의 활성화를 배경으로 세계화 시대에 자본주
의 체제가 미국식 자본주의 체제로 수렴될 것인가 아니면 다양한 형태를 유
지할 것인가를 둘러싸고 자본주의 다양성 논쟁이 본격화되었다.

수렴론(Convergence Thesis)은 신자유주의적 시각에 근거하여 세계화에 따른

투자 자본과 수출 기회에 대한 무한경쟁과 경제적 상호의존성의 증가로 인해 다양한 국가의 정치 · 경제적 제도와 규제 장치들이 수렴될 것이라고 주장한다(황선자 2008, 14). 세계화로 인해 상품 및 서비스 시장에서 기업 간 경쟁이 심화하고 자본의 자유로운 이동이 가속화됨에 따라, 생산비용을 높이고 투자이윤을 떨어뜨리는 각종 규제와 국가의 개입, 그리고 복지제도의 위축은 불가피하다는 것이다. 이에 따라 경제 및 노동시장 규제, 복지급여 및 소득과 기업에 대한 조세율이 완화되고 인하되게 되면서 앞으로 자본주의 체제는 영미 계통의 국가들과 같은 시장 중심의 자유주의 시장경제 체제로 수렴할 것이라고 주장한다(Soederberg et al., 2006).[8]

다양성 이론(Divergence Thesis)은 수렴론을 비판하면서, 복지국가 위기론이 지배적이었던 1980년대 이후, 그리고 세계화의 영향에 대한 논쟁이 본격적으로 시작된 1990년대 이후에도 기존의 복지 국가들의 복지지출은 전후 황금시대와 같이 급격하게 증가하지는 않지만, 어느 정도 성숙한 수준에서 유지되고 있으며, 조세 구조도 세계화 압력에 따라 이전보다는 낮아지고 있지만, 전반적인 조세부담률은 감소하지 않고 있다고 주장한다(Huber and Stephens 2001; Ganghof, 2000, Garrett and Mitchell, 2001). 이렇듯 다양성 이론은 수렴론이 입증하지 못한 부분을 경험적 연구 결과를 기반으로 입증한다.

자본주의 다양성 이론(Varieties of Capitalism)은 생산 레짐(production regime) 이론을 기반으로 조정양식[9]의 구분에 따라 생산 레짐을 중심으로 자본주의 유형

---

8 Soederberg et al.(2006)은 자본주의 다양성 이론에 대한 반론으로 세계 각국에서 세계화의 내재화 과정이 다른 방법으로 이루어지고 있지만, 신자유주의적 정치와 시장 지향적 자본주의로 수렴되는 과정이 나타나고 있다고 주장한다. 그러나 이들의 연구는 자유시장을 기반으로 하는 경제체제의 유사성 이면에 있는 사회구조, 계급구조, 정치적 제도, 사회갈등의 제도화 등 다양한 사회정치적 요소를 충분히 고려하지 못하고 있다(김윤태, 2007).

9 조정은 사회적 관행 즉, 제도구성에서 게임의 규칙을 만드는 과정과 관련되는 개념이다(황선자 2008,

을 구분하는데, 생산 레짐 이론은 정치경제의 유사점과 차이점을 비교분석을 하는 이론적 틀로서 유용한 모델이라는 평가를 받고 있다(Streeck, 2001).

자본주의 체제에서 생산 레짐은 시장의 공급 부문에서 "기업들이 서로 다른 유형의 전략을 취하도록 지원하는, 상호 보완의 관계에 놓인 제도들의 조합"을 의미한다(Thelen 2004, 1~2).[10] 또한 생산 레짐은 상호 관련되는 요소들의 조직체, 즉 "시장과 시장 관련 제도들을 통한 생산의 조직"이라고 정의되는 것에서 알 수 있는 것처럼 광범위한 영역을 담당한다(Soskice 1999, 101). 생산 레짐을 구성하는 상호 보완관계에 있는 제도로는 금융시스템(은행과 산업 간의 연계), 기업지배구조, 기업 간 관계, 노사관계, 직업훈련체계 등을 들 수 있다. 생산 레짐을 구성하는 이들 제도 사이의 상호의존성(institutional interdependence) 또는 어떤 한 제도의 존재로 인해 다른 제도의 효율이 증대하는 경우인 제도적 보완성(institutional complementarity)에 의해 안정적 시스템으로서의 특유한 자본주의 모델의 재생산이 이루어지게 된다.

자본주의 체제에서 자본주의 모델은 제도적 환경으로 인해 분배 효과, 성장률, 실업률 등 그 체제가 가지는 독특한 경제적 성과를 내면서 역사적으로 발전해왔다는 것이다. 세계화의 압력에도 불구하고 각 국가가 시장원리가 지배적인 형태로 수렴하는 것이 아니라 체제의 제도적 특성을 유지하는 것은 경로 의존성(path dependence)[11] 때문이다. 경로 의존성은 세계화와 같은 환

---

15).

10 생산 레짐(production regime)은 생산체제로 번역되기도 한다. 소스키스에 의하면 생산시스템 (production system)은 금융시스템, 노사관계, 교육훈련, 기업 간 시스템(경쟁제도, 기술이전 등) 등으로 구성된다. 그러므로 생산 레짐은 더 거시적이고 총체적인 의미가 있다고 볼 수 있다.

11 경로 의존성(經路依存性, path dependence)은 사회심리학에서 등장한 개념으로 과거에 구성된 제도, 구조, 규격 등이 시간이 지난 현시점에서는 최선이 아닐 수 있지만, 지속해서 사용되는 현상이다. 결국 익숙함에서 사용하는 것을 말한다. 법률이나 제도, 관습이나 문화, 과학적 지식이나 기술에 이르기까지 인간사회는 한번 형성되어 버리면 환경이나 여러 조건이 변경되었음에도 종래부터의 내용

경적 압력에 각각의 자본주의 체제가 지속성을 가지고 발전하는 것을 설명해 주는데, 한 자본주의 체제의 발전과정에서 형성되는 조정양식의 특징이 정치·사회적 조직과 제도, 이들 간의 정치적 연합(ruling coalition) 관계 등 정치적 제도의 특성에 중요하게 매개가 되면서 생산과 분배가 조정되며, 관련된 제도들이 발전·유지가 이루어진다(정무권 2007, 422).

생산 레짐 이론(Production Regime)[12]은 비교정치경제학 분야에서 세계화와 신자유주의적 압력에 대한 개별국가의 대응에 주목하여, 자본주의 체제의 수렴론을 비판하고 여전히 국경 내에서 지배적으로 작동하는 정치에 따라 다양한 자본주의 모델이 지속될 것이라고 주장한다. 이 이론에 의하면, 세계화가 시장의 확대와 국가 역할의 축소로 이어진다는 수렴론의 주장은 단순화되고 과장된 것이며, 세계화 현상에 대한 개별국가의 대응은 국내의 제도적 특징에 따라 다양한 모습으로 나타나고 있다고 한다. 자본주의 생산체제가 하나로 수렴되는 것이 아니라 개별국가 혹은 국가군의 제도적 집락에 따라 차이를 보인다는 것이다(황선자 2008, 15).

생산 레짐 이론은 이러한 일련의 제도들에 의해 부과되는 인센티브와 제약의 틀이나 시장 관련 제도들에 의해 만들어진 게임의 규칙 안에서 기업이 주로 어떠한 방식의 조정과 전략으로 공급 부문에서 발생하는 문제를 해결하는가를 다룬다. 더 나아가 생산 레짐의 유형, 즉 공급 부문에서의 조정양식과 제도 또는 정책의 특성 사이에 상관관계가 존재한다는 것을 강조한다.

이나 형태가 그대로 존속할 가능성이 있다. 이처럼 과거 하나의 선택이 관성(inertia) 때문에 쉽게 달라지지 않는 현상을 '경로 의존성'이라고 한다. 문화 지체와도 관련이 있으면서 속담 '구관이 명관이다.'와 비슷한 개념이다('경로 의존성', 위키백과).

12 생산 레짐 이론은 신제도주의적 시각에서 비교정치경제학자들이 네오마르크스주의 시각의 조절이론(regulatory theory)에서 제기되는 사회적 생산체제(social system of production)의 개념을 도입한 것이다.

생산 레짐에 따라 조정양식이 서로 다른데, 기업들의 지배적인 생산전략의 선택과 조정을 주로 시장적 기제에 의존하느냐 아니면 상대적으로 비시장적 기제에 많이 의존하느냐로 구분된다. 전자는 시장의 선호 또는 이윤의 선호에 따라 경쟁적인 조정이 이루어지는 것을 말하고, 후자는 시장적 기제 이외의 정치적 협상과 합의 또는 조직적 위계(hierarchies)와 권위 등 다양한 정치적 조정양식을 의미한다.

생산 레짐의 성격을 중심으로 구분된 각국 정치경제의 유형화를 '자본주의의 다양성'이라 하는데 크게 보아 한편에는 시장과 기업조직을 중심으로 경제체제가 구성되고 시장원리가 지배적인 체제 작동원리가 되는 유형이 존재하고, 다른 한편으로는 비시장적 기제 및 조직의 역할이 상대적으로 크고 이들의 조정에 의하여 시장원리가 변형되는 유형이 존재한다. 홀과 소스키스(Hall and Soskice, 2001)는 기업이 직면하는 다양한 '조정 문제들'(Coordination problems)[13]이 시장 위주로 해결되는가 또는 비시장적 제도를 중심으로 해결되는가에 따라 미국, 영국을 대표로 하는 자유 시장경제(Liberal Market Economy: LME)와 일본, 독일 등을 대표로 하는 조정 시장경제(Coordinated Market Economy: CME)로 구분한다.

각각의 생산 레짐은 제도적 환경(institutional settings)이 서로 다르고, 이에 따라 기업들의 경영전략이 다르고, 국가 전체의 경제적 성과에서도 차이를 보이게 된다. 생산 레짐을 특징짓는 상호 보완관계에 있는 제도적 환경은 여러 가지로 분류되는데, 산업구조, 금융시스템, 노사관계, 직업훈련시스템, 기

---

13 이러한 조정 문제들은 노사관계, 직업교육훈련, 기업지배구조, 기업 간 관계, 근로자 관리의 문제들로 분류된다. 또한 이들은 특정 정치경제의 제도적 틀에서의 차이가 각 자본주의 유형에서의 기업전략에 체계적 차이를 가져온다고 주장한다.

업지배구조(Soskice 1999, 108), 금융 및 경제 지배구조,[14] 생산시스템, 노사관계, 교육훈련 시스템(Ebbinghaus and Manow, 2001:6), 기업의 핵심경쟁력 또는 역동적 능력, 직업훈련과 교육, 기업지배구조, 기업 간 관계, 노동자와의 관계(Hall and Soskice 2001, 8) 등을 들 수 있고, 이에 따라 자본주의 유형이 구분된다.[15] 생산 레짐을 구성하는 상호 보완관계에 있는 주요 제도들이 자본주의 유형별로 갖는 기본적 특징은 〈표 2-1〉과 같다.

〈표 2-1〉 자유 시장경제와 조정 시장경제 비교

구분	자유 시장경제	조정 시장경제
대표적 국가	■ 미국, 영국	■ 독일, 일본
조정 형태	■ 시장에 의한 조정	■ 비시장적 조정
금융 및 경제 지배구조	■ 단기 자본/주식시장 ■ 주주 중심의 자본시장 　(주주 이익을 존중) ■ 기업 간 강한 경쟁 ■ 제한된 조정, 반독점법	■ 은행 중심의 장기 투자 자본 ■ 부채 중심 자본조달 　(이해당사자 이익을 존중) ■ 강한 기업연합조직 ■ 기업 간 네트워크
생산시스템	■ 저 숙련 생산 ■ 대량생산품 ■ 수량적 유연화	■ 고숙련 생산 ■ 고품질 생산품 ■ 유연 전문화
노사관계	■ 분권화된 단체교섭 ■ 대립적 노사관계 ■ 탈 규제적 노동시장: 　저비용의 채용 및 해고	■ 조정된 단체교섭 ■ 참여적 노사관계 ■ 법제화된 노동자 대표 ■ 고용보장 ■ 임금 조정

---

14 금융시장이 조직되고 기업이 통제되며 투자자금이 조달되는 방식을 의미한다.
15 자본주의 체제의 다양성의 시각에서 생산 레짐을 특징 지우는 요소가 무엇인지, 생산체제를 어떻게 유형화하며, 유형화된 각각의 생산체제가 어떤 정치, 경제, 사회적 효과를 가지는가에 대하여 경험적 연구가 계속되고 있다.

구분	자유 시장경제	조정 시장경제
교육훈련 시스템과 고용	■ 일반교육 중심 ■ 단기고용, 높은 이직률, 높은 기업 간 이동	■ 직업훈련 중심 ■ 장기고용, 낮은 이직, 높은 기업 내 이동

자료: 황선자 2008, 20.

자유 시장경제(LME)는 주로 수요와 공급으로 모든 것이 결정되는 시장의 경쟁 기제에 기초하고 있고, 조정 능력이 제도화되어 있지 않은, 상대적으로 규제되지 않는 기업경쟁이라는 특징을 지니고 있다. 이들 국가의 금융 및 경제 지배구조는 기업이 주주를 위한 높은 수준의 단기 이윤을 목적으로 하므로 단기 금융시장, 제한적인 기업 조정, 그리고 강한 반독점법 등의 특징을 가진 다(Hall and Soskice, 2001). 이와 더불어 기업 간에 강한 경쟁이 존재하여 기업 간 협력은 거의 이루어지지 않는다. 그리고 자유 시장경제의 생산체제는 저 숙련 대량생산에 의한 경쟁에 의존하고, 따라서 수량적으로 유연한 노동시장 및 임금구조가 있어야 한다. 노사관계에 있어서는 국가가 노동자와 사용자 사이의 계약관계에 개입하지 않고, 탈규제의 노동시장을 목표로 하므로 경영참가와 같은 대표 기제는 장려되지 않으며, 경영진의 일방적 통제를 특징 으로 한다.

임금 교섭은 고도로 분권화되어 있고, 노동조합의 영향력이 약하다. 자본 시장 중심의 금융 제도와 주주권이 강한 기업지배구조는 노동시장의 유연화 를 강제하는 효과가 있는데, 노동시장의 유연성과 탈규제 수준이 높아, 고용 과 해고가 자유롭고, 단기고용, 높은 이직 및 기업 간 이동이라는 특징을 가 진다. 교육 훈련체제를 살펴보면, 고용 보호 수준이 낮아 노동자들이 특수 숙 련을 형성할 유인이 작으므로 숙련형성체계가 주로 일반적 숙련중심으로 이 루어지고 있고, 사용자 간, 사용자와 국가 간의 약한 협력에 기초한 포디즘적 대량생산 전략으로 인해 국가적으로 조정되고 표준화된 직업훈련에 대한 공동투자 유인이 약하다. 자유 시장경제의 대표적 국가는 미국과 마거릿 대처 이후의 영국이다.

반면 조정 시장경제는 비시장적 기제에 의해 운영되는데, 금융 및 경제 지배구조는 은행을 중심으로 하는 금융기관과 기업들 사이에 안정적인 장기 거래가 이루어져 장기의 지속적인 투자가 가능하고, 강한 기업연합 및 기업 간 네트워크라는 특징을 가지며, 은행이나 이해관계자(stakeholder)에게 소유구조가 집중되어 있다. 그리고 생산시스템은 수출을 위한 고품질의 생산품을 생산하기 위해 고숙련 노동력에 의존한다. 잘 조직된 노동조합과 사용자 연합 사이의 집중화된 교섭체제에 의해 집중화된 임금 교섭 메커니즘이 작동한다. 은행 중심의 금융 제도와 다양한 이해관계자의 목소리가 반영되는 기업지배구조는 안정적인 노동시장 질서를 가능하게 하는데, 소수의 예외를 제외하고는, 고용안정에 관한 법제가 발달하였고, 따라서 노동자는 시장의 변동성으로부터 보호받고 있다. 고용 보호 수준이 높고 노동비용이 높은 관계로 노동자들은 자신이 고용된 기업이나 산업에서 활용되는 특수 숙련을 형성할 동기가 있고, 기업들도 노동자들의 특수 숙련 수준을 높여 노동생산성을 높임으로써 높은 노동비용을 상쇄할 동기가 있다(정이환, 2006). 국가는 경제에서 적극적인 역할 수행을 하고, 잘 조직된 사용자 연합이 고숙련 노동력 공급을 위해 높은 질의 국가적으로 표준화된 직업훈련 체계의 개발에 투자하도록 조정한다. 조정 시장경제는 독일, 스웨덴, 노르웨이, 네덜란드, 덴마크 등 대부분의 서구 유럽국가에서 발견되는 자본주의 유형이다.

한편, 조정 시장경제는 조정방식에 따라 다시 북유럽 국가와 같이 상대적으로 집권적인 조합주의 양식으로 생산전략을 조절하기 때문에 중앙 집중성이 높은 전국적 조정 시장경제(national coordinated market economies/labor corporatist),

독일을 비롯한 유럽대륙 국가들은 가장 기본적 조정이 주로 산업별 또는 부문별 즉 노동 조직화, 기술이전과 확산, 기술 표준화가 산업별로 진행되고, 기술혁신이나 직업훈련 또한 산업을 기준으로 이루어진다. 또한 산업 차원에서 노동과 자본이 노사관계, 노동시장, 금융, 교육훈련 등의 제도를 조정하는 산업별 조정 시장경제(sector-coordinated market economies), 일본, 한국을 비롯한 동아시아국가처럼 산업구조나 기업지배구조에 있어서 대기업 중심의 생산체제가 형성되는 집단별 조정 시장경제(group-coordinated market economies)로 세분된다(황선자 2008, 15). 특히 기업집단을 기준으로 조정이 이루어지는 집단별 조정 시장경제에서는 일본의 계열기업이나 한국의 재벌 대기업집단에 존재하는 수평적 및 수직적 조정이 일반적이다. 대기업은 다각화된 산업 분야에서 기업집단을 형성하여 이들 간에 긴밀한 협력이 이루어지고, 노조는 기업별 노조이며 기술이전 및 발전은 회사 단위에서 이루어진다. 또한 직업훈련 역시 기업 단위를 기준으로 하여 이루어진다(Hall and Soskice 2001, 34-35).

이처럼 생산 레짐(product regime)에 따라 조정이 다르게 진행되며 세계화 시대에도 자유 시장경제와 조정 시장경제 간 조정양식의 차이는 지속되고 있고, 이러한 조정양식의 다양성으로 경제적 성과 및 생산패턴의 국가 간 차이도 설명할 수 있다(Hollingsworth and Boyer 1997; Hall and Soskice, 2001). 즉 자유 시장경제와 조정 시장경제는 서로 다른 조정 기제와 제도적 특징 아래에서 생산 레짐을 구성하는 제도들 사이에 상호보완성을 가지면서 경제성장, 실업, 소득분배 등에 있어서 서로 다른 경제적 성과를 내는 것이다.

자본주의에 대한 다양성 이론에 기초하여 제도의 변화 및 지속성, 그리고 경제적 성과와의 관계를 설명할 수 있는데, 같은 자본주의 유형에 속하는 국가들은 세계화와 같은 환경변화에 대해 거시적, 역사적 맥락에서 발전경로

가 유사할 것으로 예측할 수 있다. 이렇듯 생산 레짐의 형성과 제도적 특징과 기능에 대한 역동성을 이해함으로써, 한편으로는 같은 생산 레짐 유형에 속하는 국가들의 유사한 변화방식을 설명하는 동시에, 다른 한편으로는 같은 생산 레짐 유형 내에서 개별국가의 독특성도 이해할 수 있다.

참고문헌

'California effect'. Wikipedia, https://en.wikipedia.org/

'Most valuable brands worldwide in 2022'. Statista, https://www.statista.com/ statistics/264875/brand-value-of-the-25-most-valuable-brands/

'The Open Method of Coordination', https://www.europarl.europa.eu/EPRS/EPRS-AaG-542142-Open-Method-of-Coordination-FINAL.pdf

'경로 의존성' 위키백과(https://ko.wikipedia.org).

'분권화'. 위키백과(https://ko.wikipedia.org).

'코포라티즘'. 위키백과(https://ko.wikipedia.org).

'비교우위'. 위키백과(https://ko.wikipedia.org).

'수확체감'. 위키백과(https://ko.wikipedia.org).

Freeman. R.B., ed.(1993). 『Working Under Different Rules』. New York: Russell Sage Foundation.

Hall, P. A. and D. Soskice, eds.(2001), 『Varieties of Capitalism: The Institutional Foundations of Comparative Advantage』. Oxford: Oxford University Press.

Hollingsworth, Rogers J. and Robert Boyer, eds. 1997, 『Contemporary Capitalism: The Embeddedness of Institutions』. Cambridge: Cambridge University Press.

Soederberg, S., Menz, G. and Cerny, P.(2006). 『The Rise of Neoliberalism and the Decline of National Varieties of Capitalism』, Palgrave MacMillan

Streeck, W. and Yamamura, K. eds.(2001). 『The Origins of Neoliberal Capitalism』. Cornell University Press.

Thelen, K.(2004). 『How Institutions Evolve?』. Cambridge University Press.

김윤태(2007). 자본주의의 다양성과 한국의 발전모델. 『동향과 전망』 여름호(통권 70호). 46-76.

김인춘(2007). 세계화와 생산체제의 개편:네덜란드와 스웨덴의 노동시장 정책과 사회적 합의제도. 『현대사회와 행정』 7. 47-76.

정무권(2007).『현대 정치학 이론의 발전』. 인간사랑.

카를 마르크스 · 프리드리히 엥겔스(1993).『칼 마르크스 · 프리드리히 엥겔스 저작 선집』2, 김세균 감수, 최인호 외 역, 박종철 출판사.

황선자(2008).『세계화와 노동시장 제도가 임금 불평등에 미친 영향에 대한 연구』. 숭실대학교 박사학위 논문.

제3장

·
·
·

노동의 이해(Ⅰ) : 동양의 노동관*

　'노동'이란 학원 세계대백과사전[1]에서는 '노동'을 "자기의 내부에 있는 육
체적, 정신적 능력을 사용하여 목적 의식적으로 외부의 자연에 작용함으로
써 자연을 인간에게 도움이 되도록 변화하게 하는 활동"이라고 정의하고, 또
국어 대사전[2]에서는 "① 정신이나 몸의 힘을 사용하여 일함. 육체노동과 정
신노동으로 구분하기도 함, ② 사람이 그 생존에 필요한 물자를 얻기 위해
손, 발, 두뇌 등의 활동에 의해서 노동 대상에 작용하는 일. 정신적 노동, 육
체적 노동, 유희적 노동, 자유 노동, 부자유 노동, 독립적 노동, 고용적 노동,
생산적 노동, 비생산적인 노동 등으로 구별함"이라고 정의를 하고 있다.

　또한, 브리태니커 백과사전[3]에서는 "사회의 유지에 필수적인 생산 활동을

---

* 사상과 인물의 노동에 대한 인식을 사상, 이론, 개념 등 다양한 용어를 사용하고 있지만, 여기에서는
　모든 것을 '노동관(勞動觀)'으로 통칭하여 사용하였다.
1 　'노동'. 학원출판공사 사전편찬국(1993), 학원 세계대백과사전 6권, 학원출판공사.
2 　'노동'. 이희승(1998), 국어 대사전, 서울:민중서림.
3 　'노동'. 브리태니커 사전 편찬위원회(1992), 브리태니커 제3권, 서울:한국 브리태니커 회사.

가리키는 경제학 및 사회학의 용어로서, 노동은 식량, 의복, 집 등 인간의 기본적인 물리적 요구를 충족시키는 기능을 한다."라고 정의한다.

결국 노동은 인간이 자신의 '구상'에 따라 '자연'을 '변형'하는 일종의 '창조적' 활동이라고 할 수 있다. 따라서 일반적으로 노동을 육체노동만을 지칭하여 사용해 온 방식에서 벗어나 육체노동과 정신노동을 총칭하는 말로 보아야 하며, 인간의 노동이 자연에서 필요한 것을 취득하여 인간 생활에 필요한 재료를 생산하고, 더 나은 생활을 영위하기 위한 물질적-정신적 산물의 창조, 생산, 변환, 분할 및 그 활용과 관련된 일련의 연속적인 절차를 수행하는 인간의 활동이다.

이러한 노동은 자기실현의 수단이고, 자기 행복을 추구하기 위함 등 긍정적으로 인식되기도 하고, 때로는 어쩔 수 없이 해야만 하는 인간의 삶에서 언젠가는 벗어 던지고 싶은 족쇄와도 같은 부정적으로 인식되기도 한다. 하지만 분명한 사실은 인류가 시작되고, 인간은 끊임없이 노동하고 있다는 점이다.

1. 유교(儒敎)의 노동관

유교를 대표하는 공자의 노동관은 이마에 땀을 흘려 일하는 것 자체가 가지는 인간의 능동적 행위로서의 노동의 가치가 간과된 노동하는 사람에게 피통치자의 종속적 위치를 부여함으로써 노동과 그에 수반하는 기능을 부정적으로 평가되는 것이 일반적이었지만, 최근 들어 자신의 생명을 보존하기 위한 노동이 되어야 한다는 전제에서 자신의 인격을 실현하기 위한 능동적이고 정의에 합당한 노동관을 정립했다는 재평가를 받고 있다.

물론 유교 사상은 노동의 문제를 직접 언급하지는 않는다.[4]

공자의 노동관은 지배계급으로부터 노동에 대한 의미 부여의 성격이 강하다. 그는 주로 위정자의 노동에 대해 말했고, 서민의 노동에 대해 직접 언급한 경우는 매우 드물다.[5]

공자는 노동을 기본적으로 생명 활동이라 보았다. 공자에게 노동은 어떤 초월적인 존재나 종교적인 이론이나 사상이 존재하지 않는 단지 인간의 생존과 직결된 매우 현실적이고 실제적인 문제일 뿐이다. 공자는 정치의 요체를 백성들을 풍족하게 하고, 생명과 재산의 안전을 보장하고, 문화적인 삶을 위해 교육하고, 위정자에게 믿음을 갖게 하여 심리적으로 안정된 삶을 영위하게 하는 것에 있다고 보았다.

공자는 군자의 일을 소인의 일과 명확히 구분 지었다. 군자의 일은 예(禮), 의(義), 신(信)과 같은 도덕적 가치를 추구하는 것이고, 소인의 일은 농사일과 채소 가꾸는 일과 같은 물질적 가치를 추구하는 것이다. 이러한 분업이 가능한 것은 도덕적 가치를 추구하더라도 생계를 벌 수 있을 만큼 군자의 일이 전문화되었기 때문이다. 그래서 "군자는 도를 도모하고 밥을 도모하지 않는다. 밭을 갊에 굶주림이 그 가운데에 있고, 학문을 함에 녹이 그 가운데 있는 것이니, 군자는 도를 걱정하고 가난함을 걱정하지 않는다." 공자는 이렇게 군자의 일이 하나의 직업으로 전문화되었음을 전제하고 있다.

하지만 공자의 노동관은 군자의 일과 소인의 일이 대립적이라기보다는 통합적이며 상호호혜적인 관계이다. 의주이종(義主利從)에 따른 직업분화는 군자의 일과 도를 도모하는 일을 우위에 두겠지만 이것이 직업의 귀천을 강

---

4 불교나 도교도 노동에 대해 직접적인 언급은 하지 않는다.

5 생산적 노동에 대한 언급이 드물고, 또 비천한 것으로 여겼다.−농업(번지), 공업(백공), 상업(자공)

조하기 위한 것이 아니라 오히려 기능적 분화에 강조점이 있다. 왜냐하면 '직업분업'은 생산 증가를 위한 기본 토대 구성의 요건이지만 더 중요한 것은 '부(富)'의 균형을 통한 올바른 경제 질서, 즉 백성들의 경제적 안정을 통한 사회질서의 유지에 있기 때문이다.

이러한 공자의 노동관은 현대에 몇 가지의 함의를 가진다.

첫째, 공자는 생명 활동으로서의 본질적 노동을 중시했다. 생산력이 높지 않은 고대사회에서 노동은 일차적으로 생명을 유지하는 데 목적이 있다. 공자는 노동이 자신의 생명을 유지하는 활동으로써 자신을 위한(爲己的) 노동이 되도록 해야 한다는 것이다. 국방과 교육은 타인의 지시와 감독에 따라야 한다는 점에서 타인 노동 혹은 종속 노동[6]으로, 타인 노동은 자신의 생명 활동으로서의 노동을 불가능하게 한다. 현대 자본주의에서 노동문제의 근본 원인의 하나는 노동이 개인의 생명 활동과 무관하게 이루어지는 데 있다. 마르크스는 이를 상품의 물신화와 노동소외 개념으로 잘 지적하였다. 공자에게 있어서 생명을 위한(足食) 노동은 개인의 생활을 보장하는 본질적 노동이다.

둘째, 공자는 초인격적 노동을 지향한다. 초인격적 노동은 전문적인 노동으로 노동 대상이나 노동의 구매자에 의존하는 노동이 아니라 덕을 갖추고 자신의 목적에 따라 능동적으로 하는 노동을 말한다. 고대 아리스토텔레스가 말한 '제작(poiesis)'에 대한 '실천(praxis)'으로서의 노동이라 할 수 있다.[7] 아리

---

6 소유와 노동의 관계에 따라 노동의 유형을 나눌 때, (생산수단을) 소유하는 사람이 자기의 계획과 계산 아래 노동하는 것을 자기 노동이라 하고, 노동만을 가지는 자가 소유하는 자의 지시, 감독에 따라 노동하는 것을 타인 노동 또는 종속 노동이라고 한다(인간과 노동 21).

7 '실천(praxis)'은 자신의 목적을 위해 사물을 사용하는 활동이며, '제작(poiesis)'은 질료 자체를 전제로 하여 그것의 성질에 따라, 그 성과인 사물을 사용하는 사람의 목적을 위한 활동이다. 철학자가 자신의 학설의 정확성을 청중에게 설득하는 행위라든가, 정치가가 시민을 설득하는 행위 등이 전자에 속하

스토텔레스에 따르면 노동은 단순한 물질적 가치를 생산하는 생산 활동에 머물지 않는다. 노동이 인간의 활동이자 실천인 이상, 우리는 '인간의 것으로서의 노동'이란 근거에 따라 윤리적 실천이나 예술적 실천 등도 종합적으로 고찰하면서, 사회적 노동을 근본적으로 파악해 내지 않으면 안 될 것이다(清水正德 1983, 15). 이러한 공자의 초인격적인 노동관은 자본주의 사회의 노동 의미를 풍부하게 하는 데 이바지하였다.

셋째, 공자는 윤리적 노동을 강조했다. 공자는 노동이 정의(義)에 합당해야 진정한 이익을 얻게 된다고 하였다. 서구의 역사에서 볼 때 고대로부터 노동의 본질은 신(神)의 본질과 밀접한 관련을 맺고 있었다. 그러나 칸트에 이르러 노동은 모든 신성한 의미를 벗고 도덕성에 의해 정의되었다. "노동은 행운을 추구하는 과정에서 인간이 겪어야 하는 자연적인 고난이거나 하나의 의무로 여겨지고 있다. 즉 자신을 부양할 의무, 인척을 부양할 의무, 노동에 기초한 계약의 이행을 부담할 의무 등으로서 여겨지는 것이 아니라 노동의 가치는 노동이 도덕적 요구에 일치하는가에 따라 결정된다." 이 도덕적 요구는 경제적으로 합리적이고 이성적인 요구와 충돌할 수도 있는데 이때 현시대 노동에 대한 규범적이고 도덕적인 가치의 정립이 요구된다. 자본주의 사회의 노동은 무한경쟁을 통한 경제적 이익을 얻는 것을 목적으로 한다. 그래서 노동을 통한 자신의 발전이나 도덕적 성장은 도외시될 수밖에 없다.

유교에서 노동는 경제적 이익뿐만 아니라 도덕적 성을 이익으로 여긴다. 다시 말해 정의롭지 못한 이익은 이익으로 여기지를 않는다는 것이다. 이렇게 정의와 이익을 불가분의 관계로 보는 것은 오늘날 윤리 경영 혹은 경영윤

고, 職人(직인-자기의 손재주로 물건을 만드는 사람)이 재료의 속성과 사용할 사람의 필요와 욕구에 응하여 생산하는 활동이 후자의 예이다(清水正德 1983, 29).

리의 중요성이 강조되는 시점에서 시사하는 바가 크다.

넷째, 공자는 신분에 따른 호혜적 노동을 강조했다. 칼 폴라니는 오늘날 자본주의 사회에서의 이른바 '자기 조정적 시장경제(self-regulating system of markets)'는 인류 역사에서 예외적이고 특이한 경제체제일 뿐이라고 하였다. 물론 폴라니도 재화와 교환이 이루어지는 시장이 인류 역사에서 오래전부터 존재하였다는 사실은 인정한다. 다만 그것이 호혜성(reciprocity), 재분배(redistribution), 교환(exchange) 등과 같은, 경제의 다른 지배적인 통합유형에 의해 통제·조절되는 방식으로만 존재하였다고 부연한다. 그는 자본주의 등장 이전에 인간의 삶에서 경제는 넓은 범위의 사회적 문화적 관계에 종속적으로 결합하여 있었을 뿐이라고 하였다. 그래서 오늘날의 자본주의 경제처럼 시장을 노동, 토지, 화폐에 적용하는 것은 오류일 뿐이라고 지적하였다.

유교에서의 노동 역시 단순히 노동시장의 자기 조정적 체계로 설명될 수 없을 뿐만 아니라, 신분에 따른 노동의 분화는 시장의 메커니즘이 아니라 사회 전체의 통합을 전제로 한 호혜성의 차원에서 이루어져 있다고 보았다.

2. 불교(佛敎)의 노동관[8]

종교나 철학과 같은 형이상학의 관념론에서 노동이라든지 경제 혹은 산업과 관련된 설명을 기대하기는 어렵기 때문에 도교나 유교의 경우와 같이 불교 역시 우리가 이해하고 있는 의미의 노동 개념을 찾아보기는 어렵다.

흔히 불교에서는 노동과 생산을 부정한 것으로 여기는 종교로 잘못 이해

---

8   불교의 노동관은 박경준(1998)의 연구를 바탕으로 수정·보완하였음을 밝힌다.

되는 경향이 있다. 그것은 근본적으로 불교가 개개인의 주체적 깨달음을 중시하여 해탈과 열반이라는 궁극적 목표의 달성을 위해 집과 가족을 떠나 도를 닦고 수행(出家 修道)을 장려하는 종교라는 사실에 기인하고 있다.

실제로 석가모니는 당시 삼의일발(三衣一鉢)[9]로 검소한 생활을 하며, 제자들에게는 땅을 파고 씨앗을 뿌리는 농사일과 물건을 사고파는 장사 등의 노동과 생산 활동을 일절 금지했다.

하지만 불교는 노동에 관한 고유한 의미를 발전시켜왔으며, 이는 오늘날의 노동 개념에 중요한 시사점을 던진다는 주장이 단적인 예가 될 것이다.

불교는 고통의 문제를 해결하는 '여덟 가지 바른길(八正道)'을 제시하는데, 불교에서 수행이란 그 길을 따르는 것이다. 이러한 수행은 먹고 자고 쉬는 것을 포함한 일상생활에서 이루어지는 모든 활동을 지칭한다는 점에서 불교에는 도교(道敎)에서 말하는 노동이니 여가니 하는 구분은 원래 존재하지 않는다.

보통의 경우 일할 때와 놀 때가 구분되어 있고 일할 때의 태도와 느낌은 놀 때의 태도와 느낌과 전혀 상반되지만, 불교에서는 생활 자체가 일체화되어 있어서 일과 여가의 구분 자체가 존재하지 않는다는 것이다. 즉 일할 때 노는 것처럼 자발적으로 즐겁게 일하고, 놀 때 일하는 것처럼 짜임새 있고 밀도 있게 노는 일과 여가의 통합을 불교가 제시한다는 것이다(정영근 2008, 43-44).

나아가 불교사상 자체는 노동 개념과 일종의 이율 배반 관계를 맺고 있다

---

9 삼의일발(三衣一鉢)이란 '세 가지 옷과 발우(음식 담는 그릇) 하나'라는 불교 용어로써, 의(衣) 생활은 겉옷, 중간 옷, 속옷의 세 가지면 충분하고, 식(食)생활은 발우 하나면 충분하며, 주(住) 생활은 나무 밑이나 바위 위면 충분하다는 것으로 불교에서 무소유의 삶을 보여주는 용어이다(출처:불교 용어 사전, https://studybuddha.tistory.com/561).

는 점을 염두에 두어야 한다. 그 단적인 예가 욕구 혹은 욕망의 문제이다.

노동이나 생산은 욕구와 욕망을 전제로 한다는 점에서, 욕구와 욕망은 노동의 동력으로서 부의 축적이나 분배의 문제와 밀접한 관련이 있다.

불교는 속세의 고통(苦)에서 벗어나는 것을 궁극의 목표로 삼는다. 이처럼 불교의 궁극적인 도달점이 고통으로부터의 해방이라고 한다면, 거기에서 벗어나기 위해서는 고통의 원인을 알아야 하고 다음에는 그 원인을 제거해야 한다.

고통의 원인으로는 여러 가지를 들 수 있지만, 그중에서 먼저 제거되어야 하는 것은 욕구와 욕망이다. 여기에서 일종의 딜레마가 발생하는데 불교의 궁극 목표가 열반(涅槃)의 성취라면 그것을 방해하는 것이 욕망이다. 그러나 욕구와 욕망이 없다면 노동은 그 동력을 잃어버리게 된다. 즉 욕구와 욕망이 없다면 노동의 동기가 없어지고, 그것이 있다면 열반을 이룰 수 없게 되는 것이다.

이러한 점에서 노동을 업(業)의 일종으로 포괄적으로 해석할 수 있다 하더라도 원래는 이 말은 어디까지나 신체와 관련된다기보다 의식이나 의지와 같은 관념의 작용을 의미한다는 점을 염두에 두어야 한다. 불교에서 해탈을 위해 강조하는 수행과 정진이 우리가 알고 있는 바로서의 노동을 의미하는 육체적인 노고라기보다 정신과 의식의 영역에서의 노력이라는 점은 분명하다.

이러한 정신적 분투·노력이 넓은 의미에서의 노동으로 포괄될 수 있는가의 문제는 잠시 제쳐 두더라도, 그것이 땀 흘리며 일하는 육체노동과 엄연히 구분되는 것은 분명하다.

이러한 시도가 어떠한 것이든 간에 서구의 기독교와 비슷한 방식으로 불교에서도 속세에서의 노동을 통한 모든 고통은 인간계에 속하는 모든 존재가 겪어야 하는 일종의 징벌이자 저주로서, 그리고 수도자의 수행은 그에 대한 극복이자 초월로서 천상계를 지향한다는 이분법의 구도를 배경으로 깔고 있다.

그렇지만 서구의 기독교와 다른 점은 기독교의 경우 정화와 속죄를 위한 수단으로써 노동에 대한 내재적 동기가 뚜렷하게 나타나지만, 불교에서는 그러한 연결고리를 찾아보기가 힘들다. 따라서 서구 기독교의 경우 노동을 통한 자급자족을 통한 자립적 수도 생활을 하고, 불교의 경우 "삼의일발(三衣一鉢)로 일일일식(一日一食) 하면서 모든 것을 걸식으로 생활"(윤병식 1985, 303) 하는 모습이 대조를 이룬다. 물질에 대한 회의와 부정이라는 불교 세계관의 기저에서는 그것을 가공하고 만들어 내는 노동이 들어설 자리를 찾기 어렵다.

결과적으로 육체노동을 열등한 것으로 간주하고 지적이고 관념적 삶의 방식을 찬양한 토마스 아퀴나스 유의 의견은 불교에서도 뚜렷한 흐름을 갖는다. 출가수행자의 육체노동은 어떠한 이유에서든 금지되었다(박경준 2010, 193-194). 이처럼 육체노동을 금지하는 것과 대조적으로 수행자에게 정신노동이 장려되고 있을 뿐 아니라 의무로까지 되어 있다. 수행자의 목적은 물질의 안락이 아니라 정신적인 것을 추구하는 데 있으며, 물질적인 것은 정신적인 성취, 즉 열반을 얻는 수단에 불과할 뿐이다. 이러한 점에서 불교 경전은 모든 선법(善法)의 근본으로서 '수행하는 사람'은 자신의 본업을 위해서 바쳐야 하는 노력을 끊임없이 강조한다.

불교의 노동은 모든 인간 생활의 기초이며 이 기초 위에 문화가 창조되는 것이다. 그러므로 불교적 진리의 행위적 이득(得)이란 역사적 사회적 차원에서는 노동의 실천을 의미하는 것이다.

이처럼 그 본질이 사회적 노동이라고 할 수 있는 인간의 노동은 개별적·독립적으로 고립 분산되어 행해지는 것이 아니라 언제나 사회생활에서 고도로 분업화된 사회로서 어떤 사람도 자신의 생활에 필요한 작은 물건 하나라도 자신의 노동으로 직접 생산할 수 없는 상황이다. 인간의 노동은 항상 분업과 협업으로 이루어진다는 점에서 노동 자체가 이미 사회성을 띠고 있다고 보아야 할 것이다.

노동 과정에서 이루어지는 분업과 협업의 방식은 근본적으로 자연을 더욱 잘 지배하기 위한 것이다. 왜냐하면 혼자서 일하는 것보다 여럿이 협동해서 할 때 그 일의 성과는 훨씬 커지기 때문이다. 그러므로 역사적으로도 분업과 협업의 발전은 사회적 생산력의 발전과 궤를 같이하고 있다.[10]

이와 같은 불교의 가르침을 종합적으로 보면, 노동이 사회적 지위를 향상하게 하기도 하고, 명예를 가져다주기도 하는 등의 사회적 의미를 지니고 있음을 알 수 있고, 노동의 사회적 의미를 두 가지 측면에서 설파하고 있다. 하나는 사회질서의 유지 또는 공동체 사회 건설의 원동력으로서의 의미이고, 다른 하나는 사회적 신분 또는 지위의 향상과 명예를 고양하는 동인(動因)으로서의 의미이다.

3. 묵가(墨家)의 노동관

노동에 대해 불교와 유교, 도교를 비롯한 동양사상은 직접적인 언급을 하지 않았지만, 묵가 사상의 중심 주제는 노동이라고 해도 과언이 아닐 정도로, 묵자(墨子)[11]와 묵가의 사상[12]은 노동의 의미를 적극적으로 강조하였다.

---

10 한국철학사상연구회(1994). 『삶, 사회 그리고 과학』. 서울:동녘, 80-81.

11 묵가의 시조(始祖)로서, 공자와 거의 동시대인 춘추 시대 말 전국 시대 초기에 활동한 인물이지만, 출생연도에 대한 정확한 기록은 남아 있지 않다(이운구 · 윤무학 1995, 18).

12 겸애(兼愛)와 반전(反戰)과 평등(平等)을 주창한 중국 고대사상이다.

묵자 자신이 어떠한 계층의 출신인가의 여부는 불분명(그를 목수 출신으로 지목하는 대목에서 공인이나 하층민 출신으로 보는 견해도 있음)하지만, 그의 사상이 하층의 노동계급을 대변하는 것만은 분명하다(신영복 2004, 365). 이러한 점에서 볼 때 묵가에서 '묵(墨)'은 생산 노동에 종사하는 천민층이 귀족 사회에 저항하는 긍지를 역설적으로 살린 집단 표시로 볼 수도 있으며(이운구·윤무학 1995, 19), 실제로 그의 제자들은 노동자·농민·종묘지기 등 천민 출신이 대다수를 차지[13]하였다(기세춘 2009, 32).

묵자는 노동하는 인간을 바람직한 인간상으로 상정하였다. 그에 따르면 인류는 다른 동물과 같이 날카로운 이빨이나 하늘을 날 수 있는 날개, 빠른 다리와 같은 천연의 자위(自爲) 수단을 가지고 있지 않기 때문에 반드시 생산 노동에 종사할 수밖에 없었으며, 이에 따라 인간은 자연에 의존하는 상태에서 벗어나 자신을 동물과 구별하기에 이르렀다(이운구·윤무학 1995, 40)는 것이다.

인간이 무엇인가 하는 물음에 묵자는 "노동에 의지해야 살아갈 수 있는, 노동하지 않으면 살아갈 수 없는 존재"라고 대답한다. 다른 말로 하면 인간은 '힘(力)' 곧 노동의 산출자(産出者)로서, 노동을 떠나 인간은 존재할 수 없다는 것이다. 이처럼 그는 인간의 생존과 인간성의 실현 조건을 노동으로 보고 인간이 동물과 구별되는 기준을 육체(생산)노동에 설정하였다. 노동이 다만 중요하거나 필수적이라고 보는 것에서 나아가 그것을 신성하게 여기는 노동 신성의 사상에 따라 노동하는 사람들의 권익을 옹호하였다.

이처럼 유가 사상을 비롯한 다른 사상가들의 관념적 경향과는 대조적으로 묵자는 고대 사상가 중에서 유일하게 '인간만이 노동하는 동물'임을 발견

---

13 묵가와 묵자에서 '묵'의 의미는 여러 가지로 해석되지만, 허례허식을 배격하면서 몸이 깡마르고 피부색이 먹과 같이 '검다(墨)'라는 데에서 유래 되었다는 의견도 있다(이운구·윤무학 1995, 18-19).

하였다.

육체노동에 대한 묵자의 강조는 인간을 도덕적 존재로 이해하는 공맹의 의견과는 정반대로 그는 '힘'을 산출하는 노동자를 인간상의 기저에 설정하였다.

묵자는 '유가는 근면하게 노동하여 생산하지 않고서 음악을 즐기거나 후장(厚葬) 등 사치스러운 행동을 한다.'라고 비판하였다.

묵가가 유가에 대해 극단적인 공격을 하는 이유는 유가의 노동관이나 생산관이 너무 비현실적이어서 노동이 천시되는 결과를 가져왔다는 사실에 있다(유인희 1985, 375).

또한 묵자는 유가에서 주장하는 계급적인 차등의 원칙에 반대하면서, '농공상에 종사하는 사람'의 입장에 서서 '백성의 이익'을 도모하고, '천하 인민을 두루 사랑하는' 것을 통하여 차등이 없는 공평한 세상을 건설하고자 하였다.

묵자가 노동을 강조한 것은 우임금은 위대한 성인인데도 천하를 위해 육체노동을 했다는 사실에서 영감을 받았기 때문이다. 노동 제일주의는 묵가경제사상의 중심을 이루며, 동시에 묵가 집단의 특이한 성격과 불가분의 관계에서 강조되었다. 강도 높은 노동을 의무로써 평등하게 분담한다는 원칙은 그들의 조직을 유지하고 발전시키기 위한 불가결의 힘이었기 때문이다.

하지만 이러한 묵자의 사상은 모든 이들에게 긍정적으로 받아들여진 것은 아니다. 장자는 묵자를 평하여 "살아서는 죽도록 일만 하고 죽어서도 후한 장례 대신 박장(薄葬)에 만족해야 했으니, 그 길은 너무나 각박했다"라고 지적한다(신영복 2004, 367). 후세의 묵가들에게 털가죽과 갈옷을 입고 나막신과 짚신을 신고 밤낮으로 쉬지 않고 스스로 수고하는 것을 도리로 삼도록 했던 것에서 보듯이, 남을 위해 제 몸이 초췌해도 돌보지 않고 허름한 옷을 입고 일만 한 것으로 묘사되고 있다.

순자 역시 비슷하게 묵자의 도를 '노동자의 도'로서 비판적으로 언급하였다. 몸이 야위어 죽도록 일만 하면서 노예 같은 노동을 천자의 지위와도 바꾸려 하지 않지만, 그것은 어디까지나 노동자의 길에 지나지 않을 따름이라는 것이다.

실제로는 노동에 의한 생산의 측면보다는 노동 산물의 사용에서 절용(節用)·절약(節約)을 지나치게 강조한 결과, 비관적 인생관 곧 고통스러운 인생살이를 강조하게 된 사실을 부인할 수 없다(유인희 1985, 375-376).

또한 묵자는 노동을 중시했지만, 근면을 강조한 적은 없고 재화의 부족을 기술 부족과 노동자의 게으름으로 돌리지 않았다. 이들이 헐벗고 굶주리는 이유는 모두 사회의 잘못된 제도와 문화에 있다고 보았다. 묵자는 전쟁과 낭비 등 재화의 목적을 넘어서는 '초과 소비'로 인해 그만큼 더 노동을 착취당하면서도 백성은 헐벗고 굶주린다고 비판했다.

이러한 점에서 묵자는 강제되지 않은 한가한 노동, 자기 자신의 창조를 위한 노동을 통하여 풍요로운 생활을 할 수 있는 착취나 압제 등 외부적 압력이 없는 이상적 사회를 소망하였다. 일찍이 묵자는 백성에게는 세 가지 환난 -굶주린 자가 먹을 수 없고(飢者不得食), 헐벗은 자가 입을 수 없고(寒者不得衣), 고달픈 자가 쉴 수 없는 것(勞者不得息)- 이 있다고 하였다. 이에 따라 묵자는 노동을 통해 배고픈 자가 밥을 얻고, 헐벗은 자가 옷을 얻고, 피곤한 자가 쉴 곳을 얻고, 전쟁과 어지러운 세상의 평화를 위해 자기를 희생하며 몸소 투쟁하게 된다고 하였다.

4. 도가(道家)의 노동관[14]

불교와 같이 노자(老子)와 장자(莊子)로 대표되는 도가사상[15]에서도 오늘날 우리가 알고 있는 노동에 관한 직접적인 근거를 찾기는 어렵다.

도가를 대표하는 경전인 『莊子(장자)』[16]에도 '노동자'라는 표현은 나오지 않고, 일과 직업에 대한 체계적이고 종합적인 서술 또한 찾아볼 수 없다는 점에서 도가의 노동관은 노동과 연관된 단편적인 생각들을 재구성하는 방식으로 접근하는 것이 바람직하다.

중국 역사가 시작하는 선진(先秦)시대[17]에는 지식인이나 '성인(聖人)'으로 일컬어지는 사람들도 노동에 직접 참여한 경우가 적지 않았을 것으로 추정된다. 이 시기에는 엄격한 계급제도가 아직 확립되지 않았으며, 서양의 고대와 비슷하게 노동 자체가 천시되지 않았기 때문에 노동하는 사람이 국가기구로 나가는 경우도 많았다. 나아가 장인(匠人)들은 도구를 사용하여 일반인보다 더 많은 부를 축적할 수 있었고, 축적된 부를 바탕으로 일반 사람보다 상대적으로 높은 신분을 유지하였다.[18] 그러나 전국 시대에 들어오면서 도구가 보편화하고 장인이 증가함에 따라 장인의 특수성이 사라지고 일반화되면

---

14 노자를 부분적으로 참고하여 장자의 사상을 중심으로 도가의 노동관을 살펴볼 것이다.

15 도가의 출현 시기는 학자마다 다르지만, 일반적으로 중국의 주(周, B.C 1046년~B.C 256년)대 말기 즉 전국 시대(B.C 5~3세기)에 출현한 것으로 보는 것이 정설(定設)이다.

16 33편이 현존하며, 내편(內編), 외편(外編), 잡편(雜編)으로 나뉘는데, 전통적으로 장자 자신이 이 책의 내편(內篇, 1편~7편)을 썼고, 그의 제자와 같은 계열의 철학자들이 외편(外篇, 8편~22편)과 잡편(雜篇, 23편~33편)을 썼다고 본다('장자(책)', 위키백과).

17 B.C 770년 주(周) 왕조의 천도부터 B.C 221년 시황제(始皇帝)가 통일한 시기까지를 말하며, 일반적으로 춘추 시대와 전국 시대를 아우르는 '춘추전국시대(春秋戰國時代)'라고도 한다('춘추전국시대', 위키백과).

18 상(商)나라에서 대부분 사람은 지하의 굴속에서 살았는데, 몇몇 금속공과 도공의 집이 지상에 있었던 사실은 이들의 지위가 일반인보다 높았다는 것을 보여준다.

서 장인의 사회적 지위는 낮아졌다. 더구나 재정수입의 확충과 소농 경제의 안정을 목표로 광범위하게 추진된 관영 산업 정책에 따라 대부분 장인은 기관으로 흡수되었고, 국가는 이들의 신분을 일반 평민보다 하위로 편성하여 장인의 노동력을 최대한 통제 · 장악하였다(변상욱 2004, 54-55).

장자가 살았던 전국 시대 말기는 봉건제로의 이행에 따른 사회분화를 배경으로 노동자에 대한 일정한 사회적 편견과 차별이 존재한 시기였다. 『장자』에는 농부, 목수, 백정, 뱃사공 등과 같이 다양한 직종과 범주의 노동자들이 등장한다. 이는 장자가 그만큼 노동자에 관심이 많았다는 것을 의미한다. 한편으로는 자신이 짚신을 엮어 먹고사는 처지에서 사회적으로 낮은 지위와 열악한 대우를 감수해야 했기 때문에 빈부의 차이로 인한 사회 모순이나 신분 차별에 분노를 느끼는(변상욱 2004, 8, 55) 한편, 노동의 신성함이나 노동자의 존재를 시야에 넣을 수 있는 존재 조건에 처해 있었다는 것에서 도가와 일반 민중, 즉 손으로 일하는 노동자 사이에서 밀접한 연결을 발견할 수 있다.

도가에게는 손으로 하는 작업이 도를 추구하는 일의 일부분이었던 반면, 유가의 어떤 학자는 손으로 하는 종류의 작업으로 자신을 더럽히려고 하지 않았다. 이처럼 손으로 하는 노동에 관한 관심은 유가에게는 낯설었지만, 도가의 평등주의적 믿음과는 잘 부합되었으며, 도가의 이러한 선택은 즉시 상류사회의 봉건귀족 철학과 관료적 풍조 밖으로의 추방으로 이어졌다.

장자가 신분의 귀함과 천함(貴賤, 귀천)과 옳고 그름(是非, 시비) · 다른 사람과 자신(彼我, 피아)의 구별이 없는 만물제동(萬物齊同)의 절대 평등 세계를 꿈꾸었다면, 그 기저(基底)를 떠받친 것은 일하는 노동자들이었다.

노동에 관한 장자의 이야기로 널리 알려진 것은 '포정해우(庖丁解牛)'[19]이다.

---

19 『장자』 내편 제3편 「양생주(養生主)」에 나오는 말로서, 기술이 신기에 가까울 정도로 뛰어난 것

〈 포정해우(庖丁解牛) 일화 〉

포정(庖丁)이라는 사람이 문혜군(文惠君)을 위해 소를 잡은 일이 있었다. 그가 소에 손을 대고 어깨를 기울이고, 발로 짓누르고, 무릎을 구부려 칼을 움직이는 동작이 모두 음률에 맞았다. 문혜군은 그 모습을 보고 감탄하여 "어찌하면 기술이 이런 경지에 이를 수가 있느냐?"라고 물었다. 포정은 칼을 놓고 다음과 같이 말했다.

"제가 반기는 것은 '도(道)'입니다. 손끝의 재주 따위보다야 우월합니다. 제가 처음 소를 잡을 때는 소만 보여 손을 댈 수 없었으나, 3년이 지나자 어느새 소의 온 모습은 눈에 띄지 않게 되었습니다. 요즘 저는 정신으로 소를 대하지 눈으로 보지는 않습니다. 눈의 작용이 멎으니 정신의 자연스러운 작용만 남습니다. 그러면 천리(天理)를 따라 쇠가죽과 고기, 살과 뼈 사이의 커다란 틈새와 빈 곳에 칼을 놀리고 움직여 소의 몸이 생긴 그대로 따라갑니다. (중략) 저 뼈마디에는 틈새가 있고 칼날에는 두께가 없습니다. 두께 없는 것을 틈새에 넣으니, 널찍하여 칼날을 움직이는 데도 여유가 있습니다. 그러니까 19년이 되었어도 칼날이 방금 숫돌에 간 것과 같습니다. 하지만 근육과 뼈가 엉긴 곳에 이를 때마다 저는 그 일의 어려움을 알고 두려워하여 경계하며 천천히 손을 움직여서 칼의 움직임을 아주 미묘하게 합니다. 살이 뼈에서 털썩하고 떨어지는 소리가 마치 흙덩이가 땅에 떨어지는 것 같습니다. 칼을 든 채 일어나서 둘레를 살펴보며 머뭇거리다가 흐뭇해져 칼을 씻어 챙겨 넣습니다."

문혜군은 포정의 말을 듣고 양생(養生)의 도를 터득했다며 감탄했다고 한다.

출처: '포정해우', 나무위키(https://namu.wiki).

을 비유하는 말이다. 이 밖에도 노동에 관련된 내용은 수레바퀴 만드는 사람(외편 제13편 「천도(天道)」), 나무를 깎아 거(鐻)라는 악기를 만드는 목공(외편 제19편 「달생(達生)」), 허리띠 고리 만드는 사람(외편 제22편 「지북유(知北遊)」), 도끼로 돌을 깎는 석수(匠石)(잡편 제24편 「서무귀(徐無鬼)」) 등의 일화에서 찾을 수 있다.

장자의 노동은 두 가지 특성을 갖게 되었다. 하나는 잘 알려진 무위로서의 인간 행동을 놀이의 차원으로 승화시킨 연장에서 노동을 이해하고자 했다는 것이고, 다른 하나는 자연과의 합일로서의 노동을 추구했다는 것이다.

먼저 장자는 이익을 극대화하기 위하여 그리고 일 자체를 위하여 삶이 이용되거나 희생되는 것에 대하여 진지하게 반성할 것을 촉구한다. 목적의식에 사로잡혀 이용하고 정복하려는 순간, 일은 객체화되고 수단화된다. 일이 다른 것의 수단으로서만 의미가 있다면 일하는 주체는 일로부터 소외되고 일하는 자아는 분열되기 쉽다. 이러한 점에서 장자는 목적과 수단의 넘을 수 없는 벽 때문에 노동이 그 자체의 고유한 본래의 의미를 상실하고 있다고 비판한다. 일의 능률과 효율을 위한 수단의 정교화에 집착함으로써 일상의 노동이 참다운 자아를 상실하게 될 우려가 있다는 것(정연근 2011, 518, 523)을 기계 사용에 대한 태도로 볼 수 있다.

인간의 노동을 극소화하려는 기계라는 장치가 있음으로써 인간은 꾀를 내어 일하게 되고, 결국 인간의 순박한 마음을 잃고 기계적 마음씨를 갖게 된다는 경고는 바로 산업화한 사회 속에서 인간이 기계화되어 가는 것에 대한 위험을 경계하는 것으로 해석되었다.[20]

기계는 일과 놀이와 학습의 바람직한 통일성을 깨뜨린다. 노동이 삶 자체, 삶의 실현임에도 불구하고 기계로 말미암아 다른 목적의 수단으로 전락하는 것을 장자는 경고한다.

장자는 기술을 의식적으로 사용하고자 하는 단계(有爲)를 넘어 마음속으

---

20 장자는 기술을 완전히 부정하지는 않았다. 이야기 후반부에 나타나듯 노인은 자공을 신랄하게 비난하면서도 "심신(心身)의 속박에서 벗어나야 비로소 도에 가까이 다가갈 수" 있다는 사실을 강조한다 (신영복 2004, 330).

로 아무것도 헤아리지 않고 대상과 일체가 되어 자연의 이법(理法)에 맞게 기술을 부리는 경지(無爲)로 나아가야 한다고 보았다. 아무런 강박관념이나 목적의식에 지배되지 않고 지금 자신이 하는 노동에만 집중하는 몰입의 상태가 바로 도의 경지라는 것이다.[21]

장자가 그리는 이상적인 노동의 모습은 자연의 원리를 완전히 체득하고 그것에 완전히 순응하는 것, 즉 따로 일삼음이 없이 하는 것(無爲)이다. 자연을 유연하게 수용하면서 자연스럽게 노동하는 것은 자연의 원리와 인간의 노동이 조화를 이루는 것을 말한다.[22]

결국 도가사상에 의하면 노동에 완전히 몰입하기 위해서는 자신이 하는 노동과 의식이 분리되지 않아야 한다. 다시 말해 일을 완전하게 수행하기 위해서는 그것을 일삼음이 없이 해야 한다는 것이다. 어떤 특정한 목적이나 의도를 성취하기 위한 대상적이고 수단적인 행위를 하지 않는다는 점에서는 하는 것이 따로 없지만, 그런 상태에서 만물이 저절로 그러하게 하고 변화할 수 있도록 한다는 점에서는 하지 않는 것이 없다(無不爲)고 할 수 있다.

동서양을 막론하고 노동은 일반적으로 고통을 참고 힘들어하는 것으로 이해됐지만, 장자는 이와는 정반대로 자연 속을 자유롭게 선택하거나 한 편의 예술을 공연하는 것과 같이 기쁘고 흥겨운 것으로 노동을 제시한다. 노동은 그 자체가 즐거운 삶의 과정이 되어야지 참고 견디는 것이 되어서는 안

---

21 도가의 중심 사상인 무위(無爲)는 "아무것도 하지 않고 침묵을 지키는 무 행동을 의미하는 것이 아니라, 자연의 본성을 거스르지 않으면서 자연스럽게 하는 것"으로 해석된다(정연근 2011, 515).

22 장자가 지향하는 무위(無爲)의 경지는 아무런 의식적 노력이나 훈련 없이 저절로 주어지는 것이 아니다. 의식적인 노력과 부단한 훈련이라는 유위(有爲)로부터 출발하여 점차 숙련되어 가는 과정을 통해서만 도달할 수 있는 것이다. 이러한 점에서 장자의 무위란 유위를 포괄하고 유위를 한층 승화시킨 것이라고 할 수 있다(정영근 2011, 517-518).

된다. 장자는 노동 자체가 즐거움으로 행위로써 그 자체로 의미 있는 것이고 따로 목적의식 없이 즐겁다는 점에서 그 자신을 소외시키지 않는 노동을 꿈꾸었다.

『장자』 제1편 「逍遙遊^{소요유}」 뿐만 아니라 전편(全篇)에 걸쳐 '遊^{노닐다}'라는 표현이 자주 등장한다. 장자는 놀이의 차원에서 삶을 이해하고자 하였다. 정연근은 『장자』의 '노닐다(逍遊)'라는 표현에는 두 가지 의미가 있다고 지적한다. 하나는 '즐거움'이고 하나는 '자유로움'으로, 장자가 말하는 '至人'(지극한 사람)은 언제나 자연스럽게 행동하며 세상일에 구애됨 없이, 일함이 없는 일(직업)을 가지고 소요하면서 노니는 것을 말한다(逍遙乎無事之業^{소요호무사지업}). 장자가 말하고자 하는 것은 일을 힘든 노동 내지 해야 하는 의무로서 억지로 일삼아서 하지 말고, 자유롭게 산책하는 것처럼 노니는 모습으로 행하라는 것이다.

놀이할 때의 자발성과 즐거움을 느끼고 일하는 것이 가장 이상적인 일하는 모습이라는 것이다(정영근 2011, 534-597).

이처럼 장자는 놀이의 차원으로 승화된 무위(無爲)로서의 노동을 지향한다.

놀이로서의 노동 이해는 앞의 용두레 이야기(『장자』 외편 제12편 「천지(天地)」)에서 보는 것처럼 인간의 편리를 위한 의도에서 자연을 이용하는 것에 부정적[23]이었으며, 자연과 더불어 사는 바로서의 인간과 자연의 공존을 추구하였다.

"천지와 내가 더불어 살아가고 만물과 내가 하나가 되는" 천인합일^{天人合一}의 자연 친화적 세계관[24]에 기반을 둔 장자의 평등론은 만물을 공존해야 할 대상

---

23 인간과 자연에 대한 이분법적 분리는 서구의 전형적인 사유 방식으로 이해되었고, 동양에서도 자연을 지배하고 이용하는데 주안점이 있다.

24 '기에 의한 존재의 연속성과 평등성' 그리고 '인간과 자연의 호혜성'은 우주 자연을 하나의 유기체로 볼 수 있는 토대이자 하나의 유기체인 우주 자연의 한 부분인 인간이 자연 생태계를 함부로 파괴 · 착취

으로 본다. 그는 인간과 인간이 화해하며, 인간과 자연이 서로 해치지 않고 평화롭게 공존하는 이상을 추구하였다(변상욱 2004, 70). 이처럼 그는 인간의 삶은 티 없이 맑고 깨끗한 생명과 자연의 조화라는 기반 위에서 도(道)와 함께 소요하는 것이 되어야 한다고 주장한다.

결국 장자의 세계에서 노동은 삶이며, 삶은 그 자체가 예술이 되어야 하고, 도(道)가 되어야 하며, 도(道)와 함께 소요하는 것이다.

장자의 노동관에 따르면 현대사회의 기계와 기술을 통한 자본주의 문명은 생산성과 효율성을 증대하여, 더욱 많은 소비와 여가를 가능하게 하였지만, 그것이 과연 인간성의 실현일 수 있는지가 문제의식이라고 할 수 있다.

할 수 없는 철학적 당위성을 제공한다(변상욱 2004, 61-63).

참고문헌

'노동'. 학원출판공사 사전편찬국(1993), 학원 세계대백과사전 6권, 학원출판공사.

'노동'. 이희승(1998), 국어 대사전, 서울:민중서림.

'노동'. 브리태니커 사전 편찬위원회(1992), 브리태니커 제3권, 서울:한국 브리태니커
　　　회사.

'삼의일발(三衣一鉢)'. 불교 용어사전(https://studybuddha.tistory.com/561).

'장자(책)'. 위키백과(https://ko.wikipedia.org).

'춘추전국시대'. 위키백과(https://ko.wikipedia.org).

'포정해우'. 나무위키(https://namu.wiki).

K. Marx(1989).『자본론』I (上), 김수행 옮김, 비봉출판사

강원돈(2005).『인간과 노동:노동윤리의 신학적 근거』. 민들레책방.

강재순(2004). 한말 유길준의 실업 활동과 노동관.『역사와 경계』50. 1-32.

기세춘 역(2009).『묵자』. 서울: 바이북스.

김승욱·유해신(2002). 노동관의 제 유형과 성경적 노동관.『신앙과 학문』7(1). 9-37.

김윤희(2015). 근대 노동 개념의 위계성-『서유견문』에서『노동야학독본』까지-.『사림』
　　　52. 175-206.

김진균·정근식 편저(1997).『근대 주체와 식민지 규율 권력』. 서울: 문화과학사.

박경준(1998). 불교의 노동관 (勞動觀) 소고(小考).『불교학보』35. 129-148.

박경준(2010).『불교 사회경제사상』. 서울: 동국대학교출판부.

변상욱(2004).「莊子의 平等思想에 관한 연구」. 한국교원대학교 석사학위 논문.

베르너 콘체(2014),『노동과 노동자』(한림과학원 기획), 이진모 역, 푸른역사.

신영복(2004).『강의:나의 동양고전 독법』. 파주: 돌베개.

유인희(1985). 朱熹의 歷史哲學.『한국철학회』23. 27-50.

윤병식(1985). 불교사상에 있어서의 노동철학의 의미발견,『철학사상의 제 문제 3』. 한
　　　국정신문화원 철학·종교연구실 엮음. 한국정신문화연구원.

윤효원(2019). '노동은 사물인가 인격인가'. 매일노동뉴스(2019.04.29.), https://www.

labortoday.co.kr/news/articleView.html?idxno=158126(검색일:2021.10.24.)

이운구 · 윤무학(1995). 『墨家哲學研究』. 대동문화연구원.

정영근(2008). 일과 여가의 통합:불교의 관점에서. 『불교학연구』 19. 31-48.

정영근(2011). 장자의 직업 사상. 『한국사상문화학회』 60. 527-566.

정태면(2015). 『올바른 직업관과 노동의 필요성』. 한국기술대학교 고용노동연수원 학교
　　　교육팀.

淸水正德(1983). 『노동의 의미』. 편집부 옮김. 한마당.

한국철학사상연구회(1994). 『삶, 사회 그리고 과학』. 서울:동녘.

황호덕(2014). 자본과 언어, 유길준의 『노동야학독본』의 노동 개념과 문체의 테크놀로지.
　　　『개념과 소통』 14. 95-135.

제4장

:::
::

노동의 이해(Ⅱ) : 서양의 노동관*

서구에서 노동관은 역사적으로 의미와 위상이 변화되기 때문에 서양의 사상 계보를 더듬어볼 때는 먼저 그리스까지 거슬러 올라가 시작하는 것이 상례로 되어 있다. 따라서 인간의 활동이나 노동도 그리스어로부터 해석이 시작되었다. praxis(프락시스, 행위·실천)와 poiesis(포이에시스, 제작·일)가 대비되며, 노동 역시 후자와 결부되어 생각되었다. 그런데도 일반적으로는, 고통스럽지만 일을 한다는 의미에 해당하는 말로는 '포네인'이라는 동사가 있는데 이 말은 자신의 생활을 위해 해야 하는 노동을 의미하고 있다.

그렇다면 먼 과거 속의 고대 세계에서는¹ 노동을 어떻게 생각하고 있었을까? 이를 통해 우리는 사람들이 가진 일반적인 노동관의 뿌리를 파악할 수 있다. 그래야 오늘날 우리가 가진 노동 인식의 위치를 정확하게 인지할 수

---

* 사상과 인물의 노동에 대한 인식을 사상, 이론, 개념 등 다양한 용어를 사용하고 있지만, 여기에서는 모든 것을 '노동관(勞動觀)'으로 통칭하여 사용하였다.
1 여기서 고대 세계는 일반적으로 고대 근동 및 그리스 로마세계를 가리킨다.

있다. 왜냐하면 실제로 고대 세계의 노동관은 현대에 이르기까지의 노동관에 깊은 영향을 미쳤기 때문이다. 고대의 노동관은 그 당시의 인류학을 반영하는데, 그것은 인간의 존재를 근본적으로 규정하는 인간 창조의 근거에 관한 질문과 연관되어 있다. 따라서 그 대답은 사회적이고 철학적이면서 신학적인 판단에 근거한다.

그리스 사상의 보다 중추적인 개념으로는 Theoria(θεωρία, 觀照(관조))와 프락시스가 대비되지만, 후에 보게 되는 바와 같이 프락시스는 관조에 대해서도 적극적인 관계를 맺는 개념이기 때문에 이 대비가 더욱 비속하다는 의미는 아니다. 그런데도 소위 노동(포노스) 등은 진리를 관찰하는 것, 즉 Theoria를 방해하고 이성의 눈을 흐리게 하는 것으로서 비하되었으며 노예에게 강제로 시켜야 하는 것으로 생각되는 경우가 많았다. 그뿐 아니라 제작, 일로서의 포이에시스도 Theoria와 프락시스보다는 훨씬 저급하게 평가되기도 했지만, 아무튼 여기에서는 이 정도로 끝내기로 한다. 어쨌든 협의(俠義)의 노동이란 오로지 강제로 수동적으로 참아내지 않으면 안 되는 것으로 이해되었다.

이를테면 플라톤의 『국가론』이라든가 아리스토텔레스의 『아테네인의 국체(國體)』, 『정치학』 등 훌륭한 철학자들이 현실적 대상을 다룬 저서를 보아도 이 같은 노동의 필요성과 그 역할에 관해 설명하는 일은 있어도 그것을 인간에게 귀중한 것으로서 적극적인 의미를 부여한 서술(淸水正德 1988, 25)보다는 인간이 최소한으로 해야 하는 어쩌면 하지 않으면 좋은 것이라는 인식을 가지고 있었다.

노동은 이성의 눈을 흐리게 하는 것으로서 비하되었으며, 노예에게 강제로 부과되는 고통스러운 활동이라는 그리스의 노동관은 기독교의 노동관으로 이어졌다. 성경은 노동을 신에 대한 인간의 불복종 죄를 저질러 인간이 받은 저주와 천벌의 결과로 여긴다.

"너희들은 이마에 땀 흘리며 너희들의 빵을 벌게 되리라.", "고된 일을 함으로써만 너희들은 땅으로부터 너희들의 양식을 얻게 되리라." 여기에는 인간이 선고받은 가혹한 필연성이 있다. 그러나 바오로는 "일하지 않는 사람은 먹지도 말라."라는 계율을 남기게 되면서 기독교의 노동관에 대해 혼란이 생기게 되었다.

하지만 초기 기독교에서 말하는 노동의 고통은 원죄에 대한 속죄로써 신앙에 대한 증표로서 감수할 수밖에 없는 벌의 결과로 받아들였던 기독교의 노동관은 종교개혁을 거치면서 새로운 의미를 부여받게 된다.

베버가 분석한 것처럼 프로테스탄트의 윤리는 직업(Beruf)은 신의 소명, 즉 신으로부터 부여받은 사명으로 보았고, 노동은 다만 원조의 벌이 아니라 노동을 통해 하나님의 은총을 확인할 수 있는 축복이기도 하였다.

18세기에 와서야 노동은 종교적이거나 교훈적인 진술에서 벗어나 경제학과 철학의 숙고 대상이 되었다.

대표족으로 다음에 살펴볼 애덤 스미스의 노동관(노동가치설), 마르크스의 노동관(자본론)에서 노동의 경제학적 의미를 찾을 수 있다.

1. 존 로크(J. Locke, 1632년~1704년)의 노동관[2]

로크에 의하면 자연 상태에서 사람들은 자신들의 신체와 소유재산(possessions)을 마음대로 처분할 수 있는 제한될 수 없는 자유를 갖고 있다.[3]

---

2 송문호(2016). 존 로크의 노동이론과 현대적 의미의 재물. 『東北亞法研究』 9(3), 195-219.

3 로크가 자연권으로 제시한 'Property'는 생명과 자유 그리고 (유형의) 재산(또는 자산, estate)을 포함하는 복합적 개념이다(양삼석 2010, 130).

따라서 그의 신체 노동과 손의 작업은 당연히 그의 것이 되어 배타적이고, 그의 노동으로 자연 상태에 변경을 가하는 경우 변경된 그 무엇은 그의 노동이 혼합되었으므로 원인이 되는 그의 것이 된다. 신체와 노동이 배타적 전유물이며 이 배타적 전유물에 의해 변경된 자연 상태의 공유물도 노동한 자의 전유물이 되어 배타적 소유권이 인정된다. 결국 이러한 과정을 거친 소유물을 사유화하기 위해서 타인의 동의가 필요하지 않다.[4] 따라서 노동을 통한 소유의 자격은 노동에는 고통이 따른다는 점과 가치를 창출하는 수단은 노동이라는 점 그리고 그 현실적인 생산물이 연결된 데서 구해진다(김남두 1990, 162).

인간은 자기 노동력을 투입하여 자연을 자신의 생활에 도움이 되도록 개량해야 할 의무가 있을 뿐만 아니라, 인간은 생활의 궁핍에서 벗어나기 위해 그럴 수밖에 없다. 인간의 노동의무와 자기보존을 위한 공유물을 전유해야 하는 필요성이 합쳐져서 재산권이 성립된다. 노동은 자연을 일구어서 가치를 만들어 내는 원천이다. 로크에 의하면 "아무리 적게 계산해봐도 인간의 삶에 유용한 토지의 산물 가운데 90%는 노동의 결과물이다." 우리가 이 세계에서 향수하고 있는 식료품, 의류 등 생활용품의 대부분은 노동으로 자연 상태의 그것보다 더 큰 가치가 만들어지고 있다. 한편 로크는 사유화와 관련하여, 신이 인류에게 지구를 공유물로 주었고, "적어도 다른 사람들을 위해서 충분하면서도 좋은 것이 공유로 남겨져 있는 한"이라는 단서를 두고 있다. 그는 자연의 생산물이든 토지 자체이든 다른 사람들을 위해서 충분하면

---

4 사유화의 과정과 관련해 볼 때 로크는 사유권의 성립 근거를 노동과 그것의 확대에 의한 계약에 둠으로써 소위 '동의'에 의한 소유권 확보 이론을 주장한 휴고 그로티우스(1583~1645, 네덜란드 법학자)나 사무엘 폰 푸펜도르프(1632~1694, 독일 법학자) 등과 견해가 다르다. 이 점이 로크와 그 이전의 사상가들인 그로티우스 및 푸펜도르프의 중대한 차이점이라고 할 수 있다(김남두 1990, 162).

서도 훌륭한 것이 공유로 남겨져 있는 조건에서 노동을 투입하여 가치를 증가시킨 것에 대해서 사유화가 허용되어야 한다고 보고 있다. 그러나 이러한 단서는 인간이 필요로 하는 것보다 훨씬 많은 양의 자원이 존재해야 충족된다. 즉 로크가 예시처럼 토지개량을 통한 사유와 갈등을 풀어줄 물이 충분히 존재하여 특정인이 사유화하여도 다른 사람들이 사유화하거나 혹은 사용하는 데에 전혀 지장을 초래하지 않아야 가능하다(송문호 2016, 197).

로크는 비록 신이 하사한 자원이 무한대로 충분히 존재한다고 하여도 인간의 탐욕은 그 자원을 부족하게 만들 수 있다는 것을 알았을 것이다. 특히 그는 통치론을 출간하던 시기에 인클로저(종획) 운동을 직접 보았고 또한 이 운동의 혹독한 결과도 알았을 것으로 생각된다. 그는 당시에 진행되고 있었던 인클로저(종획) 운동[5]으로 인하여 토지의 부족이 현실적인 현상이라는 것을 인정한다(박상수 2006, 181). 따라서 "울타리를 두르고 나머지 토지는 전체를 다 이용할 수 있었던 때만큼 공유자들에게 그들에게 충분하지 않을 것이다. 세계의 넓은 공유지에 처음으로 인간이 살았던 때와는 사정이 많이 달라졌다."(송문호 2016, 199). 즉 처음에는 토지가 충분하다고 여겼으나 나중에는 부족하게 되었고, 그 결과 공유지는 나머지 사람들에게 이용하기에는 충분하지 않았다는 것이다.

노동행위는 소유의 윤리적 정당성을 판단하는 한 조건이 된다. 소유재산이 왜 정당화되는지는 윤리적 평가에 기댈 수밖에 없다. 이 과정을 요약하

---

5 제1차 인클로저 운동은 15세기 말에서 17세기 중반까지 지주들이 곡물보다 높은 가격으로 돈을 많이 벌 수 있는 양모생산을 위하여 경지를 목장으로 전환했는데, 그 과정에서 소작농과 영세 농민들이 반강제로 쫓겨나게 되었다. 제2차 인클로저 운동은 18세기 후반에서 19세기 전반에 걸쳐 인구증가에 따른 식량 수요의 격증에 대해 합법적인 의회 입법을 통해 정부 주도하에 이루어졌는데 농민의 임금 노동자화를 촉진했다. 이렇게 발생한 대량의 농촌 실업자들은, 일자리를 찾아 도시로 가게 되고, 이 과정에서 도시의 빈민가화, 위생 문제, 삶의 질 저하 문제가 빈번하게 발생했다.

면, 신은 인간에게 자연을 공유재산으로 선물하였고, 인간은 그 재산을 사유화해서 모두 동등한 생존의 기회를 가질 정당한 권리를 갖는다. 그 정당화의 근거는 각 개인의 노동력이다.[6] 로크의 노동이론은 노동에 기초한 공리주의자들과 연결되고 근대 시장 자본주의에 적합한 이론으로 평가받고 있다.

노동에서 어떻게 공유의 상태를 배제하고 사적 지배 관계를 설정하도록 하는 규범적 계기를 발견할 수 있는지는 여전히 논란이 있다.[7] 로크는 노동을 통해 한 사람이 소유할 수 있는 한계를 설정하며 공유상태에서 타인을 배제하는 정당한 사유화 과정을 거친 소유권 인정의 조건들을 설명한다. 로크가 이야기하는 소유의 단서는 보통 'Lockean Proviso'라고 불리는데 소유권의 정당한 취득 여부를 판단하는 기준으로 삼고 있다.

그에 의하면 누구나 자연에서 마음먹은 대로 무제한 독점할 수는 없다.

로크에 의하면 자연 상태에서 노동의 투입을 통해 소유권을 인정받고 재화의 유용성과 가치를 증가시킬 수 있다. 그러나 로크는 자연권에 근거하여 시민사회의 형성으로 구축되는 재산권에 대한 절대성과 신성함을 강조했으나 그것의 보장을 위한 구체적이고 현실성 있는 대안과 정당성을 제시하지는 못했다고 평가한다. 또한 그의 단서에 의해 자연 상태에서 정당화되는 사

---

6 자유 지상주의자들은 인간은 자기 육체를 소유하고 있으므로 노동을 통해서 생산한 산물은 자신의 소유이며, 이것을 통해서 형성한 재산도 모두 자신의 소유라고 주장한다. 자유 지상주의자의 대표적인 인물로는 『아나키에서 유토피아(Anarchy, state, and utopia)』를 저술한 로버트 노직이 대표적이다(안민영, 2016).

7 로크의 소유권 이론에 대한 비판인 로버트 노직(1938~2002)은, 한 통의 토마토 주스를 바다에 부어 곳곳에 섞이게 했다고 그 바다에 대한 소유권을 주장할 수 있겠는가? 라고 반문하면서 노동을 사유의 근거로 삼는 논리가 갖는 문제점을 지적하고 있다. 또한 자신의 소유인 것을 타자의 것과 섞을 때 왜 그것이 후자의 취득이 아닌 전자의 상실이 아닌가? 노동의 요소를 중시한다면 사유재산제가 아니라 공동재산제를 옹호할 수도 있지 않은가? 등의 노동이론에 대한 의문들을 제기하고 있다(Nozick 1977, 221).

유재산의 한도는 화폐 개념의 도입과 간접적 노동의 인정으로 크게 약화된다. 로크에 의하면 제삼자의 고용에 의한 노동이나 도구를 이용하는 간접적 노동행위 역시 정당한 사적 소유의 수단이 된다.

이러한 로크의 생각은 노동자 자신에 의한 직접적 노동이 아니라 제3의 노동수단을 매개로 한 소유권 확보 방식으로 확대된 것이다. 그렇다면 소유권 확보의 근거로 작용하는 '노동'은 다양한 형태로 나타날 수 있는데, 하인의 노동과 같이 타인에 의한 노동수단, 즉 다른 사람을 고용하거나 동물의 힘을 이용하는 형태로도 실현된다는 점에서 그 개념이 확대된다.[8] 특히 화폐 개념을 인정하고 화폐로 상품화된 타자의 노동을 고용할 수 있게 되었다고 해석하면, 로크의 단서 중 노동한계의 경우 자연 상태에서 자신의 노동한계를 넘어 사유재산을 확장할 수 있게 되므로 인간의 인신과 노동은 불가침의 그 자신 것이라는 노동이론의 출발점과 모순되게 된다. 맥퍼슨(Crawford Brough Macpherson, 1911~1987)[9]은 중상주의자였던 로크가 이러한 재산권 이론에 근거하여 시민사회 내에서 노동계급과 유산계급이 권리와 합리성에 있어서 갖는 차별성을 정당화함으로써 자본주의와 계급국가의 도덕적 기초를 제공한다고 주장한다.

한편 로크 당시의 재산개념은 일신의 권리, 종교·자유 등 지금보다 넓은 개념이었고 필머가 주장하는 왕권신수설에 대항하여 절대군주나 부패한 대의기구로부터의 침해에 대항하기 위한 것이었다는 수정주의적 해석이 있다.

---

8   Laslett와 Tully는 주인과 하인의 관계를 자본주의적 임금노동 관계로 해석하는 것은 과도한 것이라고 비판한다(강정인 1998, 57).

9   캐나다 정치학자로서, 가장 잘 알려진 공헌은 개인은 자기 능력의 소유자이고 그것을 위해 사회에 어떠한 의무도 지지 않은 '소유적 개인주의(possessive individualism)' 이론이다. 개인의 기술은 시장에서 사고팔 수 있는 상품이며, 사회는 본질적으로 서로 자유롭고 동등한 개인들이 자신의 소유한 것을 통해 관계를 맺고 있는 것이다('C. B. Macpherson'. Wikipedia; 진태원, 2020).

이에 따르면 사유재산은 국왕의 승인 없이 자기보존을 위한 자연법상의 권리라는 것을 강조하였던 것이지 사유재산의 사회적 의무를 부정하거나 실정법을 넘어서는 무제한 축적을 정당화한 것은 아니다.[10] 로크의 단서에 주목하면서 사유재산권을 정당화하는 논리 속에 타인에게 피해를 주지 않는 방식으로 외적 사물을 획득하고 사용·처분해야 한다는 점을 요구함으로써 타인에 대한 배려를 강조하는 입장도 비슷한 맥락에서 이해할 수 있다(박준석 2012, 8).

반면 로크의 재산이론이 영국인들이 이주했던 아메리카를 배경으로 전개된 경우가 많고 그가 식민정책에 관여했던 점에 초점을 두어, 그의 이론을 식민주의적 또는 유럽 중심주의적 입장에서 해석하는 견해도 있다.[11] 즉 로크의 재산이론은 유럽 제국주의가 자연 상태로 상정한 해외식민지를 정복하는 과정과 사실을 정당화하는 데 공헌했다는 것이다.

2. 애덤 스미스(A. Smith, 1723년~1790년)의 노동관

노동에 관한 관심의 출발점은 대체로 근대적 임금노동이지 '힘든 일'이라든가 '과묵하고 진실한 근로'라든가 하는 것은 아니었다. 사실 '노동'이라는 말 자체가 근대 자본주의적인 임금노동에 해당하는 것임이 틀림없기 때

---

10 강정인(1998)은 수정주의 관점은 로크의 재산권론이 절대적, 배타적인 것이 아니라 사회적 의무를 수반하고 있으며, 정부가 공공선의 확보를 위해 재산권의 내용과 한계를 규정하고 결정할 수 있다는 점을 강조하는 입장이다(강정인 1998, 58).

11 예컨대 아메리카 대륙에 이주한 영국인은 원주민인 아메리칸 인디언에 대하여 울타리 치기와 경작만이 재산권을 부여하고 단순한 수렵과 채집은 비어있는 황무지로 보아 아메리카 대륙에서 인디언이나 프랑스인을 배제하려는 목적에 로크의 재산권 이론이 이바지한다는 것이다(강정인 1998, 65).

문이다.

스미스는 노동가치설에 근거하여 고전 경제학을 완성하여 『국부론』을 남긴 경제학자로 알려져 있다.[12]

스미스는 『국부론』에서 "모든 국민의 매년 하는 노동은 그 국민이 해마다 소비하는 모든 생활필수품과 편의품을 본원(本源)적으로 공급하는 자원(Fund)이며 그 필수품과 편의품은 항상 그 노동의 직접의 생산물이든지 또는 그 생산물로써 다른 모든 국민에게 구매해온 물품이다"라고 하여 노동이 부(wealth)의 본질(nature)이며 그의 경제적 인식의 기본원리라는 것을 밝히고 있다. 그리고 그의 국부론의 공학적(工學的) 구조의 기반을, 생산에 두고 그 생산력 증진의 동력을 분업(division of labor)과 인간의 교환 성향에서 찾았다(심상필 1997, 128).

스미스는 더 나아가 가치의 바탕과 가치구성 원리, 노동의 임금, 생산적 노동과 자본축적에 대하여 체계적인 이론을 전개하였다.

막스 베버(M. weber)는 근대의 직업노동을 칼뱅주의(Calvinism) 정신에 의한 금욕적, 합리적 조직의 결과라고 지적하였지만, 스미스는 분업(分業)을 직업으로서의 사회적 분업과 작업 과정에서의 기술적 분업으로 나누어 보고 먼저 인간의 교환성을 전제로 한 기술적 분업부터 접근한다.

스미스는 분업은 분업에 의한 이익(능률성) 때문에 생기며, 그것은 세 가지 사정[13]에서 기인하고, 인간성에 내재하는 교환 성향[14]에서 생긴다고 하였다.

---

12 스미스는 대학에서 '경제학' 교수는 아니었다.

13 직공(職工)의 기교 증진, 시간 절약, 기계의 발명 및 응용

14 스미스에 따르면 교환 성향은 어떤 종류의 동물에게도 볼 수 없는 인간만의 특별한 성향이고, 이기심(利己心)에 의해 촉진되어 분업에 이르고, 분업은 인간이 선천적으로 타고난 차이보다 훨씬 중요한 재능의 차이를 발생시켜 큰 유효성을 만든다고 하였다(심상필 1997, 131-134).

스미스는 교환가치의 진정한 척도는 노동이라고 하였다. "모든 사람은 인간 생활의 필수품, 편의품 및 오락품을 누릴 수 있는 정도에 따라서 빈부격차가 있다. 그러나 일단 분업이 완전히 수립된 후에는 사람이 자기의 노동으로서 자급할 수 있는 것은 단지 이러한 물품들 일부분에 불과하다. 따라서 사람은 자급하는 것보다 훨씬 많은 부분을 다른 사람의 노동에서 가져와야 한다. 다른 물품과 교환하려고 하는 사람에게 그 물품의 가치는 그가 구매 또는 지배할 수 있는 노동량과 같고, 그가 지배할 수 있는 노동량, 즉 그가 구매할 수 있는 노동량에 따라서 빈부 차이가 발생하게 된다. 그러므로 노동은 교환가치의 진정한 척도가 되는 것이다."

스미스는 자본의 축적이 이루어지지 않고 토지에 대한 점유가 없었던 원시사회에서는 투하노동량과 지배노동량이 완전히 합치되었지만, 토지의 사유와 자본의 축적이 존재하는 자본주의 사회가 성립된 이후에 있어서는 투하노동량과 지배노동량 간의 괴리가 일어나기 시작한다고 하였다. 즉 자본주의 사회에서는 상품이 투하된 노동량보다 더욱 많은 노동량을 지배할 수가 있는데 그 차이가 이윤과 지대(地代)라는 것이다.

이처럼 화폐는 일반적 가치척도로서 등장하게 된다.

그런데 스미스는 화폐를 구성하는 금은(金銀)의 가치도 다른 모든 물품과 마찬가지로 그 생산에 드는 노동량의 변화에 따라 등락한다는 사실에 주목하여 노동의 실질가격과 명목가격을 구별하여 "노동의 실질가격은 그 노동과 교환해서 주어지는 생활필수품과 편의품의 수량이고, 노동의 명목가격은 화폐의 수량이라고 볼 수 있다"라고 하였다. 따라서 스미스는 다시 노동문제에 대해 결론을 내렸다.

"그러므로 노동은 가치의 유일하고 정확한 척도이며, 동시에 유일한 보편적 척도라고 하는 것, 바꾸어 말하면 노동은 우리가 모든 시기, 모든 장소에 있어서 각종 상품의 가치를 비교할 수 있는 유일한 표준이라는 것은 명백하다 할 것이다. 우리는 상품의 실질가격을 한 세기에서 다음 세기에 걸쳐서 그 상품과 교환되는 은(銀)의 분량에 의해서도 곡물의 분량에 의해서도 평가할 수가 없다. 노동량에 의해서 비로소 우리는 가장 정확하게 한 세기에서 다음 세기에 걸쳐서나, 해마다 각종 상품의 실제 가치를 평가할 수 있다. … 단지 같은 시기와 장소에 있어서만 화폐는 모든 상품의 진실한 교환가치의 정확한 척도가 될 수 있다.”(심상필 1997, 140)

스미스는 한 국가의 부(富)의 본질은 중상주의(mercantilism)처럼 금은(金銀)과 같은 재화에 존재하는 것도, 중농주의자(physiocrats)들이 주장하는 것처럼 단순히 물건이나 화폐(實物)에 있다고 생각하지 않았다. 스미스에게 진실한 부(富, wealth)는 화폐와 실물을 통일할 수 있는 제3의 것, “매년 국민의 노동이 그 국민에게 필수품, 편의품을 공급하는 자본(資本, Fund)”이라고 한 바로 노동(Labor)에 있다고 주장하였다.

따라서 스미스에게 있어서 노동은 경제적 사회 인식의 기본원리이기 때문에 국부(國富)의 증진은 바로 노동생산력의 증진으로 이루어진다. 그 증진의 방법으로서 노동의 기술적 생산력을 증가시키는 것과 노동의 기술적 생산력이 일정(一定)할 때는 생산 노동을 고용하기 위하여 자본 양을 높이는 것으로써, 자본주의적 생산의 근본 요인으로 삼았다. 특히 노동 기술적 생산력의 활력을 분업과 교환의 메커니즘에서 찾았다. 그의 국부론에서 표현된 분업은 순 생산기술 과정에서의 작업 분할과 사회적 분업으로서의 직업분업을

다루고 있다.[15]

　기술적 노동 분업이 한편에서는 자본의 축적을, 다른 한편에서는 기계의 발명·개선을 일으킨다고 믿었다. 또 이 분업 사회에서의 각인은 서로 의존하며, 교환(시장)에 의하여 물자 조달을 하는 상업 사회를 이루어 간다고 생각했다. 이 분업을 일으키는 교환 성향은 인간의 합리적 지성적 산물이 아니라 인간의 자연 성향이라고 믿었다. 이 사상은 17~8세기 영국 자연법 철학에서 나온 경험 심리적 분석의 표현으로써, 이것은 중세의 사변적인 자연법 철학으로부터, 자연의 질서를 인간성의 경험적 탐구를 통해서 찾고자 하는 근대의 진보된 경제적 자연법사상에서 유래한 것이다. 또 스미스는 이기심도 초역사적 인간성으로서 역사적 의의가 있을 뿐만 아니라 근대 상업 사회(시민사회)의 원동력이라고 주장하였다.

　스미스의 경제학은 인간의 자연성(이기심(利己心), 교환 성향)의 토대 위에 경제가치의 근본으로서 노동 가치를 골격화 시켰다는데 그 특징이 있다고 보았다. 그러나 그의 노동가치 사상은 가치의 역설(water-diamond paradox)을 극복하지 못한 채 교환가치만을 다루고, 그것은 투하 노동의 분량에 의하여 규제된다는 기본원리를 세웠다.

　스미스는 자본축적론을 전개하기 위한 전 단계로서 노동을 생산적 노동(productive labor)과 비생산적 노동(unproductive labor)으로 구분하였다. 이것은 중상학파의 영향을 받은 것으로 중농학파는 농업만을 생산적으로 보았지만, 스미스는 이를 확대해 생산적 노동으로 농업과 제조업을 인정하였으나 서비스업에 대해서는 비생산적 노동으로 보았다. 생산적 노동과 비생산적 노동

15　스미스는 당시 아직 근대적 공장생산체제를 볼 수 없었기 때문에 전자를 중심으로 그의 분업론을 전개했다.

을 구별하는 기준은 가치를 생산하느냐 않느냐에 있다.

생산적 노동은 가치를 낳는 것으로 제조업의 노동은 일반적으로 그가 가공하는 재료의 가치에 직공 자신의 생활비와 그의 주인의 이윤을 부가시켜 준다는 측면에서 생산적이라고 할 수 있다.

먼저 비생산적 노동은 아무런 가치도 부가시키지 않는 노동으로 노비의 노동은 아무런 가치도 부가하지 못하므로 노비의 생활비는 회수되지 않는다. 따라서 다수의 제조공을 고용하면 부유하게 되지만 다수의 노비를 유지하게 되면 빈곤하게 된다. 왜냐하면 제조공의 노동은 어느 특정한 대상 또는 매각할 수 있는 상품 속에 구체화하여 노동이 끝난 후에도 얼마 동안 존속하므로 필요가 있으면 다른 경우에도 이를 사용할 수 있지만, 노비의 서비스는 일반적으로 그것을 수행한 그 순간에 소멸되고 후일 같은 양의 서비스를 획득할 수 있는 어떠한 양적 또는 가치를 여간해서는 남기지 않기 때문이다. 스미스에 따르면 비생산적 노동에 속하는 것으로 교수(교사),[16] 정치가, 법률가, 의사, 시인이나 문학가 등이 여기에 속한다.

스미스의 노동관은 다음 3가지 의미로 정리할 수 있다.

첫째, **'가치의 원천으로서의 노동'**이다. 노동은 인간의 자연에 대한 최초의 일(work)이다. 그리고 부(富)는 자연과 인간의 협동으로 획득되고, 가치는 인간의 노동으로 창조된다고 생각하는 것이 노동가치설의 근본 사상이다. 노동이야말로 인격의 발현이고, 노동생산력은 인격의 연장이므로 사유재산은 절대 불가침이라고 생각했다. 그래서 스미스는 이런 자연법 철학사상에서 노동은 '근원적 구매 화폐(the original purchase money)'라고 주장했다.

둘째, **'가치의 척도로서의 노동'**이다. 노동이 가치의 원천인 이상 그것이 동

---

16 교수의 강의는 비생산적이지만 그것을 출판하면 그것은 생산적인 것이 된다.

시에 가치의 보편적 척도라고 생각하는 것은 자연스러운 일이다. 그러나 이 생각에는 질과 양의 혼동 문제가 잠재되어 있다. 왜냐하면 노동은 가치의 원천으로서는 원래 질적 차원의 개념이지만, 척도는 수량적 개념이기 때문이다. 스미스는 노동의 질(質)이 양(量)으로 전환하는 문제를 시장의 흥정(가격, higgling and bargaining of the market)이란 실제적 측면에 맡겼다.

셋째, **'가치의 실체로서의 노동'**이다. 스미스는 자본의 축적과 토지의 점유가 이루어진 자본제 사회에서는 실질가격의 구성 요소로서 임금, 이윤 및 지대가 수입의 원천임과 동시에 가치의 원천이라고 생각하여 가치형태와 소득 형태를 혼동한 듯한 점도 있지만, 그의 근본 사상에서 보면 가치의 실체는 노동이었다. 즉 "노동은 그 자신의 임금으로 분해하는 가격 부분의 가격을 측정할 뿐만 아니라, 지대로 분해하는 가격 부분, 이윤으로 분해하는 가격 부분의 가치도 또한 측정하는 것이다."라는 문맥 속에 노동이 가치의 척도와 함께 가치의 실체라는 뜻도 함축되어 있다고 생각되기 때문이다.

3. 헤겔(G. W. F. Hegel, 1770년~1831년)의 노동관[17]

우리는 노동을 힘겨워하고 고달파하면서도 한편으로는 일할 권리를 달라고 요구한다. 우리는 '노동'이라고 하는 행위 안에서 많은 역설을 경험하게 된다.

많은 역설 속에서도 우리는 일반적으로 한 사람에 대해서 알고 싶을 때면 "그 사람 뭐 하는 사람이야?"라고 묻는 것이 일반적인 현상이라는 측면에서

---

17 헤겔의 노동관은 김대현(2019)의 연구를 대부분 인용하였다.

노동을 한 사람의 정체성을 확인하는 통로라고도 볼 수 있다.

그러므로 노동은 기본적으로 인간의 자기 확인의 방법이라고 할 수 있고, 인간이 노동하지 않으면 그 사람의 존재성 자체조차 사라진다고 할 수 있다. 이처럼 노동은 인간의 삶에 깊은 의미로 다가온다. 헤겔은 이 점에서 노동이 인간에게 자신의 존재성을 느끼도록 한다는 사실을 지적한다. 헤겔은 인간적 세계를 노동의 성과로 보고 있다.

그리고 헤겔은 『정신현상학』을 통해 "자유의지라곤 들어설 자리가 없는 노예조차도 노동을 통해 자립 의식을 가지게 되고 자기 확인을 할 수 있다고 본다"라는 말을 통해 인간(자유가 없는 노예까지 포함)은 노동이라는 매개를 통해 자립 의식을 가지게 되고 자기 자신을 확인할 수 있는 정체성을 가진다는 것이다. 결국 인간이 자립화할 수 있는 것이 노동이라는 점을 강조하면서, 인간 본질로서의 노동의 중요성을 강조한다.

인간은 노동을 통하여 세계를 산출하고 자기를 산출한다. 최초에는 인간은 그저 있는 것, 즉 무규정적이며, 직접적인 존재(Sein)이다. 무규정적이며 직접적이란 내용과 형식이 없는 '있는 바' 그 자체를 의미한다. 이 '있음'은 의미 없는 '있음'이다. 이러한 상태에서는 존재는 있으나 존재자로서 인간, 즉 인간이라고 부를 그러한 것은 없다. 헤겔은 이러한 상태의 있음으로서의 존재는 결국 아무것도 없음, 의미 없음으로서의 무(無)라고 말한다. 그냥 '있음'의 상태는 타자와의 관계 속에서 상대적으로 있는 것이 아니라 단순히 자기 동일적으로 '있음'의 지평이며 아무런 구별도 없는 긍정성 그 자체이다. 그러나 이 '있음'에 규정이 가해지면서 차츰 존재는 그 규정만큼의 부정성을 안게 되며 자기와의 비 동일자, 즉 타자에게 자신의 지평을 내어주게 된다. 헤겔은 이러한 그냥 '있음'으로써 존재 상태를 순수존재(das reine Seyn)라고 불렀는데, 이러한 순수존재는 모든 규정성과 관계 맺음이 없는 순수추상이며 그 관계망에서 독립된 것(isolierte Ding)이다. 순수존재는 그 자신의 무(無) 내용성으로 인해 공허한 것이며 무 이상도 무 이하도 아니다. 인간에게 있어서 순수존재와 같은 상태는 세계와 구별되지 않은 세계 그 자체이며 세계의 직접성으로 나타난다. 즉 인간은 자아를 가진 존재가 아니며, 인간적 의식으로서 자기의식을 지닌 인간이 아니라 '무(無)구별적'이고 '무(無)규정적'인 세계이다.

인간이 인간으로서 존재함은 세계와 나의 구별에서부터 출발한다. 이러한 구별은 최초의 세계에 대한 나의 직접적 관계 맺음으로 나는 세계를 나와 다른 것으로 인식하는 것이다. 즉 '나의 나 됨'이란 세계와 분리된 존재로서의 나의 자각과 다름없다. 따라서 세계를 대상화시키고 나란 존재에 대한 발견은 자기의식을 지닌 인간 존재의 시작점이다. 하지만 이러한 구별 그 자체는 최초의 원시적이며 직접적인 구별에 불과하다. 이러한 구별에서의 나는 그저 나일 뿐이라는 동어반복의 발화 이상이 아니다. 그리고 세계는 나와 무관한 외적인 것이며, 나는 '나 속에 머물러 있음'으로서의 나인 것이다. '나 속에 머물러 있음'의 나는 주체이며 '나 외부에 존재하는 세계'는 객체로 이 둘은 안과 밖으로 나뉘어 있다.

자신을 안과 밖으로 나눈 인간은 실상 세계와 자기를 구별했다는 것 외에 아무것도 아닌 것과 같다. 주체와 객체의 분열, 즉 대상 세계와 인간이 분리되어 '있음' 그 자체로서는 인간이 자기 존재를 인간으로서 스스로 증명하고 실현할 방법이 없음을 뜻한다. 그리고 이 상태에서 인간은 자연적 대상 세계에 예속된 자연적 현존재로서 다른 자연물들과 마찬가지로 본능에 기대어 살아간다.

따라서 인간이 동물과 다른, 즉 자연적 법칙에서 벗어나기 위해서는 단순히 자기와 세계를 구별하는 단계를 넘어서 자기 외부에 존재하는 객체와 매개해 진정한 자기 동일성과 자기 존재의 자각으로서의 주체성을 입증해야 한다.[18] 물론 인간이 자연의 외적 산물임을 부인할 수 없다 그래서 '생명의 주체'로서 인간이 이를 지양하는 기반 또한 자연적 삶에서부터 출발한다. 인간이 자연적 현존재라는 사실은 자연에 종속된 그의 유한성의 측면을 드러내 준다는 점에 있어서 그 자신의 한계이다. 하지만, '살아 있는 한' 인간은 자연적 현존재일 수밖에 없으며 자연적 현존재로서 인간의 존재적 현실은 생명체로서 살아 있음, 즉 삶(Leben) 그 자체이다.

그래서 인간의 자기 자신으로서의 입증은 바로 인간이 놓인 이곳인 자연적 현존재로서의 삶 속에서 이루어진다.[19] 노동은 바로 인간을 세계인 자연으로서 객체가 매개함으로 인간을 자연의 법칙에 묶인 상태로부터 자유롭게 한다. 인간은 노동을 통해서 자연을 변화시키고, 동시에 자연에 예속된 상태로부터의 탈출을 통해서 자기 자신을 변화시킨다. 즉, 자신의 한계이자 조건인 자연적 삶 그 자체를 자신의 수단으로 삼음으로써 자신의 주체적 노력으로 인간으로서의 본질을 구가하며 증명할 수 있게 되는 것이다.[20]

모든 살아 있는 것은 '살아 있는 하나의 개체'(ein lebendiges Individum)로서 삶을 유지하기 위한 기본적인 욕구를 가진다. 이 욕구의 충족이 자연 그 자체에 내맡겨진다면 그는 영원히 자연적 존재에 불과하다. 하지만 인간은 노동을 통해서 자연 상태의 욕구를 지양하고 이를 충족하고 스스로 재생산해

---

18 이러한 노력은 필연적으로 주체와 객체의 분열 상태를 지양(aufheben)하고 통일하는 작업으로 자기 관계성과 대상 관계성이 서로를 전제하며 결국 같은 근원적이기에 서로를 결정하는 계기임을 발견해야 하는 것이다.

19 결국 이러한 행위는 주체에 의한 지양으로 볼 수 있는데 이는 바로 객체를 통해 객체에 자기의 실재(Realität)를 매개하려는 충동(Treibe)이다. 그래서 헤겔은 정신은 언제나 현실 속에 나타나며 다시 말해 현상하지 않은 정신은 존재하지 않는다고 강조한다.

20 자연적 삶에서는 본능이 삶을 위한 수단이라면 정신적 삶에서는 오히려 자연적 삶 그 자체가 그의 수단이다. (L II, S. 180)

넘으로 자연적 존재에서 벗어나게 된다. 이제 자연은 인간의 욕구를 충족하기 위한 생산수단이 아니라 자연 그 자체를 산출하는 인간의 삶으로 이해해야 한다. 동물은 단지 자기 자신만을 재생산할 수 있지만, 인간은 전체자연을 재생산할 수 있다.

따라서 인간은 노동을 통해 자신의 한계였던 자연을 자신에 종속시키고 자연을 자신의 목적에 따라 변화시킨다. 노동은 인간을 현실화시키고, 인간 자신의 현존 조건을 산출하며 자연은 인간을 예속하는 공간이 아니라 인간의 자유를 확증하는 지평으로 나타나게 된다. 그리고 인간은 대상 세계의 가공인 노동 속에서 살아 있는 하나의 개체를 넘어서 자기 자신을 총체적으로 비추어 보면서 유적 존재(Gattungswesen)로서 자기 자신을 발견하게 되는 것이다.[21]

살아 있는 개체가 그의 본질을 발견하고 입증함은 그 자신의 동일성의 공허한 확인으로서는 불가능하다. 이는 공간적으로 보았을 때 나와 또 다른 나의 관계 맺음과 나와 대상 세계의 관계 맺음을 통해서[22] 나의 동일성에 관한 확인이 이루어진다. 그리고 시간상으로 보았을 때 나의 개체출현은 나의 전 세대의 개체의 다음 세대 산출로 가능한 것이다. 따라서 하나의 개체적 자아로서의 나란 결국 나와 다른 존재자들과의 관계 안에서 파악되어야 하며 궁극적으로 보았을 때 나와 또 다른 나의 관계, 계열 내에서의 개체인 나를 포괄하는 총체적인 유적 본질로서 인간이다. 이는 '살아 있음'의 흐름으로서

---

21 사실 인간의 고유한 세계의 산출은 본래 이미 인간의 유적 삶이다. 이런 산출 행위를 통해서 자연은 인간의 작품으로서 인간의 현실로서 현상한다. 따라서 노동의 대상은 인간의 유적 삶이 대상화된 것이며, 인간은 이런 유적 삶 속에서 의식에서와 같이 지적일 뿐 아니라. 동시에 또한 도구를 가지고 활동하며, 현실적으로 이중화되어, 따라서 자기 자신을 그에 의해 창조된 세계 속에서 직관한다(만프리드 리델 1987, 202).

22 사실 나의 입장으로 보았을 때 또 다른 나와 대상 세계는 먼저 같은 나 외부의 것으로 다가온다. 하지만 관계 맺음을 통해 나와 다른 또 다른 나의 인정과 대상 세계의 인정이 이루어지며 이들은 구별 역시 가능해지는 것이다.

존재하는 '우리'인 동시에 현재의 '나'의 살아감이 '우리'의 살아감 속에서 의미를 드러낸다. 그리고 '우리'로서의 살아감은 개체 개별로서의 '나'의 살아감에 의해 계열의 유지가 가능한 것이다.

따라서 나는 단순히 있음, 그 자체로서 자기 동일성을 유지하는 무엇인 그 자신임을 넘어서 유적 존재로서 인간이다. 이러한 존재로서 인간은 개체적 삶의 자립성과 관계성의 통일과 종합이며, 즉자적 존재에서 대자적 존재로서의 나로의 이행을 의미한다. 인간은 수동적으로 그냥 있음의 나가 아니라 타자 존재 안에서의 나의 발견을 통해서 '있음'의 자기원인을 능동적으로 결정하는 힘으로의 나로서 변모하는 것이다.[23]

그리하여 유적 존재로서 인간은 생산과 재생산, 자기 산출과 자기 자신의 출현(Sich-Produzieren, Sich-Selbst-Hervorbringen)을 세계와 타자의 매개를 통해 실현하는 것을 본질로 생성하는 그 자체로서 인간이다. 이로써 인간은 역사성과 사회성과 주관성을 자신의 무한한 활동 가능성에 대한 경험을 통해 갖게되며 인간 자체 내에 포괄적으로 있는 자유를 스스로 생성하면서 자신의 생에 대한 발견과 삶의 실현, 즉 인간답게 살아감으로서의 이념을 현실화하게된다.

그리고 인간의 유적 특징으로서 인간 활동의 대상성인 노동은 일차적으로 사용 가치를 산출하는 생산에만 국한되는 것이 아니라 인간의 삶의 활동을 인간의 의지와 의식의 대상으로 만드는 역사로 확장하게끔 한다. 이것은 인간의 존재와 본질이 비로소 그 행위를 통해서 구성되고 형성된다는 관점

---

23   살아 있는 개념이란 단순한 삶의 개념이 아니라 모든 존재자를 생동적으로 포착해 내고 빈틈없이 담아내어 그 모든 것이 실체로 기여하는 로고스를 말한다. 따라서 이 개념은 '모든 것 속에 현재하는 영혼(allgegenwätige Seele)'이며, 다양한 존재자들과의 관계 속에서도 변하지 않고 자기 동일성을 유지하는 어떤 '하나의 것(Eins)'이다.

이며, "형성행위"(Entstehungsakt)로 파악된 역사적 노동으로서 인간 노동은 자신의 본질을 대상화하고 생성하게 하는 행위로 인간은 이를 통해 자기 자신을 하나의 유적 존재(Gattungswesen)로 인식할 수 있게 되는 것이다. 그리고 개체로서 인간은 그 자체가 자기 목적적인 개별적 인격이며 동시에 인간의 총체적 본질 또한 이러한 개별적 인격을 통해서 실현할 수 있게 되는 것이다.

인간은 노동을 통해서 동물적인 본능을 구가하는 자연적 현존재의 상태에서 벗어날 수 있었다. 그리고 이러한 과정에서 인간은 자기를 세계와 분리된 무엇으로 즉 세계의 처분에 놓인 수동적인 존재가 아니라 이로부터 자유로우며 능동적인 하나의 개체존재로서 인식하게 되었다. 자연적 현존재에서 인간은 욕구를 직접 충족하고자 했다. 그러나 인간은 노동함으로써 욕구를 지연하고 지양하게 되었다. 직접적인 욕구의 충족은 욕구의 대상을 부정함으로 이루어지나 동시에 인간은 욕구의 대상에게 필연적으로 종속된다. 하지만 인간은 직접적인 욕구를 지양하는 노동을 통해서 지연된 욕구를 이후에 충족하게 된다.

따라서 욕구의 대상과 인간은 직접적인 상태가 아니라 노동을 매개로 한 간접적인 관계에 놓이게 되며 인간은 욕구의 대상으로서 세계의 연관 고리의 사슬에서 벗어날 수 있게 되었다. 이제 자연적 현존재에서 벗어나게 된 인간은 노동 과정 속해서 비로소 자기를 자신으로서 입증하는 자기 동일화의 과정을 거칠 수 있게 되었다. 왜냐하면 노동의 계기가 인간에게 추상적인 자기 동일성의 필요성을 구체적인 자기 내 반성을 통해서 활동성으로서 보여주기 때문이며, 이것은 자기 밖의 타자 즉 세계와 각각의 인간들 관계를 통해서 드러났다.

다시 말해 노동은 욕구의 지양과 자기 내 반성을 통한 자기 동일성 확인, 그리고 타인과 세계와 매개적 관계의 중심이 되며 이를 통해 인간은 자신이 자신의 의식과 본질을 생성하는 존재인 동시에 사회적 존재임을 인식하게 되었다. 그리고 이런 과정을 통해서 노동은 세계와 관련하는 적극적인 실천적인 행위, 인간의 자발적인 활동성 그 자체로서 규정되었다.

이러한 인간의 노동행위는 세계의 합법칙성을 인식하고 이를 바탕으로 해서 인간 자신의 목적을 정립하는 목적에 부합하는 행위가 된다. 여기서 목적이란 과거의 외부에 의해서 규정된 목적이 아니라 인간 자신이 스스로 목적이 되는 내재화된 목적을 뜻한다. 목적은 세계와의 매개를 통해서 구체화하는데 이는 객관화된 목적으로서 도구를 통해서 나타났다. 도구는 유한한 현존재로서 인간에게 계열적 연속성과 축적을 부여하며 개별적 노동을 보편적 노동으로 만들었다. 그리하여 인간은 이제 개별적인 존재로서 자신이 아니라 특수적 상황의 계기 안에서 보편성을 구가하는 유적 존재가 되었다.

그리하여 합목적적 행위로서 노동은 자연의 법칙을 알고 이를 종합적으로 반성해 나타냄으로써 자신을 생산하는 목적 인과율에 의해 세계를 창조해내는 행위가 되었다. 그리고 인간은 이러한 노동을 통해서 사회적이며 동시에 유적인 인간 자신을 발견하며 이 안에서 그 자체가 자신의 목적인 자기 자신을 실현하게 되었다.

하지만 현재의 노동에 대한 강조는 우리 모두를 자유롭게 한 것이 아니라 몇몇을 자유롭게 했으며 인간 불평등의 심화로 나아갔다. 평등의 문구는 오히려 현실과 유리되고 사장(死藏)된 문구로 점점 더 구체성을 결여하고 있다. 이제 노동은 자유로운 존재로서 인간의 본질을 실현하는 수단이 아니라 단순한 생존을 보장하는 수단으로 노동하지 않으면 살 수 없는 존재로서 인간을 전락시키고 있다. 자본주의 사회에서 노동에 대한 강조는 노동력의 판매에 대한 강조로써 노동력을 판매할 조건을 갖춘 자와 판매에 성공한 자만이 이 사회에서 인간으로 인정한다는 의미를 포함하게 된 것이다.

사실상 노동은 인간이 세계와 맺는 관계 방식이며, 인간 존재에 대한 자기 성찰과 물음을 수반한다. 하지만 근대 사회에 들어서 본격화된 노동에 대한 강조와 찬미는 노동 그 자체에 대한 것이 아니라 노동이 가진 질적 의미를 제거하고 오직 양적으로 같게 추상화한 상품화된 노동 즉 노동력에 대한 필요성의 강조일 뿐이다. 오직 노동은 더 많은 물질적인 부, 이윤을 창출하기 위한 척도로서만 의미가 있는 것이다. 그리고 이윤획득을 위한 노동의 의미는 인간을 착취하고, 인간을 자신의 노동 과정과 결과물로부터 소외시키는 현상을 초래했다. 따라서 노동만이 인간을 자유롭게 한다는 명제는 모든 인간이 자유롭게 노동력을 판매할 평등한 권리를 소유할 수 있다는 것을 나타낼 뿐이다. 실상 자본주의 사회에서 인간을 자유롭게 하는 것은 노동력으로 창출되는 이윤과 물질 혹은 상품화된 욕구 그 자체일 뿐이다.

노동의 본질적 의미를 되찾는 것은 바로 상품으로서 노동력만을 강조하고 인간의 자기 생성을 노동으로부터 분리한 시스템 자체, 즉 자본주의에 대한 문제 제기로부터 출발할 수 있다.

자본주의는 노동을 통해서 보편적 인간의 삶을 향상하는 것을 목적으로 두는 것이 아니라 소수를 위한 이윤 추구를 제일의 목적으로 세우면서 인간마저도 판매 가능한 하나의 상품 혹은 대상으로 환원시켰다. 또한 인간이 생명을 가지는 한 존재하는 욕구 역시도 모든 것을 물신화하고 상품화하는 자본주의 안에서 역시 예외가 아니다. 자본주의 내에서 욕구는 보편적이며 인간다움의 발전을 위한 사회화된 욕구가 아니라 이윤을 추구하기 위한 상품 소비의 욕구로서 사회화되고 조직되고 있다. 이러한 왜곡된 욕구는 최초 직접적인 욕구를 지양하고 노동으로 도야의 계기를 마련함으로써 자연적 현존재에서 벗어나서 인간다움을 생성하고 자연에 종속된 욕구로부터 인간다움의 보편성을 추구하는 매개인 사회적 욕구로 발전해 나갔던 진보로부터의 퇴보이다.

이러한 퇴보, 즉 인간을 소외시키는 노동으로부터 창조적 행위로서 노동으로 바꾸기 위해서는 자본주의적 생산양식과 이를 유지하는 사회 시스템에 대한 것을 지양하고, 인간이 자신을 자유로운 존재로서 인정하고 타인 역시 자신만큼이나 똑같이 자유로운 존재임을 인정하는 진정한 상호 인정이 필요하다.

인간은 자연적 현존재에서 벗어나 현재에 이르기까지 진정한 상호 인정을 이룬 적이 없었다.

그리고 진정한 인정이 없었기에 인간은 자립적이지 못했다. 물론 올바른 인정으로 다가가기 위한 시도는 역사적 계기 안에서 끊임없이 이루어져 왔고 발전의 경로를 밟아왔다. 하지만 '모든 인간은 자유롭고 평등하다'라는 명제는 여전히 추상적인 것에 불과하며, 이를 구체화하는 사회제도와 이데올로기 등은 오히려 왜곡된 노동과 인간의 소외 그리고 불평등의 심화를 정당화하고 있다. 따라서 불평등한 사회를 유지하고 지배하는 장치는 인간 간의 올바른 상호 인정을 보장하는 구조로 변해야 한다. 여기서 상호 인정은 바로 유적 존재로서 인간의 공동선에 대한 인식과 실천이다. 또한 상호 인정은 인간이 자립적 존재로서 자신을 인정하고 타인을 인정함으로써 인간 류(類)의 존엄하고 자립적인 존재가치를 획득하는 것을 의미한다. 그리고 이러한 존재가치의 인정은 배타적인 개별적 권리를 주장하는 것이 아니라 자립성 속에 나오는 자발성과 자치성으로 타인과 스스로 어울림, 즉 보편적으로 존재하는 것을 뜻한다.

또한 보편적으로 존재함은 인간과 인간 사이의 관계 내에서 뿐만이 아니라 인간과 자연과의 관계에 역시도 적용되어야 할 것이다. 최초의 인간 노동이 자연적 존재로서의 해방을 의미했고 인간 생존을 위해 자연과의 대결은 불가피했다. 그러나 이제 인간의 노동은 자연과의 대결과 인간의 자연 지배로 귀결 지어져서는 안 된다. 인간 역시도 자연적 존재이며 인간 노동행위는 자연적 토대 안에서 이루어진다. 현재 나타나는 자연 파괴와 환경오염 등의 문제는 배타적인 인간 권리를 추구한 결과일 뿐이다. 배타적인 인간 권리의 추구는 자본주의 사회에서 이윤을 위해서라면 모든 것을 상품화하겠다는 욕구로, 소비만을 위한 낭비적 생산으로 나타났으며 이는 결과적으로 사회적 부의 증대와 인간의 발전에 기여하기보다는 총체적으로 인간 류(類)의 생존을 위협하는 결과로 나타났다. 따라서 이제는 자연을 인간과 대립한 것이 아니라 인간 역시도 자연 내에서 살아가는 자연 존재로서 인정하면서 인간과 자연이 더불어 존재함에 대해서 모색해야 할 것이다.

또한 인간과 인간, 자연과 인간 내의 올바른 상호 인정과 더불어 노동의 본질에 대한 재검토와 올바른 가치를 매기는 논의가 함께 이루어져야 한다. 노동의 본질은 앞서 정리했듯이 인간의 자유로운 활동이며 인간의 보편적인 자기실현이다. 그리고 인간은 노동을 통해서 자기 생명의 총체성을 발현한다. 그리하여 노동함으로 인간이 자유로울 수 있다는 명제는 그 역도 성립하는 필요 충분 조건 속에서만 진정으로 참인 명제이다. 즉 노동하는 인간은 자유로울 뿐 아니라 인간은 자유롭기에 노동하는 존재이다. 따라서 노동의 의미를 단순히 물질적인 증대에 이바지하는 것으로서 생산력의 창출이라는 한계로서만 가두어 협소화할 필요는 없다. 오히려 노동의 진정한 의미는 개별의 인격적 성숙과 개별이 자신의 모든 인간적 능력을 발전시킬 가능성 그 자체이다.

노동은 그 출발에 있어서 생존을 위한 '**필요**'로 인해 시작된 노예의 노동이었으나 노동의 진정한 본질은 자신을 생성하고 창조하는 힘으로서 실천(프락시스)이며 나와 또 다른 나와의 올바른 인정을 마련해 주는 계기이다. 그리하여 이러한 계기들 안에서 실현되는 노동은 더 이상 노예의 노동이 아니라 모든 인간의 노동이다.

이렇듯 노동에 대한 인식의 격상은 인간이 지배자의 명령을 단순히 이행하는 것이 아닌 인간 내부에 있는 절대성을 통해 스스로 주체적 행위를 할수 있음을 시사한다. 그리고 그러한 노동은 인간 내부에 숨은 절대성에 조금씩 다가가게 하여 그와의 합일적 상승을 가능케 한다. 여기에서 절대성이란고 · 중세적 초월적 존재가 인간 의식 속에 이념으로 내재화된 상태이며 이것은 초월의 단절로부터 내재적 연속으로의 전회(轉回)를 의미한다. 다시 말해 절대성과 실존성의 합일 가능성이 개방된 것이다. 이러한 정황들을 볼 때 노동을 중심으로 펼쳐지는 이러한 개념적 전개는 절대자의 실존계 강세와 종교적 사실을 분석하는 틀로서 충분히 기능할 만하다. 절대자의 실존계 강세는 곧 절대성의 현실적 실현의 가능성을 열고, 이 모든 절대자의 행위 과정은 인간 주체의 궁극적 자유 실현의 측면에서 노동의 개념으로 해석 가능한 것이다.

4. 카를 마르크스(K. Marx, 1818년~1883년)의 노동관

마르크스의 노동관은 헤겔의 노동관에 많은 영향을 받았다. 물론 마르크스가 헤겔의 노동관을 무차별적으로 수용한 것이 아니라 헤겔의 추상적 노동 개념에 비판을 가하면서(Karl Löwith, 강한철 역(2006), 353) 현실화시켜 나간다. 헤겔의 중심원리는 정신으로, 인간을 '정신'으로 삼아 자연을 이념의 단순한 타자로 파악하기 때문에 노동 역시 형식적 혹은 정신적 태도로밖에 규정할 수 없었다.

마르크스는 『경제학-철학 수고』의 후반부에서 헤겔의 정신현상학을 요약·정리하면서 헤겔이 노동의 본질을 파악하고 있으며, 인간을 규정함에서도 노동과 연관이 되어 있어서 참된 인간을 그 자기 노동의 결과로서 파악한다는 점에서 헤겔의 노동관에 대해 매우 긍정적으로 평가한다.

헤겔의 〈정신현상학〉의 위대함과 그것의 궁극적인 결과는 이것이다. 헤겔은 인간의 자기생산을 하나의 과정으로써, 대상화를 대립화(Entgegenständdlichung)로서, 이 외화의 지양으로서 파악한다. 그러므로 헤겔은 노동의 본질을 파악하고 있으며, 대상적 인간 곧 현실적이기 때문에 참된 인간을 그 자신의 노동 결과로서 파악하고 있다. 인간이 개별 존재로서 규정될 수 없으며, 그의 삶은 사회적 삶의 표현이고 확증이라는 것을 의미하는 유적 존재(Gattungs-wesen)로서의 자기에 대한 인간의 현실적이고 활동적인 관계 혹은 현실적인 유적 존재 곧 인간적 존재로서의 자기 확인은 인간이 자기의 모든 유적 능력들(Gattungskräfte)을 현실적으로 형성하고 대상으로서 정립된 그 능력들과 스스로 관계를 맺을 때만 가능해진다(Karl Marx 1987, 126).

마르크스의 철학은 그 근원에 있어서 이미 하나의 〈노동철학〉이다. 철학사와 사회역사에 있어서 마르크스만큼 강력하게 노동의 문제를 다룬 사상은 없다. 이것은 이론의 성숙하고 완전한 형태와 관련하여 일반적으로 잘 알려져 있다. 노동을 강조하는 것은 마르크스주의적 경제학의 특징이다. 즉 노동은 경제적 가치의 유일한 근원이라는 것이다. 마르크스주의 인간학에도 노동은 결정적 의미가 있으며, 그래서 인간학에 관한 문헌에서 〈엥겔스〉는 〈원숭이가 인간으로 됨에 있어서 노동이 가진 몫〉에 대하여 말하고 있다. 노동은 인간성의 공장(officina humanitatis)이라는 것이다.

마르크스의 사고에 있어서 바로 구성적 요소가 되는 이 내용을 마르크스는 이미 그의 청년기에 완전히 발전시켰다. 어떤 점에서 노동의 요소가 철학자들에 의하여 진지하게 다루어지는가의 문제도 마르크스의 철학적 선배들 및 동시대인들과의 논쟁에 있어서 그의 방향을 이끌어 준 매개체였다. 마르크스는 여기에서 헤겔의 철학을 높이 평가하였다. 물론 그는 헤겔의 관념론의 여러 가지 내용을 비판하지만, 헤겔의 철학은 마르크스에게 결정적인 영향을 주었다.

왜냐하면 헤겔의 철학은 노동이 가진 결정적 역할을 이해하였기 때문이다. 다른 일면에 있어서 마르크스는 의존하면서도 포이에르바하에 대하여 비판적 자세를 취하였는데, 이것은 포이에르바하의 정적인 유물론이 인간의 〈대상적 활동〉을 바르게 이해하지 못했기 때문이었다.

인간의 이론적인 그리고 실제적인 방향 정립에 있어서 노동은 왜 결정적 중요성이 있는가? 이 문제에 대하여 마르크스는 여러 가지 면에서 답변한다. 이 답변 중에서 가장 중요한 것은 〈우주에서의 인간의 위치〉와 관련된 것이다. 이 답변에 의하면 노동은 인간을 둘러싸고 있는 자연과의 관계에 있어서 인간의 기본적 상황에 대한 참된 답변이다. 마르크스는 인간은 노동을 통하여 자연과 결합한다. 그가 가공할 수 있고 또 해야 할 〈물질〉, 즉 대상의 세계라는 배경 없이 인간의 삶은 생각될 수 없다. 그러나 이와 동시에 다음과 같은 다른 면도 타당하다. 즉 노동의 과정을 통하여 자연은 인간과 결합하며 그의 추상적 대상성 가운데에 더 이상 머물지 않고 인간의 역사로 병합된다.

이 두 가지 면에서 볼 때, 노동은 '주체'와 '객체'를 연결하는 다리와 같다. 즉 노동은 우주와 인간을 중재하고 화해시킨다. 노동을 통하여 인간과 자연은 그 목적에 도달한다. 사회주의적 인간에 있어서 〈소위 말하는 전 세계사〉는 노동을 통한 인간의 산물, 인간을 위한 자연의 생성에 불과한 것이다.

노동의 인간학적 중요성을 우리는 청년 마르크스의 이 철학적 사색보다 더 강조하기는 어려울 것이다. 신학적 측면에서 볼 때, 마르크스가 말하는 노동은 〈구속사적-종말론적 기능〉을 가진 것과 같다고 말할 수 있을 만큼 노동의 의미는 마르크스에게 있어서 중요하다. 그러나 중요한 것은 자연과 인간이 마르크스에게 있어서 무엇을 의미하는가의 문제이다. 인간의 노동은 마르크스 자신이 속한 철학적 전통의 컨텍스트에 있어서 본래 절대자(신(神))에게 속한 역할을 지닌 것으로 이해되고 있다. 즉 마르크스에게 있어서 노동은 중재, 종말론적 화해의 역할을 지닌 것으로 이해되고 있다. 이 마지막 귀결이 마르크스에게 있어서 사실상 현실화하였으며 마르크스는 이것을 다음과 같은 무신론적인 내용과 함께 말하고 있다. "인간과 자연의 본성은 인간은 인간에 대하여 자연의 현존으로서, 그리고 자연은 인간에 대하여 인간의 현존으로서 실제적이며 의미 있고 직관할 수 있게 되었다. 그러므로 자연과 인간 위에 있는 어떤 낯선 본질에 관한 질문은 -이 질문은 자연과 인간이 본질적이 아니라는 내용을 함축하고 있는데- 사실상 불가능하게 되었다"

노동은 절대자를 불필요하게 만든다. 노동은 세계사의 비밀을 풀며 인간과 자연을 구원하고 우주에 있어서 이루어질 인간의 치유 도구와 주체가 된다. 이 명제가 세계관적으로 그리고 정치적으로 어떤 내용을 함축하고 있는가를 이제 고찰하고자 한다.

마르크스는 다른 차원에서도 노동의 문제를 논하고 있다. 노동의 계기는 마르크스에게 있어서 우주론적-종말론적 관련성에 있어서만 나타나는 것은 아니다. 오히려 노동은 인간세계의 인간학적이며 구체적으로 사회적인 현상으로서 분석되기도 한다. 노동은 인간을 의식적인 종(種)의 존재로서 보존하는 것을 뜻한다. 노동을 통하여 다른 존재들의 세계와는 다른 특별히 인간적인 세계가 드러난다. 인간이 다른 피조물과 다른 점은 인간은 노동하는 존재라는 사실에 있다. 동물도 생산하지만, 동물은 단지 그의 직접적인 필요를 위하여 생산하기 때문에 동물들의 생산은 일반적이고 일차원적이다. 하지만 인간이 하는 노동은 상황이 다르다.

인간은 전체적인 차원에서 생산한다. 즉 그는 생리적 필연성에서만 생산하는 것이 아니라 자유스러운 상태 속에서도 생산하며 미(美)의 법칙에 따라 생산하기도 한다.

이 노동 즉 인간의 자유스럽고 창조적이며 아름다운 활동성이 인간을 모든 다른 동물로부터 구별하는 요소이며 인간 존재의 본래 규정이고, 참 본질이다.

그러나 노동의 인간학적 가치에 대한 이 분명한 고백이 마르크스의 노동철학 전부는 아니다. 이 고백은 마르크스의 분석 대전제에 불과하다. 이 전제에 이어 대위법적으로 다른 중요한 제목을 마르크스는 첨가한다. 즉 그 시대의 노동 과정에서 사회적인 조건들을 마르크스는 분석한다. 마르크스는 그의 원숙기 이전 이미 청년기에 이웃의 구체적인 삶의 상황을 간과하는 추상적 인간학을 반대하였다. 이 구체적인 삶의 상황에 있어서 노동은 하나의 자유스럽고 창조적이며 아름다운 활동성의 형태와는 완전히 다르게 생각되었다. 즉 노동은 강요와 고역이며, 고통과 소외이며, 인간성의 감소와 위협으로 이해되었다.

한마디로 표현한다면 노동은 '소외'로 이해되었다.

마르크스의 이 입장은 다음의 명제로써 규정될 수 있다.

"노동이 생산하는 대상, 그의 생산물은 노동에 대하여 '낯선 존재'로서, 생산자와는 무관한 세력으로서 등장한다." 아직 소외되지 않은 본래의 노동행위에 있어서 인간은 그의 대상을 그 자신의 필요와 기쁨을 위하여 생산한다. 이 대상에 대하여 그는 직접적이며 인격적인 관계를 맺는다. 그것은 그의 자유롭고 창조적인 활동의 산물이다. 그러므로 인간은 이 대상과의 관계에 있어서 자유롭다. 여기에는 인간을 소외시키는 주물숭배의 하등의 흔적도 없다. 인간에 대하여 대상의 세계는 하등의 낯설고 위협적이고 적대적인 세력이 아니다.

이러한 현상은 먼저 역사의 과정을 통하여 차츰 나타나게 된다. 즉 '계급사회'가 형성되고 사회적인 생산과정이 여러 다른 계층으로 나누어지며 여기서 한 계층이 생산수단을 지배하게 될 때 나타나게 된다. 그리하여 노동자가 일하고 생산하지만, 그의 노동의 산물은 자기에게 속하지 않는다. 그것은 생산수단의 소유자에게 속하며 결국 전체 노동 과정의 본래 지배자, 돈의 세력, 자본에 속한다. 자본은 그 자체에 있어서 노동 과정의 산물, 즉 노동하는 자의 창조물이다. 그러나 한 특정된 계층이 경제적 상태를 지배함으로써 '주체'와 '객체'의 본래 관계는 완전히 전도되어 버린다. 이것을 신학적으로 표현한다면 – 마르크스는 이 신학적 표현을 사용하지 않지만, 이 표현은 마르크스가 고발하는 현실에 적중한다 – '창조자'와 '피조물'의 본래 관계가 완전히 전도되어 버린다.

성경에서 죄의 전형적인 판도는 창조자와 피조물을 혼동하는 것, 즉 우상숭배에 있다고 말한다.

이와 유사하게 마르크스는 인간의 소외는 자본주의적인 주물숭배에 있다고 보았다. 마르크스는 이 주물숭배의 악순환을 "노동자는 자본을 생산하고 자본은 노동자를 생산한다. 노동자는 그래서 그 자신을 생산한다. 노동자로서 상품으로서의 인간이 전체 과정의 생산품이다."라고 매우 인상 깊게 묘사하고 있다.

이 치명적인 과정의 처음에 나타나는 경제적인 현상이 '분업'의 현상이다.

분업 자체가 나쁜 것은 아니다. 오히려 분업은 필연적이며, 이 필연성은 사회의 요구에 상응한다. 그러므로 가족과 같은 가장 작은 공동체에 있어서도 분업은 불가피하다. 그러나 하나의 계급사회라는 조건에서 이루어지는 이 정상적인 현상 속에는 노동의 분화와 동시에 분업이 이루어졌으며 실로 동등하지 못한 양적일 뿐만 아니라 질적인 분업 및 생산품의 분배가 이루어지는 간계가 숨어 있다.

다른 여러 계급이 이렇게 형성되며 어떤 계급은 많이 얻지만 어떤 계급은 적게 얻는다.

개인의 사유재산이 형성되며 이 사유재산과 함께 개개의 계급과 인간의 계급 사이에 대립이 형성된다. 이에 덧붙여 또 한 가지의 잘못된 발전이 이루어진다. 분업의 과정에 있어서 사회의 모든 계층이 일방적인 노동을 하도록 강요당하며 이들은 하나의 역할을 얻게 된다. 그리고 하나의 활동 영역을 부여받는다. 이 모든 것은 노동 본래의 자유와 창조성과 기쁨이 손상되고 결국 소멸하는 경향과 현상을 말하고 있다.

바로 이것이 소외의 면모들이다. 이러한 면모는 계급사회의 점진적 발전과 함께 점차 더 격화된다. 그의 정점은 '자본주의 체계'에 있어서의 소외를 통하여 이룩되고, 모든 것이 여기에서 마지막 정점에 도달한다. 사회적인 노동 과정은 점점 더 분명하게 마르크스의 두 가지 요소, 즉 자본과 노동의 요소로 귀착된다. 그리하여 적개심이 조성되며 이 적개심은 경제적으로 약한 자인 노동자들에게 있어서 결국 치명적인 것으로 되어 버린다.

> 노동은 부유한 자들을 위하여 기적과 같은 것들을 생산하지만, 노동자들에 대하여는 궁핍을 생산한다. 그것은 노동을 기계로 대치시키지만 한 부류의 노동자들을 야만적인 노동을 하도록 전락시킨다. 그것은 정신을 생산하지만, 노동자에 대하여 백치(白癡), 유전성 백치 병을 생산한다(K. Marx 1989, 791).

이러한 역설은 차츰 견딜 수 없게 된다. 그러나 이 속에 이와 관련된 인간의 기회가 있다. 모순된 상황은 역사적 필연성과 함께 마지막 위기, 즉 무산계급의 혁명으로 발전된다. 『자본론』의 매우 광범위하고 날카로운 분석은 역사의 이 논리를 증명하고자 한다.

이 분석에 있어서 기본명제는 다음과 같다.

> 자본의 독점 생산방법의 속박으로 발전되며 이 속박과 함께 그리고 이 속박 하에서 생산방법은 번창한다. 생산수단의 중앙집권과 노동의 사회화는 그의 자본주의적 껍질과 더 이상 조화될 수 없는 시점에 도달한다. 그리하여 이 껍질은 분쇄된다. 자본주의적 사유재산의 시대는 붕괴한다. 징수자들이 징수된다(K. Marx 1989).

이와 함께 해방하는 의미에 있어서 노동하는 자들의 시간, 노동의 시간도 붕괴한다. 자본의 지배가 제거됨으로써 소외의 기본 형식이 드러난다. 즉 경제적 산물, 대상의 세계에 대한 인간의 전도된 관계가 드러난다. 치유할 수 없는 주물숭배는 자본주의적 질서를 분쇄하는 사회주의적이며 공산주의적 질서 아래에서 파괴된다. 노동자는 이제 자신의 노동 열매를 더 이상 상실하지 않게 된다. 즉 이 열매는 자기의 산물이 되며 낯선 세력으로 되지 않는다. 결국 노동자는 그의 일에 있어서 그 자신으로 머물게 된다. 그의 경제적인 세계에 있어서 그는 처음부터 마지막까지 그가 참으로 존재하는 바의 존재로 존속한다. 즉 그의 역사의 자유로운 주체요 그의 활동의 자유로운 창조자로 존속하게 되고, '필연성의 왕국'으로부터 '자유의 왕국'에로의 위대한 엑소더스가 실제로 가능해진다. 완전한 '인간화'의 과정이 시작된다.

노동의 영역에서 일어나는 이 인간화의 구체적인 내용을 마르크스는 조

심스러운 태도로 묘사하고 있으며 오히려『독일의 이데올로기』에서 가장 분명하게 묘사하고 있다. 이 저서에 의하면 노동자는 대부분 한 평생 미리 맡은 바 임무만 하도록 강요하는 노동의 모든 일방성이 공산사회에 의하여 극복되리라고 마르크스는 기대한다. 공산주의 사회에 있어서 생산은 자유롭게 연합된 노동자들의 공동체에 의하여 결정되기 때문에 아무도 단 하나뿐인 노동영역에 얽매이지 않는다. 모든 국민은 "오늘은 이것을 하고 내일은 저것을 하며, 아침에는 사냥하고 오후에는 낚시질하며, 저녁에는 가축을 돌보고 저녁 식사 후에는 나의 흥미에 따라 비판할 가능성을 가진다. 그러나 사냥꾼이나 어부, 목자나 비판자가 될 필요는 없다.

이러한 얘기는 분명히 낭만적이며, 마르크스주의적-사회주의적 국가들의 현실과 비교해 볼 때 허황한 것이다. 사회적 활동을 고정화하는 일은 이들 국가에 있어서 어떤 견지에서 보아도 사라지지 않았으며 오히려-국민의 제한된 활동의 자유와 함께 중앙집권적 계획경제 체제에서-더 심화하고 있다. 마르크스의 노동철학이 지닌 결정적 주요점이기 때문이다.

즉 노동은 인간학적인 성향에 있어서 본래 존재해야 하는 것이 될 수 있다는 것이다. 즉 인간이 가진 잠재성의 자유롭고 창조적인 전개가 될 수 있다는 것이다. 이 본질적인 인간 존재를 전개해 나감으로써 소외는 극복된다. 다시 말해 자연의 인간화와 인간의 자연화가 세계사의 목적이고 궁극적 해결이며 구원이다.

참고문헌

'C. B. Macpherson'. Wikipedia(https://en.wikipedia.org).

K. Marx(1987). 『경제학-철학 수고』. 김태경 역. 이론과 실천사.

K. Marx(1989). 『자본론』 I (上), 김수행 옮김, 비봉출판사

Nozick(1977). 『Anarchy, state, and utopia』, Basic Books(국역:남경희(2000). 『아나키에 서 유토피아로』. 문학과지성사.).

강정인(1998). 로크 사상의 현대적 재조명-로크의 재산권 이론에 대한 유럽 중심주의 적 해석을 중심으로, 『한국정치학회보』 32(3), 53-75.

김남두(1990). 소유권에 관한 철학적 성찰:사유재산권과 삶의 평등한 기회-로크를 중 심으로-. 『철학연구』 27. 153-180.

김대중(2019). 아감벤의 『내용 없는 인간』을 통해 살펴본 미학의 역사와 해체. 『비평과 이론』 24(3). 35-57.

김대현(2019), 헤겔의 노동 개념과 천지공사, 『대순사상논총』 32. 175-199.

김승욱 · 유해신(2002). 노동관의 제 유형과 성경적 노동관. 『신앙과 학문』 7(1). 9-37.

남성일 · 신중섭(2017). 『자유주의 노동론』. 경기:백년동안.

만프리드 리델(1986). 『헤겔 철학의 분석적 입문』. 이우석 역. 민중서각.

박상수(2006). 자유, 재산권 및 로크의 단서. 『경제발전연구』 12(1). 173-191.

박준석(2012). 재산권의 기초와 타인에 대한 배려-헌법 제23조 제2항에 대한 법철학적 고찰-. 『토지법학』 28(2). 1-21.

송문호(2016). 존 로크의 노동이론과 현대적 의미의 재물. 『東北亞法硏究』 9(3), 195-219.

심상필(1997), 스미스의 勞動思想에 관한 考察, 『관동대학교 기업경영연구소』 16. 123-158.

안민영(20160. 마이클 샌델의 정의론에 대한 비판적 고찰. 『인권법연구』 2. 204-228.

양삼석(2010). 로크의 사유론에 나타난 몇 가지 논점. 『대한정치학회보』 18(2). 129-148.

양승태(1991). 맥퍼슨(Macpherson)에서 로크(Locke)로, 그리고 로크를 넘어서:自由主 義的 所有權理論의 비판적 극복을 위한 자연법적 接近 序說. 『한국정치학회보』

25(1). 331-362.

윤효원(2019). '노동은 사물인가 인격인가'. 매일노동뉴스(2019.04.29.), https://www.labortoday.co.kr/news/articleView.html?idxno=158126(검색일:2021.10.24.)

이윤주(2018). "내 의견 반영되는 직장…여가 집착 없는 게 좋은 노동. 경향신문 (2018.06.25.). https://www.khan.co.kr/national/labor/article/201806252233005 (검색일:2021.08.04.).

정태면(2015).『올바른 직업관과 노동의 필요성』. 한국기술대학교 고용노동연수원 학교 교육팀.

진태원(2020). 코기토, 소유적 개인주의, 예속적 주체화:서양 근대에서 개인과 개인주의.『민족문화연구』89. 13-43.

清水正德(1983).『노동의 의미』. 편집부 옮김. 한마당.

한국철학사상연구회(1994).『삶, 사회 그리고 과학』. 서울:동녘.

헤리 브레이버만(1990).『노동과 독점자본:20세기에서의 노동의 쇠퇴』. 이한주 역. 서울:까치.

제5장

:
:
.

노동의 이해(Ⅲ) : 현대사회의 노동관

1. 자본주의 노동관

자본주의의 주류경제학이라고 불리는 신고전학파 경제학의 논리에 따르면 노동의 공급함수는 노동자들의 선택에 따라 결정된다고 본다. 즉 사회의 노동공급량은 개인의 노동공급량, 즉 노동자들이 기꺼이 일할 의사가 있는 시간의 합계라고 간주한다. 그리고 각 노동공급자의 하루 24시간은 노동과 여가로 구성되어 있다. 즉 개인의 여가를 제외하고는 모두 소득을 위한 노동시간으로 간주한다. 여기에서는 소득이 발생하지 않는 봉사라는 개념의 노동은 존재하지 않는다. 노동은 소득을 낳는다는 면에서만 의의를 지닐 뿐이며 그 자체는 부(富)의 경제재, 즉 마이너스의 효용을 가지는 재화라고 간주한다. 즉 노동 그 자체는 노동 주체인 인간이 싫어하는 행위로 간주한다. 인간은 몇 시간 일하고, 몇 시간 쉴 것인가를 자기가 받을 보수와 스스로 판단하는 여가에 대한 가치를 고려하여 결정한다. 반면에 여가는 정상재라고 전

제한다. 즉 여가를 많이 누리면 누릴수록 효용 즉 만족이 증가한다는 전제하에 노동공급량을 추론한다.[1] 따라서 노동자는 가능한 많은 소득을 벌어서 소비를 늘리고 싶어 하지만 그러면 여가를 누릴 수 있는 여유가 줄어들므로 소비와 여가라고 하는 두 가지 정(正, positive)의 효용재(즉 만족을 가져다주는 재화) 중에 어느 것을 어느 정도로 선택할 것인가를 결정하는 과정에서 노동의 공급량이 결정된다는 것을 가정한다. 이 이론의 결론은 사람들은 일반적으로 보수가 좋을수록 일하는 시간을 늘리고 보수가 낮으면 그 돈을 받을 바에야 차라리 노는 편을 택한다는 것이다. 그리고 어느 일정 소득이 넘게 되면 오히려 일하는 시간을 줄이고 여가를 더 많이 갖기를 원한다.

이 노동이론이 전제하고 있는 가정은 노동은 인간에게 돈을 벌어다 준다는 것 이외에는 가치가 없다는 것이다. 그래서 노동에서 보람을 얻거나 재미를 느끼지 않는다는 것이다. 그리고 보수가 따르지 않는 노동은 존재하지 않는다고 가정한다. 오직 인간에게 효용을 가져다주는 것은 노동을 통해 부차적으로 발생하는 소득과 여가뿐이다. 이 가정은 현대인의 노동관을 잘 보여주고 있다.

이러한 자본주의 노동관은 스미스의 분업론 이후에 고전학과 경제학과 신고전학과의 한계효용이론학파에 의해서 꾸준히 발전되어 왔다. 그러나 자본주의 노동관의 기본 전제에 대해서는 바뀌지 않았다. 이러한 자본주의 노동관의 기본 전제들을 기독교 세계관에 근거해서 어떻게 평가할 수 있을 것인가? 네덜란드의 경제사학자 하웃즈바르트(Bob Goudzwaard)는 이 주류경제

---

1   이를 수식으로 표현하면 다음과 같다. 노동공급량=F(소득, 여가), 여기에 소득=G(노동시간), 노동시간=24-여가, 즉 하루 24시간은 노동시간과 여가로 구성되어 있으며, 소득은 노동시간의 함수, 즉 노동시간이 많아지면 소득도 따라서 증가한다. 노동공급량은 노동자가 더 많은 소득을 누릴 것인가 아니면 더 많은 여가를 누릴 것인가를 선택하는 선호에 따라서 결정된다는 의미이다.

학 노동관의 기초가 되는 것은 진보신앙이라고 하였다. 하웃즈바르트는 서양이 중세사회에서 근대 자본주의 사회로 넘어오면서 세 가지 장벽을 넘었다고 했다. 즉 천국과 교회의 장벽, 운명과 섭리의 장벽, 그리고 실낙원의 장벽이다. 이 세 장벽이 르네상스, 이신론 그리고 진보사상에 의해서 무너지면서 서구는 비로소 자본주의 사회에 돌입하게 되었다고 주장했다. 이처럼 서구에서 자본주의가 도래한 것은 단순히 상품생산이 진전된 결과라기보다는 하나의 문화적 선택이었다는 것이 그의 주장이다.

이러한 자본주의 노동관의 밑에 흐르고 있는 진보신앙의 핵심은 다음과 같이 몇 가지로 요약할 수 있다. 첫째, 노동자는 스스로 행복을 위해서 자기가 노동의 주인이며, 자기 행복을 극대화하기 위해서 노동투입량을 결정한다는 믿음이다. 여기에는 인간의 사회적 책임이나 신(神) 앞에서의 책임 등이 개입할 소지가 매우 적다. 인간은 그저 자신의 만족을 스스로 결정하는 자율적인 인간이다. 중세 사람들의 생활 중심에는 항상 천국에 대한 인식이 자리잡고 있었다. 영원하고 궁극적인 가치를 지니는 것은 천국이었고, 교회는 그 천국을 맛보는 곳이었다. 그리고 천국에 들어가는 방법은 교회를 통해서 이룩되었다. 즉 현세의 삶은 교회와 천국이라는 초월적인 영역에 속하는 신에 의해서 결정된다고 믿었다. 그러나 르네상스 사조는 인간은 자율적인 존재로 인식하기 시작했으며, 인간이 마침내 자기 운명의 주인으로 인식되었다. 그리하여 피조세계는 인간이 자신을 실현할 수 있는 인류의 도구로 인식하게 되었다. 이러한 인식으로 인해서 자연을 탐구의 영역으로 인식하게 되었고, 실험과학이 발달하기 시작했다. 이와 함께 상업 등 경제행위도 인간이 자신을 실현할 수 있는 장으로 역할 하게 했다.

둘째, 중세에는 신(神)이 천지 만물을 창조했다는 창조 사상뿐만 아니라 그 운행을 주관한다는 섭리 사상이 지배적이었다. 그런데 자연과학의 발달로 로마 교회의 과학관이 틀렸다는 것이 밝혀지면서 많은 사람이 기독교를 의심하기 시작하자 그에 대한 절충안으로 이신론(理神論)이 등장하였다. 즉 우주는 수학적 법칙에 따라 지배되는 기계와 같다는 생각이다. 우주를 의지적으로 다스리는 하나님은 존재하지 않고, 다만 기계적 법칙만 존재한다는 것으로 이해하였다. 즉 창조는 인정하되, 섭리는 인정하지 않는 신관이다. 이신론은 창조와 섭리를 모두 인정하는 유신론(有神論)에서 창조와 섭리를 모두 부정하는 무신론(無神論)으로 넘어가는 과도기적 신관이었다.

이신론에 따르면 이러한 자연법칙은 사회에도 존재한다고 인식하게 되었다.

그래서 이러한 법칙은 인간사회에서 각자의 이기심을 추구하는 개인들 간의 자유로운 경쟁에 조화를 부여하는 '보이지 않는 손'의 역할을 한다. 그래서 개개인의 이기심 추구는 사회 전체의 유익을 가져올 수 있는 방향으로 조정이 된다고 보고 시장이 바로 이러한 '보이지 않는 손'의 역할을 한다고 보았다. 하웃즈바르트는 이런 면에서 스미스를 이신론자로 보았다(Goudzwaard, 김병연 (1989), 63-65).

셋째, 중세에는 이 세상을 추방된 낙원(失樂園)이라고 보아, 이 땅에서는 인류의 힘으로 낙원을 건설할 수 없다고 보았다. 그러나 인간 이성(理性)을 신뢰하는 계몽주의자들은 이성의 힘으로 낙원을 건설할 수 있다고 보고, 인류의 진보가 계속되어 유토피아를 이룩할 수 있다는 믿음에 이르게 되었다. 그들은 진보의 성과를 비교할 수 있는 잣대가 존재할 수 있다고 보았는데, 그 잣대를 효용으로 삼았다. 즉, 효용을 가장 중요한 가치체계로 보는 공리주의(功利主義)를 채택했다. 이 윤리관에 기초하여 사회를 경제적인 성장을 위한 합목적적 조직체로 보고, 모든 가치체계와 법질서는 경제성장과 기술 발전에 방해가 되지 않게 조직되어야 한다고 보았다.

이러한 진보 신앙하에서 가치를 창출하는 유일한 통로는 노동이라고 하는 노동가치설을 낳게 된다. 인간의 노동만이 가치를 창출한다는 이 사상은 공리주의자들에 의해서 제기되어, 스미스와 데이비드 리카도(David Ricardo)에 의해 정교화되었으며, 마르크스에게 와서 정점에 이르게 되었다. 노동을 통한 자연의 변화가 인류를 행복한 미래로 인도하는 운하라는 것이다. 이 사상에 따르면 좀 더 가치 있는 인생을 만들기 위해서 좀 더 많은 노동이 요구된다.

그런데 이 진보신앙의 노동관을 좀 더 자세히 들여다보면 이것은 노동 그 자체를 높이 평가하는 것이라기보다는 노동을 통해서 이룩되는 물질적 진보에 관심이 있다는 것을 알 수 있다. 즉 노동이 의미를 지니는 것은 그것을 통해서 생산되는 재화가 인간에게 유용하기 때문이다. 소득을 벌어다 주는 노동은 의미가 있지만, 소득 창출과 무관한 노동에는 큰 의미를 부여하지 않는다. 직장이나 일터에서 소득을 가져다주는 활동만을 노동으로 인식한다. 그리고 노동 그 자체는 대표적인 비효용재 즉 인간의 행복을 떨어뜨리므로 가능한 한 적게 하는 것이 좋은 것으로 간주하게 되는 것이다.

따라서 자원봉사나 가사노동 등은 심리적 만족감을 준다는 측면이나 돈을 절약한다는 목적 이외에는 의미가 약화한다.

노동을 통한 봉사라는 측면은 설 자리가 없어지기 때문에, 가족의 건강을 위해서 돈으로 계산할 수 없는 가정주부의 가사노동은 그 의미가 축소되고, 이웃사랑의 하나로 하는 자원봉사 등 사랑의 도움도 심리적인 만족을 얻기 위한 수단 정도로 위축되고 만다.

사용자도 노동자의 노동을 돈을 주고 구매하는 것으로 인식한다. 더 많은 이윤을 남기기 위해서 가능한 저렴한 양질의 노동력을 구매해야 하는 것이다. 따라서 노동자의 인격적 실현은 생산성을 높이기 위한 수단으로써만 의미가 있을 뿐 노동자의 인격이나 존엄성 등은 큰 의미를 지닐 수 없게 된다.

결론적으로 삶의 의미를 초월적인 신이나 절대 존재의 나라에 두지 않고,

현실에 국한 시키는 진보사상은 노동의 의미를 경제적인 측면으로 환원시키게 된다. 따라서 노동자는 노동을 필요악으로 간주하여 가능한 한 적게 하는 것이 좋다고 인식하고 보수에만 관심을 가진다. 마찬가지로 사용자도 노동을 구매해야 할 생산요소로 간주하고 노동을 비용으로 인식함으로써 고용관계에서 나타나는 책임과 돌봄이라는 인간적인 요소는 사라지게 된다. 임금과 승진으로써 노동력의 효율성을 판단하는데, 이로써 노동 강도를 높이는 효과는 있지만, 자발적이고 창의적이며 의미 있는 노동의 즐거움을 기대하기는 어렵다.

2. 사회주의 노동관

일반적으로 사회주의는 자본주의에 반대해서 출현했기 때문에 매우 다른 것으로 알고 있지만, 하웃즈바르트는 자본주의와 사회주의는 둘 다 자율적이고 자기충족적인 경제 발전이 개인과 사회의 행복의 원천이라고 믿는 진보사상의 후예이므로 서로 미워하는 자매와 같다고 비유했다(Goudzwaard 1989, 134). 흔히 자본주의와 사회주의는 서로 대립적인 세계관으로 인식하고 있지만, 절대자(神) 대신 물질적 진보를 신뢰한다고 하는 점에서는 서로 같은 뿌리를 두고 있다는 하웃즈바르트의 지적은 옳다고 여겨진다. 또한 김승욱·유해신(2002)도 인간을 낙관적으로 보고 사회문제의 원인과 해결책을 사회구조에서 찾은 점에서 비슷한 점이 있다는 것을 지적했다. 고전학파 경제학에 근거하여 주창된 노동가치설은 마르크스에게 와서 더욱 강화되었다. 그의 노동관을 요약하면 다음과 같다. 첫째, 사회주의 노동관의 기초를 제공한 카를 마르크스에 따르면 그는 인간을 역사의 주인공으로 보았다. 그는 역사의 주관자는 신이 아니라 인간이며, 인간이 역사의 창조자이자 주인공으로 보았다. 인간은 역사 초기에는 자연에 의해서 구속되었지만, 인간은 동물과 달리 의식을 가진 존재이기 때문에 인간은 노동을 통해서 진화의 과정에서 자연 관계를 변화시킨다. 즉 인간은 노동을 통해서 역사를 창조해가는 것으로 보았다. 그런데 반대로 마르크스는 역사가 인간을 만든다는 점도 지적한다. 왜냐하면 마르크스에 의하면 인간에게는 두 가지 형태의 본성이 있기 때문이다. 마르크스는 인간에게 제1 본성과 제2 본성이 있다고 보았다. 제1 본성이란 식욕이나 성욕과 같이 태어나면서부터 내재된 것으로 인류의 생존을 위해서 타고 태어나는 본성이라고 보았다. 그런데 인간에게는 제2의 본성이 있는데 이것은 후천적으로 결정된다는 것이다. 예를 들면 물욕(物慾)과 같은 것은 본능에서 유래된 자연스러운 것이 아니라 특별한 사회구조하에서 생겨난 상대적 욕구라는 것이다. 이렇게 상대적 욕구는 환경에 의해서 결정되므로 인간의 의식이 그 존재를 규정하는 것이 아니라 인간의 사회적 환경이 의식을 규정한다고 주장한다. 따라서 인간은 역사에 따라서 만들어진다. 결국 인간이 노동을 통해서 역사를 만들고 다시 역사는 인간을 규정하므로 결국 인간이 인간을 만든다는 결론에 도달하게 된다. 따라서 역사를 인간의 노동을 통한 자기 창조의 과정으로 볼 수 있다는 것이다. 그러므로 인간의 가장 중요한 요소는 노동하는 존재로서의 인간이다. 따라서 노동은 인간 생명의 자기표현이고, 인간만이 가지는 고유한 특성이며, 인간은 노동할 때만 인간다워지고 인간은 노동을 통해서 자기를 실현한다고 본다. 이렇게 마르크스는 노동 본래의 의미는 매우 높게 평가하고 인간의 특징을 노동하는 인간이라고 규정하였다. 둘째, 그러나 다른 한편으로 마르크스는 생산을 위한 일반적 노동에 대해서는 매우 비판적이었다. "노동 그 자체는 그 외도에 관한 한 현재의 조건에서뿐 아니라 보편적으로도 단지 부의 증진일 뿐이며 유해하고 해로운 것이다"라고 했다(김승욱 · 유해신 2002, 19).

이처럼 마르크스가 한편으로는 노동을 긍정적으로 평가하면서도 다른 한편으로는 부정적으로 평가하는 이러한 모순이 생기는 이유는 인간이 동물과 달리 '의식과 자유'를 가진 존재라고 보았기 때문이다.

> 인간은 총괄적인, 따라서 자유로운 존재이다. (중략) 동물은 생명 활동이다. 인간은 의식적인 생명 활동을 갖고 있다. (중략) 의식적인 생명 활동은 인간을 동물적인 생명 활동으로부터 직접 구별한다. 바로 이러한 구별을 통해서만 인간은 유적 존재(類的 存在)로 존재한다. 다른 말로 표현하자면, 인간은 오로지 의식적인 존재로서만 존재한다. (중략) 바로 그렇기 때문에 인간의 활동은 자유로운 활동이다(Marx 1987, 60).

이 인용문에서 말하듯이 마르크스는 인간이 동물과 구별되는 의식적인 존재인 이유는 인간이 자유로운 존재이기 때문이다. 따라서 인간이 자유로운 활동으로서 하는 노동은 필연에 기초한 노동, 즉 물질적인 생존을 위한 노동과는 구별된다고 보았다. 즉 그는 자유와 필연을 대립적으로 파악한 르네상스 정신을 계승하면서, 인간의 자유를 우상화해서 먹고살기 위한 소위 '생명 활동'으로서 하는 노동은 자유와 무관하며, 그래서 비인간적인 활동으로 보았다(김승욱 · 유해신 2002, 20). 그러나 마르크스의 이와 같은 자유에 기초한 노동을 우상화하는 사고는 생산적인 활동 그 자체를 비하하게 되고, 결국 자본주의 노동관과 다를 바가 없게 만든다.

셋째, 마르크스는 첫 번째 말한 본래 의미의 노동, 즉 높이 평가될 수 있는 노동도 자본주의 사회에서는 왜곡된 형태로 나타나게 된다고 보았다. 그 이유는 첫째, 자본주의 체제에서 생산성을 높이기 위한 분업 때문이라고 보았다. 분업은 노동의 창의성을 파괴함으로써 인간을 노동 과정에서 소외시키기 때문이다. 또한 자본가에 의한 노동의 착취로 인해서 노동자는 자기 생산물을 빼앗기게 됨으로써 노동 산물로부터도 소외되며, 생산수단을 소유하지 못함으로써 작업 그 자체로부터의 소외가 일어나며, 사회적 삶을 영위하지 못하고 생계를 위한 삶을 살게 되어 자신의 인간적 본질로부터도 소외되고,[2] 이러한 인간은 다른 인간과도 대립하게 되고 정신적 요소까지 영향을 받아서 인간이 마침내 수단으로 전락하고 만다고 주장한다. 마르크스가 산업현장에 있는 소외현상을 문제로 포착한 것은 훌륭하였지만, 소외의 궁극적인 원인이 사적 소유에 있다고 한 것은 '자유와 자연의 이원론'에 입각한 지나친 환원으로 보인다. 그는 인간 갈등의 원인도 이러한 소외에서 찾았는데 소유 문제가 해결되면 인간의 갈등이 사라진다고 하는 논리는 그 후 사회주의 역사에 따라서 틀린 것으로 판명되었다.

넷째, 마르크스는 참된 노동을 할 수 있게 하기 위해서는 자본주의와 사유재산제도가 폐지되어 인간이 이러한 소외로부터 해방되어야 한다고 보았다. 마르크스에게 있어서 사회주의의 목표는 인간의 해방이며, 인간의 해방이란 생산 관계에 있어서 자기 창조와 자기실현을 뜻하고, 인간과 인간, 인간과 자연의 조화를 말한다. 이를 위해서 먼저 자본주의의 사적 소유가 사라져야 하며, 그 과정은 프롤레타리아 혁명을 통해서만 가능하다. 그리고 분업도 없으며 노동의 완전한 본질이 회복되는 공산주의로 가기 위해서는 자본주의가 고도로 발전하여 생산성이 극대화되어야 하고, 그다음에는 과도기적 단계가 필요한데, 이것을 엥겔스는 사회주의라고 명명하였다. 그리하여 이상적인 공산사회가 도래하면, 노동은 즐거운 것이 되며, 따라서 능력에 따라 일

---

2 이 마지막 소외를 마르크스는 '종교'라고 부른다.

하며 필요에 따라 나누어 갖는 이상적인 공산사회가 가능하다고 보았다. 이때 인간은 "생계를 위하여 어느 특정 활동에 종사하지 않고, 오전에는 사냥하고 오후에는 낚시하고 저녁에는 양을 치며 저녁 식사 후에는 비평을 쓰는 자유로운 노동 활동에 참여할 수 있게 된다"라고 보았다(Marx 1987, 53).

마르크스는 인간이 자유를 얻기 위해서는 생산력의 발전이 계속되어야 한다고 보았다. 그런 의미에서 마르크스도 자본주의의 중요성은 인정했다.

결국 마르크스는 그가 중요하게 여긴 자유의 노동을 아리스토텔레스의 '수직적 질서에서의 위쪽'이 아니라, '물질적 진보에 의한 앞쪽'에 있다고 보았다(김승욱 · 유해신 2002, 21).

노동자의 소외현상을 지적한 것은 마르크스의 훌륭한 비판이라는 것은 많은 학자가 공감한다. 그러나 사적 소유 제도를 철폐하면 저절로 노동자에게 의미 있는 노동이 보장되리라는 것은 이미 사회주의 실험에서 그 현실성이 부정되었다. 이론적으로도 자유에 기초하여 노동하는 그러한 이상적인 사회가 물질적 진보로 달성된다는 것은 논리적으로 모순이다. 이 말은 결국 의미 있는 노동이 실현되는 미래가 도래하기까지 소외된 노동에 근거한 자본주의적 사회가 희생 제물로 바쳐져야 한다는 것을 의미한다.

자본주의 노동관이나 사회주의 노동관은 상반되거나 매우 다를 것으로 예상하지만 실상은 노동을 성장을 이룩하는데 필요한 생산요소로 보는 관점이나, 이상 사회의 도래를 위한 수단에 불과한 것으로 축소함으로써 자본주의나 사회주의 모두가 노동이 갖는 풍부한 의미를 축소했다. 이러한 점에서 두 노동관은 진보신앙이 낳은 쌍둥이에 불과한 것이었다(김승욱 · 유해신 2002, 22). 이렇게 서구의 노동관은 자본주의이든 사회주의이든 진보신앙의 산물이라는 것을 알 수 있다.

본질적으로 긍정적인 의미를 가진 '노동'이 현실에서는 부정적인 의미로

쓰이게 되는 것일까?

두 가지 가능성을 상정할 수 있다.

한 가지는 인간에게 노동이 매우 유의미하고 창조적인 활동이지만 현실에서 그런 노동의 의미가 변질하였다는 것이고, 다른 한 가지는 노동이 인간에게 유의미하고 창조적인 활동이라는 것 자체가 잘못된 인식이라는 것이다.

노동이 언제나 창조적 활동으로, 인간 존재의 핵심으로 인식되어온 것은 아니다. 노동은 시대와 사회에 따라 그 형태가 계속 변화되었고, 그 개념 또한 다르게 사용되었다.

서양의 정신적 기반을 이루고 있는 기독교에 따르면 낙원에서 행복하게 지내던 인간이 죄를 짓고 그 대가로 노동을 하게 되었고, 고대 그리스에서는 노동이라는 괴로운 육체적 고통으로부터 해방되어야만 자유로운 인간이 되어 학문과 정치를 할 수 있고, 동양사상에서도 공자(孔子)는 농공상업을 비천하게 여기는 등 현대 이전 사회에서 노동은 대체로 '피해야 할 것', '고통스러운 것', '인간 본질에 위배되는 것' 등으로 이해되었다.

현대사회에 들어서면서 노동은 인간에게 긍정적인 것, 적극적인 것으로 이해되기 시작했다. 노동의 의미가 변화하는 데 중요한 역할을 한 사건이 16세기에 일어난 종교개혁으로 칼뱅(J. Calvin)은 인간이 노동을 통해 자신을 발견하고 구원을 찾을 수 있다고 보았다. 노동의 결과로 획득되는 부를 축적하는 것은 신에게 선택받은 사람이라는 징표이며, 반대로 노동하지 않는 게으름과 그 결과인 가난은 선택받지 못한 사람이라는 것을 나타낸다. 이제 노동은 '아담의 저주'가 아니라 구원을 위해 적극적으로 소임을 다해야 할 '신의 소명'으로 인식하였다.

현대의 주요 사상가들이 노동에 적극적 가치를 부여하기 시작했다. 현대

자유주의의 이론적 토대를 마련한 존 로크(J. Loke)는 자유를 인간의 본성으로 보면서 그것을 현대 자본주의의 소유권 사상과 연결했다. 자신의 생명, 육체와 더불어 개인은 자기 재산에 대한 소유권을 갖는데, 그 이유는 재산이라는 것이 자신이 직접 노동을 하여 새롭게 창출해 낸 것이기 때문이다. 여기에서 노동은 자연을 변형시켜 새로운 가치를 만들어 내는 창조적 활동으로 이해된다. 현대 경제학의 아버지로 불리는 애덤 스미스(Adam Smith)는 새로운 가치로서의 부(富)는 노동으로부터 비롯된다고 함으로써, 노동이 새로운 가치를 창출한다는 '노동가치론'을 정립했다. 이를 발전시켜 마르크스는 노동을 인간의 구상에 따라 자연을 변형시키는 활동으로, 인간을 동물로부터 구분해주는 핵심으로 간주했다.

마르크스는 노동을 동물과 구분되는 인간의 핵심적 특징으로 들면서 다음과 같이 언급한다.

> 가장 서투른 건축가라도 가장 훌륭한 꿀벌보다 뛰어난 점은, 그는 집을 짓기 전에 미리 자신의 머릿속에서 그것을 짓고 있다는 것이다(K. Marx 1989, 226)

모든 사람이 자유롭게 노동할 수 있는 권리인 '노동권'은 인간의 핵심적 권리가 되었다.

3. 현대 한국의 노동관

2018년 삼성경제연구소의 국가별 노동관 분석 결과에 따르면 미국은 자아실현형, 프랑스는 보람 중시형, 일본은 관계지향형으로 분류된다.

자아실현형은 일의 흥미와 개인의 발전 가능성, 관계 만족도 등을 중시한다. 보람 중시형은 일의 흥미와 발전 가능성은 중시하지만, 직장에 대한 충성심이나 다른 사람과의 관계 등은 고려하지 않는 유형이다(이윤주, 2018).

〈표 5-1〉 국가별 노동관(삼성경제연구소)

구분	국가	내용
자아실현형	미국	• 일의 흥미, 발전 가능성, 관계 만족도를 고루 중시
보람 중시형	프랑스	• 일의 흥미와 발전 가능성을 중시 • 직장에 대한 충성심이나 직장 내 관계 등은 상대적으로 덜 중시
관계지향형	일본	• 일의 흥미와 사회적 기여는 상대적으로 덜 중시 • 직장 내 관계와 회사에 대한 충성심 중시
생계 수단형	한국 스페인	• 돈과 일을 가장 중시 • 만족이나 흥미보다 경제성을 중시

분석 결과에 따르면 한국은 만족이나 흥미보다는 돈과 일을 중시하는 생계 수단형으로 분류가 된다. 이러한 사업자들의 일에 대한 관념은 이주노동자에게 영향을 미치고, 이주노동자들에게 고스란히 작용하고 있다.

인간은 물질적인 부를 추구, 명예 획득을 위한 노력, 사회에 대한 공헌 지향, 자신의 성장을 위한 투자를 하는 등의 생애 목표 때문에 노동을 한다. 노동에 대한 가치 부여는 성장환경의 영향과 노동을 바라보는 관점인 노동관에 따라 달라질 수 있다. 노동관의 중요성을 강조하는 것은 노동이 단순한 생계를 넘어 공동선을 이루어내는 도구로써 사회적 행위라는 점에서 자신의 완성을 향하는 과정이고, 사회문제와 깊은 연관성을 갖고 있기 때문이다. 따라서 노동관은 기계문명 발달과 신자유주의의 자본 중심사회에서 충돌하고 있지만, 이런 혼란 속에서도 노동관의 변하지 않는 본질에 대한 논의는 아주 중요한 일이다.

하지만 한국 사회에서는 노동관이나 노동에 대해서 육체적 노동으로 연상하고 부정적 이미지화를 형성하였다.

이는 한국 경제의 산업화 · 도시화 과정에서 사회적으로 노동에 대한 정당한 평가가 이뤄지지 못했기 때문이다. 이에 일부 직업에만 편향적으로 몰리는 현상이 일어나고 있다.

한국 사회의 다양한 사회적 문제와 위험에 대한 두려움은 노동철학 · 노동관 정립과 깊은 관련성이 있을 것이다. 물질 만능주의와 개인주의가 팽배한 신자유주의 체제에서는 성과주의를 최우선으로 하므로 더욱더 노동관에 대해 고민할 여력이 없다. 하지만 한국 사회에 남아 있는 문제의 근본적 원인은 노동관에서부터 출발한다는 것을 무엇보다도 상기해야 한다. 이는 삶 속에서 노동관에 따라서 일을 대하는 태도, 직업 선택의 결정 등이 달라지기 때문이다.

취업 경쟁과 실업이라는 양극화와 비정규직의 불안정한 고용 등의 프레카리아트(precariat) 양산으로 노동관은 점점 희미해지고, 노동을 선택할 수 없는 환경이 조성되어 가고 있다. 그렇지만 어떤 일과 직업을 선택하든, 그 행위를 통하여 삶 안에서 의미와 가치를 갈구하는 행동은 지속해서 일어날 것이다. 향후 제4차 산업화 시대의 노동은 육체노동 중심의 고정관념이 상쇄되고, 노동시장에는 외국에서 들어온 수많은 이주노동자와 내국인 노동자들이 존재하고, 이들 사이에 미묘한 문제부터, 인권침해 등 다양한 문제가 발생하여 커다란 변화가 생겨나고 있다.

〈 프레카리아트(precariat) 〉

프레카리아트(precariat)는 저임금·저숙련 노동에 시달리는 불안정 노동 무산계급을 가리키는 신조어로써, 이탈리아어로 '불안정한'이라는 의미의 프레카리오(precario)와 무산계급을 뜻하는 독일어 프롤레타리아트(proletariat)의 합성어이다. 2004년 밀라노, 리스본, 함부르크 등 12개 유럽 도시에서 매년 5월 1일 열리는 이주노동자와 불안정 노동자의 국제 시위인 '유로 메이데이(Euro Mayday)' 행사에서 처음 등장했으며, 이탈리아 밀라노를 시작으로 여러 지역의 노동운동으로 퍼져나갔다. 영국의 경제학자 가이 스탠딩(Guy Standing)에 따르면 프레카리아트는 불안정한 삶에 노출될 수밖에 없는 계급을 의미하는 용어로, 이들은 여가도, 직업 안정성도 없이 저숙련·저임금 노동을 전전한다. 신자유주의는 기업으로서 비용 최소화를 위해 노동시장 유연성을 도입하고 노동자를 해고하기 쉽게 한다. 프레카리아트는 원래 "떠돌아다니는 '도시 유목민', 온전한 시민이 아닌 거류민(이주노동자), 장애인 등이지만 점점 그 수가 늘어 지금은 돌봄과 돈벌이라는 이중 노동에 시달리는 여성, 시시때때로 부서나 근무지를 옮기면서 직무 불안에 시달리는 회사원, 구조조정으로 잘린 샐러리맨, 퇴직 노인, 부채 덫에 내몰린 청년들까지 포함한다."

출처: '프레카리아트', 위키 백과

현재 이주노동자의 담론은 지극히 정치·경제적 관점에서 형성되고 있다. 하지만 이주노동자의 문제는 더욱 근본적으로 논의가 되어야 하므로 노동관은 더욱 중요하다. 따라서 다양해지고 전문화되는 새로운 노동환경 속에서 노동관에 대한 올바른 정립이 이루어져야 하고, 이러한 과정은 한국 사회가 풀어야 하는 이주노동자에 대한 당면 과제를 해결하는 실마리를 제공할 수 있다.

하지만 고대 서양도 어느 정도는 그렇지만 형이상학적이고 관념적 지향이 강한 불교나 도교, 유교 등 고대 동양사상에서 오늘날 우리가 알고 있는 노동 개념과 일치하는 개념을 찾기는 어렵다.

참고문헌

'프레카리아트', 위키백과(https://ko.wikipedia.org).

K. Marx(1987). 『경제학-철학 수고』. 김태경 역. 이론과 실천사.

K. Marx(1989). 『자본론』 I (上), 김수행 옮김, 비봉출판사

Nozick(1977). 『Anarchy, state, and utopia』, Basic Books(국역:남경희(2000). 『아나키에 서 유토피아로』. 문학과지성사.).

김남두(1990). 소유권에 관한 철학적 성찰:사유재산권과 삶의 평등한 기회-로크를 중 심으로-. 『철학연구』 27. 153-180.

김대중(2019). 아감벤의 『내용 없는 인간』을 통해 살펴본 미학의 역사와 해체. 『비평과 이론』 24(3). 35-57.

김대현(2019), 헤겔의 노동 개념과 천지공사, 『대순사상논총』 32. 175-199.

김승욱 · 유해신(2002). 노동관의 제 유형과 성경적 노동관. 『신앙과 학문』 7(1). 9-37.

심상필(1997), 스미스의 勞動思想에 관한 考察, 『관동대학교 기업경영연구소』 16. 123-158.

'코린토스의 왕, 시시포스(Sisyphus)'. https://blog.naver.com/mskim1648/221503316057

윤병식(1985). 불교사상에 있어서의 노동철학의 의미발견, 『철학사상의 제 문제 3』. 한 국정신문화원 뜱탙 · 종교연구실 엮음. 한국정신문화연구원.

윤효원(2019). '노동은 사물인가 인격인가'. 매일노동뉴스(2019.04.29.), https://www.labortoday.co.kr/news/articleView.html?idxno=158126(검색일:2021.10.24.)

이윤주(2018). "내 의견 반영되는 직장…여가 집착 없는 게 좋은 노동. 경향신문 (2018.06.25.). https://www.khan.co.kr/national/labor/article/201806252233005 (검색일:2021.08.04.).

임경석(2013). 세계화 시대와 소외된 노동. 『대동철학회』 65. 51-73.

정태면(2015). 『올바른 직업관과 노동의 필요성』. 한국기술대학교 고용노동연수원 학교 교육팀.

清水正德(1983). 『노동의 의미』. 편집부 옮김. 한마당.

한국철학사상연구회(1994). 『삶, 사회 그리고 과학』. 서울:동녘.

혜리 브레이버만(1990). 『노동과 독점자본:20세기에서의 노동의 쇠퇴』. 이한주 역. 서울:까치.

제2부

⋮

국제노동력 이주와 한국 사회

제6장

:

국제노동력 이주의 이해

1. 국제노동력 이주의 원인과 유형

1) 국제노동력 이주의 원인

사람을 포함하여 모든 동물은 다양한 원인에 의해 본능적으로 이동(移動, movement) 또는 이주(移住, migration)하려는 성향을 가지고 있다.

이주(移住, migration)는 라틴어의 'migrare'에서 유래된 것으로 '장소를 옮기다'라는 의미의 '이동(移動, movement)'을 전제로 한다. 결국 이주란 지속해서 삶을 영위하던 한 공간 속에 존재하는 신체를 다른 공간 속으로 '공간적 이동 변화'를 하는 모든 행위를 내포한다.

국제이주란 "다른 국가에 영구적으로 혹은 일시적으로 거주할 목적으로 출신국 혹은 상주국을 떠나는 사람들의 이동. 그러므로 국가 간 국경을 가로지르게 됨"이라고 국제이주기구(IOM)는 정의한다(국제이주기구, 2011).

이주를 발생시키는 요인은 크게 '경제적', '국가 행정적 · 정치적', '인구학적', '환경적', '다국가적 네트워크'로 구분할 수 있다.

첫째, **경제적 요인**으로 국가별로 점점 벌어져가는 삶의 질과 임금의 차이는 이주자들을 정착국으로 끌어들이는 자석과 같은 역할(pull-factor)을 한다. 이민의 가장 근본적인 이유는 경제적 부의 획득이라고 볼 수 있다. 따라서 경제적 요인으로 이주를 결정하는 노동자 대부분이 소득 수준이 높은 나라로 국제이주를 결정하게 된다. 둘째, **국가 행정적 · 정치적 요인**으로 빈약한 정부, 부패, 그리고 좋은 교육체제와 건강 관련 시설의 부재는 국제이주를 촉진하는 국가 행정적 요인과 이출국에서 정치적, 경제적, 군사적 원인에 의해 분쟁이 발생하여 개인의 자유가 제한되고, 인종, 종교 등에 따른 차별로 인해 자유를 되찾기 위한 정치적 요인에서 국제이주를 하게 된다. 셋째, **인구학적 요인**으로 선진국의 저출산, 고령화 현상에 따른 노동력 부족은 개발도상국의 노동력 과밀과 맞물려 국제이주가 발생한다. 현재 많은 국가에서 저출산과 고령화 문제로 인구 규모와 생산가능 인구의 감소 문제를 해결하기 위한 다양한 정책을 펴고, 이에 상대적으로 출산율이 높지만, 경제 발전의 저하로 일자리가 많지 않은 개발도상국에서 일자리가 많은 국가로 일자리를 찾는 많은 젊은이에 의해 국제이주가 이루어진다. 넷째, **환경적 요인**으로 사람들은 인간 혹은 집단의 문제 이외에도 지진이나 산업재해, 홍수와 가뭄 등으로 강제 이주를 하게 된다. 대부분의 환경적 요소로 인해 일어나는 이주는 주로 국내 이주가 많지만, 환경 재해가 심하면 인접 국가로의 국제이주가 이루어진다. 마지막으로 **다국가적 네트워크**를 활용하여 해외에 사는 가족과 친지들은 이주의 촉매 역할을 하여 국제이주를 촉진한다.

이처럼 다양한 요인에 의해 국제이주가 이루어지지만, 약 2억 8천만 명의 이주민들이 자신의 출생지를 떠나 다른 나라에 다양한 요인으로 국제이주를 하고 있고, 국제이주는 전 세계의 정치, 경제, 사회적 네트워크를 변화시키고 있다.

국제이주는 세계화의 영향으로 초국가적 네트워크가 출현하고 교통과 통신수단이 급격히 발달하면서 나타난 현대사회의 중요한 특징이다. 과거의 이주는 자기 삶의 공간에서 크게 벗어나지 않는 범위에서 일어나는 국내 이주가 주된 이주였고, 국제이주는 지극히 제한된 대상과 인원, 요인에서 발생하였지만, 현대에 들어오면서 이주의 요인이 다양화되면서 이주 대상도 노동자와 학생, 난민 등 다양한 부류의 사람이 끊임없이 국제이주를 하고 있다.

〈표 6-1〉에 의하면 1970년부터 2020년까지 매년 국제이주를 한 이주민이 증가하고 있음을 볼 수 있다.

〈표 6-1〉 International migrants, 1970 - 2020

Year	국제이주자	비율*	Year	국제이주자	비율
1970	84,460,125	2.3 %	1975	90,368,010	2.2 %
1980	101,983,149	2.3 %	1985	113,206,691	2.3 %
1990	152,986,157	2.9 %	1995	161,289,976	2.8 %
2000	173,230,585	2.8 %	2005	191,446,828	2.9 %
2010	220,983,187	3.2 %	2015	247,958,644	3.4 %
2020	280,598,105	3.6 %	*비율:세계인구 대비		

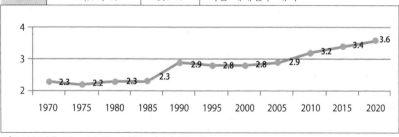

자료: McAuliffe, M. and A. Triandafyllidou (eds.) 2021, 23

이러한 규모와 양상의 다양성을 지닌 국제이주가 빈번하게 발생하는 상황을 캐슬과 밀러는 현재 우리가 사는 오늘날을 '이주의 시대'라고 하였고,

주목해야 할 최신 국제이주의 경향을 5가지로 정의한다(스티븐 카슬, 마크 J. 밀러, 2013).

① 이주의 전 지구화 : 통신의 발달로 정보 접촉의 기회가 많아지고, 교통의 발달로 이동의 자유로움이 증가하면서 특정 국가, 특정 사람만이 이주하는 것이 아니라 점점 더 많은 국가와 사람이 이주 흐름에 의해 동시에 결정적인 영향을 받고 있다. 나아가 이민 유입국들은 경제적, 사회적, 문화적 배경이 매우 다른 국가에서 온 다양한 이주자를 받아들이는 경향이 있다.

② 이주의 가속화 : 현재 거의 모든 주요 지역에서 국제 이동의 규모가 커지고 있다는 것으로, 이러한 이주의 양적 팽창은 정부 정책의 시급성과 어려움을 심화시킨다. 정부 정책은 국제이주를 막거나 감소시킬 수 있으며 이주자를 송환시킬 수도 있다.

③ 이주의 차별화 : 국가 대부분은 노동 이주, 난민 이주, 영주 이주 등과 같은 이주 유형 중 어느 하나에 치우치지 않고 여러 유형을 동시에 겪고 있다는 것을 의미하고, 이주의 차별화는 국내 및 국제 정책 수립의 주요 장애물로 작용하고 있다. 전형적으로 어떤 이주 흐름을 막거나 통제하려는 정부의 노력에도 불구하고 하나의 이주 유형에서 시작된 연쇄 이주는 여러 다른 이주 유형으로 이어진다.

④ 이주의 여성화 : 이주의 여성화는 국제결혼을 통한 초국적 이동뿐만 아니라 노동력의 이동 역시 더 이상 남성 노동에 국한되지 않고, 돌봄 노동을 담당하는 여성 노동력 이동이 증가하는 현상을 의미한다. 과거에는 대부분의 노동 이주와 난민 이동은 남성이 주도했고, 여성은 단지 가족 재결합의 범주에서 다루어졌을 뿐이었지만 1960년대 이후 여

성은 노동 이주에서 중요한 역할을 해왔고 다양한 이주 유형에서 여성이 다수를 차지하고 있다. 이주의 '여성화'는 두 가지 의미로 해석된다. 하나는 이주노동자 중 여성의 수가 급증하고 있다는 점이고, 다른 하나는 이주 여성들이 전형적으로 '여성의 일'로 취급되던 감정, 성, 돌봄 노동을 하기 위해 국경을 넘는다는 것이다. 점점 더 많은 수의 여성들이 전통적으로 '노동'으로 간주하지 않던 영역, 즉 전통적으로 사적인 영역에서 여성들이 수행하던 역할을 국제적인 '임금' 노동의 형태로 참여한다. 또한 여성적 특성을 요구하는 노동의 분야 급증은 여성이 이주할 수 있게 하는 조건을 제공한다.

⑤ 이주의 정치화 : 국내 정치, 양국 관계, 지역 관계, 전 세계 많은 국가의 안보 정책이 국제이주의 영향을 점점 더 많이 받고 있다. 이주 정책 문제를 해결하기 위하여 전 지구적 거버넌스 - 난민을 위한 유엔난민기구(UNHCR), 이주노동자를 위한 국제노동기구(ILO), 국제이주기구(IOM), 글로벌 국제이주위원회(GCIM) - 는 물론, 유입국과 경유국, 그리고 송출국의 협력이 필요하다는 인식이 더욱 높아지고 있다. 세계가 이주의 시대를 살아가고 있다는 점에서 이주의 정치화의 중요성이 급증하고 있다.

⑥ 이주 변천의 확산 : 이주 변천의 확산은 전통적인 이민 송출국이 경유국이나 이민 유입국으로 전환될 때 발생하는 현상으로, 폴란드, 스페인, 모로코, 멕시코, 도미니카 공화국, 터키, 한국 등 다양한 국가들이 이주 변천의 다양한 단계를 겪고 있다. 그러나 라틴 아메리카와 같은 다른 나라 국가에서는 이입 국가에서 이출 국가로 변환되면서 역이주 전환이 발생하였다.

2) 국제이주의 유형

국내 이주와 국제이주는 일반적으로 〈표 6-2〉와 같이 유형화한다.

〈표 6-2〉 이주의 유형

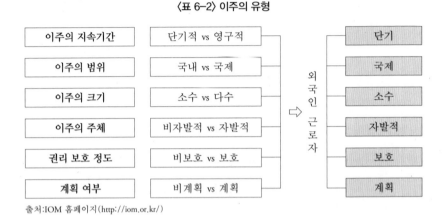

출처:IOM 홈페이지(http://iom.or.kr/)

이러한 유형화를 근거로 하여 국내에 거주하고 있는 이주노동자를 설명한다면 지속 기간에 있어 4년 10개월(최대한 9년 8개월)이라는 정해진 기간에만 국내에 거주할 수 있다는 점에서 단기적 이주이다. 이주 범위에 있어서는 당연히 국제이주가 된다. 이주의 크기에 있어서는 소수와 다수의 기준이 불명확하지만, 고용허가제로 정해진 인원만이 입국할 수 있다는 점에서 소수로 볼 수 있다. 이주 주체의 기준에서 분류하면 자발적 이주이다. 하지만 모든 이주노동자들이 본국에 있는 가족의 생계를 위한 선택이 많다는 점에서 본다면 비자발적 이주이기도 하다. 이주노동자들은 고용허가제로 국내에 들어왔기 때문에 국내법에서 정해 놓은 법률로 보호를 받을 수 있지만, 현실적으로 인권과 임금, 근로시간 등 다양한 측면에서 본다면 보호되지 않은 이주이기도 하다. 특히 근로계약이 끝난 미등록 이주노동자의 경우에는 더욱더 보호되지 않은 이주이다. 마지막으로 계획 여부에 따라 분류하면 계획된 이주이다. 계획 여부에 따른 구분 역시 미등록 이주노동자의 경우 처음부터 미등록을 목적으로 국내에 입국하지는 않을 것이다. 근로계약이 된 사업장에서 근로하기로 계획하고 들어오지만, 권리를 보호받지 못해 미등록으로 전락하였으면 계획되지 않은 이주로도 분류될 수 있다.

3) 외국인 노동력 유입 단계

선진국의 저숙련 노동력에 대한 '필요'는 특정 산업 분야의 저임금, 열악한 노동환경, 낮은 사회적 지위에 따라 사회적으로 구성된다. 유럽의 한 연구는 어떤 일자리는 내국인이 꺼리기 때문에 "이민은 노동시장의 효율성을 개선하는 데 큰 역할을 했다"라는 점을 보여준다.

> 더럽고, 힘들고, 위험한 3D 업종, 저임금 가사도우미, 비공식 부문의 저숙련 일자리, 계절에 따라 변동이 심한 일자리, 예를 들면 농업, 도로 보수, 건설, 숙박업, 식당, 여타 관광 관련 서비스업. (Münz et al. 2007, 7; 재인용 스티븐 카슬, 마크 J. 밀러 2013, 380).

선진국의 외국인 노동력 유입을 역사적인 시각에서 고찰해보면 그 유입이 몇 개의 단계로 구분될 수 있음을 보여준다. 그 단계는 유입된 외국인 노동력의 유형, 거주기간, 거주의 목적 등에 따라 대체로 다음의 네 단계〈표 6-3〉로 구분된다(Boehning, 1984; 스티븐 카슬, 마크 J. 밀러, 2013).

〈표 6-3〉 외국인 노동력 유입 단계

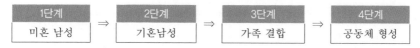

1단계		2단계		3단계		4단계
미혼 남성	⇒	기혼남성	⇒	가족 결합	⇒	공동체 형성

1단계는 젊은 미혼의 근로자(주로 남성)가 소수로 경제적 동기로 이민을 와서 소득 대부분을 본국으로 송금한다. 또한 그들은 가까운 장래에 귀국을 기대하고 모국에 가족이나 친구, 친지들을 그리워하면서 모국에 대해 지속적인 관심을 보인다. 인력수요국에서의 이들의 체류 기간은 비교적 짧고 그 기간 후에 본국으로 돌아가는 근로자의 비중도 높다.

2단계는 1단계의 경제적 이민의 성공사례가 인력 송출국에서 신문이나 방송을 통해서 소개되면서 결정을 망설이던 기혼 외국인 근로자의 이민이 늘어난다. 또한 인력수요국에서 같은 국가 출신의 외국인 근로자 간의 사회적인 유대관계가 강화된다. 또 외국의 새로운 환경에서 장기간 적응하기 위한 외국인 근로자의 상호부조가 늘어나며 그들의 사회적인 교류를 가능하게 하는 네트워크가 형성된다. 1단계보다 외국인 근로자들의 체류 기간은 약간 길어지고 본국으로 돌아가는 근로자의 비율도 약간 떨어진다.

3단계는 경제적으로 충분한 저축을 한 후 본국으로 돌아가겠다는 초기 이민의 꿈과 현실이 멀어지면서 가족을 불러들여서 전 가족 구성원이 경제활동을 하면서 장기체류를 하려는 외국인 근로자의 비중이 늘어난다. 현실적으로 단기적인 이민을 통한 경제적인 성공이 어렵다는 경험담이 퍼지면서 새로운 젊은 외국인 근로자들의 유입이 줄어들어 외국인 근로자의 고령화가 이루어진다. 또한 늘어나는 가족 상봉에 따라 외국인 근로자들의 성별 구성에서도 여성이 늘고 경제활동에 종사하지 않는 어린이나 노인의 비중도 늘어나기 시작한다. 결과적으로 앞의 1단계나 2단계와 비교하여 외국인 근로자는 인력수요국에서의 일상적인 삶에 더욱 관심을 보이게 된다.

4단계에 이르러 가족 단위의 영구적인 이민의 증가에 따라 외국인 근로자의 소비재나 사회간접자본(주택, 학교, 사회적인 복지혜택)의 수요가 빠른 속도로 증가한다. 또한 같은 민족끼리 모여 사는 외국인 중심의 거주지가 생기고 그 내부에는 그들끼리 사회경제적 교류를 촉진하는 자영업 직업이 늘고 사회적인 조직이나 종교조직 등이 생겨난다. 결과적으로 외국인 근로자들은 외국에서 소수민족으로 정착하게 된다.

이들 소수민족 가운데 일부는 정치적인 영향력도 가지지만, 소수민족의 입지는 이들에 대한 인력수요국의 정부의 정책이나 내국인들의 태도에 따라 좌우된다. 그들에 대한 대우가 관대할 때 외국인 근로자들은 법적인 영주권이나 시민권을 획득하기도 한다. 그러나 그들에 대한 대우가 차별적일 때 소수민족의 정치적 권한이 배제되거나 경제 사회적 권리가 제한되고 인종 갈등도 심해진다.

선진국들의 경험에서 외국인 노동력 유입의 1~2단계와 3~4단계를 자세히 살펴보면 인력수요국에 미치는 경제 사회적 효과가 달라진다는 것을 확인할 수 있다. 즉 외국인력의 유입이 1~2단계에 머무는 1950년대와 60년대에는 인력수요국의 인력난 해결을 위해 젊은 남성 인력 위주의 노동력이 제한적으로 유입되므로 이들은 그 국가에서 경제활동을 통해 그 국가의 인력난을 해결해주고 경제적으로도 중요한 이득을 준다. 그러나 외국인력의 유입이 3~4단계에 이르면서 인력수요국이 원하지 않지만 통제할 수 없는 대량의 인력이 유입되고 또 가족 상봉 등으로 비경제활동인 어린이와 노인의 비중이 늘어난다. 이에 따라 인력수요국은 상당한 사회복지비용의 지출이 필요하고 교육이나 의료와 같은 공공재의 수요도 늘어난다. 더욱이 외국인들과 관련된 범죄나 인종 갈등 등으로 인력수요국은 상당한 사회적 비용을 감수하게 된다. 따라서 외국인력의 유입이 성숙 단계에 접어들수록 인력수요국은 상당한 경제 및 사회적 비용을 지급해야 한다(Boehning, 1984; 스티븐 카슬, 마크 J. 밀러, 2013).

Boehning의 외국인 이주의 단계에 따라 가장 많은 한인이 거주하고 있는 미국의 경우를 분류해 보면, 1903년 100여 명의 젊은 청년들이 ─물론 이 가운데에는 몇몇 가족이 있었다─ 하와이로 노동 이민이 시작되었고, 이후 1905년 을사늑약 체결이 되어 국권(國權)이 사라지기 전까지 64편의 배를 통해 7,200여 명의 젊은 청년을 포함한 기혼의 한인들이 하와이로 이주를 하였다. 이러한 사실은 1910년 사탕수수농장주들의 한인들 안정을 위해 한국에서 결혼 상대자를 모색했던 '사진 신부'를 통하여 많은 이들이 젊은 청년들이었음을 알 수 있다. 물론 초기 이민자 중에는 홀아비(widower)도 있었다(이덕희, 2004). 이후 가족 재결합이라기보다는 가족 이민이 많았다(이덕희, 2001).

1965년 미국의 이민법 개정으로 많은 사람이 미국으로 이주를 하게 되었고, 현재 미국 내에 가장 성공한 이민자 그룹으로 성장하였다.

현재 국내에 거주하고 있는 이주노동자의 경우, 국내법에서는 가족 재결합권이 보장되지 않기 때문에 공식적인 가족 재결합은 이루어지지 않고, 밀집 지역(출신 국가, 산업 형태, 사회적 여건 등의 영향)이 형성되어 곧바로 4단계 공동체가 형성된다〈표 6-4, 표 6-5〉.

〈표 6-4〉 외국인 근로자 집단 밀집 거주지역 현황

지역		특징
서울특별시	종로구 창신동	■ 베트남 근로자, 네팔거리
	성동구 성수동	■ 태국 등 동남아 근로자
	구로구 구로동	■ 중국 동포 약 30,000여 명
	서초구 반포동	■ 서래마을, 프랑스인 약 600여 명
	용산구 이태원동	■ 무슬림 마을
	용산구 동부이촌동	■ 일본인 마을
	중구 광희동	■ 몽골타운
	종로구 혜화동	■ 필리핀 거리
	서대문구 연희동	■ 차이나타운

지역		특징
경기도	안산시 단원구 원곡동	■ 각국 근로자 약 47,800여 명
	남양주시 마석동	■ 동남아 등 16개국 근로자 약 1,700여 명
인천광역시 중구 서린동		■ 화교 차이나타운
경상남도 남해군 삼동면		■ 독일마을, 독일동포

한국다문화복지학회(2021), 278.

〈표 6-5〉 외국인 밀집 지역 형성 시기와 특성

구분	근로자 거주지역	노후 주거 지역	외국시설 지역	고급 주거 지역
출신국가	동남아시아	중국 동포	다국적	선진국
형성시기	1990년대 이후	1990년대 이후	역사가 깊음	1970~80년대
대표적 지역	안산시 원곡동 시흥시 정왕동 남양주시 마곡동	서울 가리봉동 서울 대림동 서울 자양동	인천 선린동 부산 초량동 서울 이태원동	서울 -프랑스 마을 -일본마을 -한남동 남해 독일마을
특징	수도권 지방산업단지	저렴한 주택 교통 편리	조계지 군 주둔지	대사관 외국인학교

한국다문화복지학회(2021), 287.

2. 국제이주의 사회경제 및 정치적 영향

지구적인 현상으로써 이주는 긍·부정의 양면을 띤다. 이주는 세계화 시대에 어느 정도 이루어지는 것이 전혀 이뤄지지 않는 것보다 낫다는 것은 거의 확실하다. 하지만, 이주 역시 지나치면 문제가 된다. 따라서 중요한 것은 이주자 본인, 이주민을 받아들이는 유입국의 원주민, 이주민의 고향인 유출국과 남아 있는 주민(대부분 이주자의 가족) 모두가 행복할 수 있는 최적의 지점을 모색하는 것이 가장 올바른 선택이다.

〈표 6-6〉은 이주로 인해 송출국과 유입국, 그리고 이민자에게 발생하는

문제와 그 문제 해결을 위한 방안을 정리한 것이다.

〈표 6-6〉 국제노동력 이동에 연관된 사회와 행위자의 문제와 목표 및 전략

구분	송출국 사회	이민자	유입국 사회
일차적 문제	과잉인구, 즉 구조적 실업과 불안전고용의 만연, 지방별·부문별 경제 발전의 불균형	소득 기회의 부족, 낮은 교육 수준, 외부에 의해 유도된 경제·사회적 욕구의 증대, 개인적 발전 지체.	특정 지방·부문의 지속적 노동력 부족, 직업구조의 상향적 변화와 하층 직종의 인력난.
전략	대량 해외 이출의 묵인 또는 장려	단기, 중기, 내지 영구적인 이민.	이민자 고용
목표·기대	인구 압력의 제거, 지방 수준의 이전 소득과 국민경제 수준의 해외 송금, 학습 과정을 통한 발전 효과, 사회·정치적 긴장 완화 등 부가급부.	소득 원천, 저축 확대와 안정적 저축. '국내'와 '해외' 생활 근거 확립 및 통합·재통합. 사회적 지위 상승.	지방·부문별 노동시장 문제에 대한 단기적 해결책. 경기변동의 완충장치를 도입. 노동시장의 유연성 확보.
이차적 문제	인구 구조의 파괴, 지방·부문별 인력 부족, 교육, 정치, 삶의 질 등 장기적인 문제를 안고 있는 사회 구조적 난맥상은 발전의 장애물로 작용. 반복적인 대량 해외 이출.	이민자로서의 생활, 의사소통, 통합, 법적·정치적 지위 등 개인적·사회적 문제의 악화. 계획하지도 기대하지도 않았던 장기체류와 반복적 이주. 투자 실패. 재통합의 실패	사회 기반 시설에 대한 이차적 수요. 보완 효과에 의한 외연적 경제성장은 경제구조 조정을 지연시킴. 사회통합, 정치적 반대 운동, 2세 문제 등 사회적·정치적 이민자 문제.

자료: Ronzani(1980:200); herbert(1996:18); 재인용, 설동훈(2000:48)

국제이주는 다양한 측면-일자리, 임금, 노동력, 사회·인구, 문화 등-에서 긍정적인 면과 부정적인 면이 공존하고 있다. 긍정적인 측면으로는 경제적 효과, 고용 효과 및 문화적 교류 효과로 구분할 수 있다. 부정적인 측면으로는 외국인 근로자의 고용이 국내 근로자들의 일자리를 잠식하고 내국인 근

로자의 임금인상률을 저하하며, 근로조건을 악화시킨다는 주장이다. 외국인 근로자 유입은 불법체류, 범죄 단속을 위한 행정력의 추가적 비용, 외국인 근로자의 교육, 의료, 주거·생활환경 개선을 위한 추가적 비용, 외국인 근로자의 사회간접자본 시설 이용에 따른 추가적 혼잡비용이 존재한다. 물론 외국인 근로자가 유입국의 노동시장에 긍정적인 측면만 아니라 일부의 주장이지만 외국인 근로자의 고용이 국내 근로자들의 일자리를 잠식하고 내국인 근로자의 임금인상률을 저하하며 근로조건을 악화시킨다는 부정적인 측면도 있다. 하지만 저숙련 외국인 근로자들은 내국인 근로자들이 일하는 것을 꺼리는 일자리를 채우기 때문[1]에 내국인 근로자들의 임금이나 고용기회를 직접 저하하지 않으며 결과적으로 노동 공급 확대에 따른 생산 효과가 더 크게 나타난다. 또한 미국같이 복합적인 사회에서는 이민이 조세 효과(소득세 및 간접세 증대)를 들 수 있다.

외국인 근로자에게 국제이주의 가장 큰 경제적인 영향은 근로를 통한 근로소득의 증가로, 근로소득 증가는 개인뿐만 아니라 출신국 가족과 국가에 긍정적인 영향을 미친다.

현재 필리핀 총인구의 10%에 달하는 약 천만 명의 이주노동자가 대만, 미국, 중동 등 세계 각국에서 생활하고 있다. 세계은행에 따르면, 필리핀 출신 이주노동자가 본국에 송금한 액수는 350억 달러 −국내 총생산(GDP)의 10%에 달하는 수준)에 달하고(김선미, 2020), 통가와 아이티, 레바논과 같은 국가는 외국인 근로자의 본국 송금은 개발도상국의 주요 수입원으로 GDP 25%를 차지할 정도로 국가 경제에 영향을 미친다. 특히 통가의 경우 2021

1　외국인 근로자의 국적, 내국인 근로자의 특성, 합법성 여부 및 기타요인 등에 따라 차이는 있지만, 외국인 근로자가 내국인 근로자들을 대체하더라도 그 대체 수준은 낮다고 주장도 있다.

년 기준으로 본국 이주노동자의 송금〈표 6-7〉이 44%에 해당할 정도로 이주노동자의 본국 송금은 큰 비중을 차지한다. 세계은행 인간개발 부총재인 맘타 무르티는 "코로나-19 여파는 이주노동자들과 이들이 보내는 돈에 의존하는 가족들에게 미치고 있다"라면서 "각국 정부가 이들에게 목숨줄과도 같은 송금액을 보전해줄 필요가 있다"라고 강조했다(홍준석, 2020).

우리나라에 1년 이상 장기 취업 외국인 근로자의 해외 송금액은 2014년 3조833억 원, 2015년 2조 1,286억 원, 2016년 2조 7,628억 원, 2017년 3조 2,140억 원, 2018년 2조 9,810억 원으로, 연평균 2조 8,000억 원이 해외로 송금되는 것으로 집계되었다(이남철, 2021).

〈표 6-7〉 GDP 대비 송금액 상위 10위(2020, 2021)

	2021		2020	
	국가	%	국가	%
1	Tonga(●)	44.0	Tonga(●)	40.2
2	Lebanon(▲1)	35.0	Haiti(●)	38.2
3	Kyrgyz**(▲3)	30.0	Lebanon(-)	36.2
4	Tajikistan(▽1)	28.0	South Sudan(-)	35.5
5	Honduras(▲4)	27.0	Tajikistan(▽1)	26.2
6	Salvador***(▲2)	26.0	Kyrgyz**(▽1)	25.1
7	Nepal(●)	25.0	Nepal(▽4)	22.6
8	Jamaica(-)	24.0	Salvador***(▽1)	22.6
9	Lesotho(▲1)	24.0	Honduras(▽3)	21.5
10	Samoa(-)	21.0	Lesotho(-)	20.6

*West Bank and Gaza **Kyrgyz Republic ***El Salvador / 전년도 기준-유지(●), 상승(▲), 하락(▽), 진입(-)
출처: 세계은행(2018~2020); 이정국(2021)

한국 사회에서 국제이주의 가장 긍정적인 측면은 외국인 근로자들이 제조업에서 일함으로써 얻는 경제적 효과뿐만 아니라 심각한 저출산과 고령화 문제해결[2]을 위한 방안이라는 점이다.

〈표 6-8〉에서 볼 수 있듯이 2020년 이후 한국의 총인구는 매년 감소추세에 있다. 특히 저위 추계를 보면 향후 50년 사이에 인구수가 거의 40%가 감소하게 되고, 경제 참여가 가능한 인원보다 노년의 인구가 더 많은 상황〈표 6-9〉이 된다.

〈표 6-8〉 장래인구추계(2020~2070년)

시나리오	1960	1970	1980	1990	2000	2010	2020	2030	2040	2050	2060	2070
중위 추계	2,501	3,224	3,812	4,287	4,701	4,955	5,184	5,120	5,019	4,736	4,262	3,766
고위 추계							5,184	5,244	5,293	5,150	4,805	4,438
저위 추계							5,184	5,015	4,755	4,333	3,752	3,153

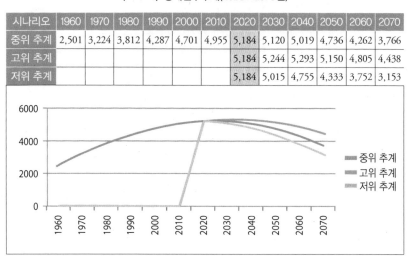

자료: 통계청(2021)

---

2 인구의 고령화에 완벽하게 대응하기 위해서는 많은 이입이 필요하다는 점은 이주가 이바지하는 정도는 매우 작다. 또한 이민자의 출산 활동도 장기적으로는 수용국의 패턴을 따라가게 되므로 이민으로 인한 인구학적 효과는 단기적일 것이다(스티븐 카슬, 마크 J. 밀러 2013, 382-383).

〈표 6-9〉 주요 연령 계층별 인구구성비(1960~2070년)

	0~14세	15~64세	65세 이상
1960년	42.3	54.8	2.9
1980년	34.0	62.2	3.8
2000년	21.1	71.7	7.2
2020년	12.2	72.1	15.7
2040년	8.8	56.8	34.4
2070년	7.5	46.1	46.4

자료: 통계청(2021)

통계청의 '2021년 출생·사망통계(잠정)'에 따르면 합계출산율(여성 1명이 일생 낳는 아이)이 0.81명으로 나타났다〈표 6-10〉.[3,4]

합계출산율이 1.0명 미만인 국가는 OECD 회원국 35개 중 우리나라가 유일한 것은 물론이고 전 세계에서도 현재 사례가 없다.

3　통계청(2021), 장래인구추계:2020~2070년

4　통계청은 2025년 출산율이 0.52명까지 추락할 것이고, 최악의 경우 2070년에는 1969년 수준인 3,153명 까지 감소할 것으로 전망한다. 신성식(2021). 가뜩이나 낮은 출산율, 코로나로 2025년 0.52명 될 수도. 중 앙일보 2021. 12. 10. https://www.joongang.co.kr/article/25030928#home(검색일:2022.02.21.).

<표 6-10> OECD 국가별 출산율과 첫아이 출산 연령

	평균	한국*	한국	스페인	이탈리아	일본	독일	미국	프랑스
출산율	1.61	0.92	0.81	1.23	1.27	1.36	1.54	1.71	1.83
연령**	29.3	32.2	32.3	31.1	31.3	30.7	29.8	27.0	28.0

주: *2019년 **첫째 출산 연령; 자료:통계청

우리나라는 저출산 문제만 아니라 고령화 문제가 심각한 수준이다. 한 국가의 전체 인구 대비 65세 이상 노인 인구 비율이 7% 이상을 차지하는 경우를 고령화 사회(aging society)라고 하고, 14% 이상일 때는 고령사회(aged society)라고 하며, 20% 이상일 때에는 초고령사회(super-aged society)라고 한다(UN 정의).

OECD 회원국의 노인 인구 비율은 1960년에 8.7%, 1970년에 10.0%를 기록하였으며, 2000년에는 13.7%를 기록, 고령사회로 접어들었다. 2020년 65세 이상 인구는 815명으로 전체 인구 중 15.7%를 차지하며, 노년부양비는 1960년 5명에서 2020년 22명으로 증가하였고, 이러한 지속적인 저출산·고령화의 영향으로 2070년에는 101명으로 증가할 전망이다(통계청, 2021).

저출산과 고령화는 노동시장과 직접적인 연관성이 있으므로 인구성장이 멈추면 그 파급효과가 노동시장에 크게 나타난다. 전체 노동시장보다는 산업 또는 직업별로 인력수급의 불균형이 발생한다. 선진국 경제에서 대부분이 높은 실업률에도 불구하고 소위 3D 업종에 노동력 공급이 부족한 현상은 경제성장에 따른 소득향상으로 의중 임금[5]이 높은 것도 이유가 되고 있다. 또한 실업급여를 비롯한 각종 사회보장 제도가 노동력 공급 유인을 감소시키는 측면도 있으며, 높은 교육 수준도 특정 부문의 노동력 공급 부족의 원인이 된다.

이민은 이런 노동시장에서의 수급 불균형을 해소하는 수단이 된다. 또한 이주노동자는 내국 노동력보다 임금이 낮으므로 기업으로서는 경쟁력을 높일 수 있는 수단이 될 수도 있어서 노동력 공급과 낮은 임금수준 양자가 외국 노동력을 선호하는 수요를 발생시킨다.

출생률 감소는 노동력 부족과 경제에 악영향을 미치게 되는데 결과적으로 3D 업종과 첨단지식경제 등이 이주노동력에 의존하게 된다. 특히 저출산으로 인한 노동인구 감소로 대부분 국가는 외국인 근로자를 받아들이게 된다. 저출산·고령화의 진전에 따라 한국의 외국인 근로자 수요는 점차 증가하고 있다.

한국은 경제의 고도성장에 따라 1980년대 후반부터 제조업, 건설업 등의 3D 업종을 꺼리는 현상이 일어났다. 과거 저소득층 등의 인력이 3D 업종에 대부분의 인력 공급을 담당했지만, 국내 경제의 고도성장으로 지금은 외국인 근로자에게 의존할 수밖에 없기 때문이다. 물론 이민이 저출산·고령화 사회의 문제를 해결할 수 있는지에 대한 대안이 될 수 있을 것인가에 대해서는 찬반 논의가 공존하고 있다. 현재 우리 사회에서 이민자가 인구와 노동력

---

5 의중 임금(reservation wage)은 유보임금이라고도 하는데 노동을 공급할 의사가 있는 특정 근로자가 받고자 하는 최소한의 임금이라고 할 수 있다.

을 어느 정도의 유지 기능을 하고 있다는 점에서 볼 때 이민의 필요성이 대두되고 있다. 외국인 근로자가 인구와 노동력을 유지한다는 측면에서 저출산·고령화 사회 극복을 위한 이민 정책은 필요하다.

이주와 관련하여 이민자가 해외에서 귀환하거나 새로운 기술을 고국에 가져오는 혜택도 주장할 수 있지만, 이주는 전문 고급인력의 두뇌 유출의 부정적인 측면이 있다. 두뇌 유출은 전문 고급인력 상실로 이주의 가장 큰 위험 하나로 간주한다.[6] 그러나 개발도상국에서 의료보건 같은 분야에서 숙련된 인력 유출은 개발도상국이 당면하고 있는 의료보건 문제의 일부분에 불과하다 하더라도 우려가 되는 문제이다.

제2차 세계대전 이후 유럽 각국에서 미국으로 두뇌 유출이 시작되었는데, 처음에는 전후의 과도적 현상으로 보아 넘겼었다. 두뇌 유출은 1955년 이후에도 계속 증가하면서 독일, 영국, 이탈리아 등지에서 심각한 문제로 인식하게 되었다. 당시 유럽은 두뇌 유출이 미국과의 기술격차를 만드는 중요한 요인 중 하나로 간주하였다. 최근 우리나라는 핵심 기술 인력의 유출 심화로 기술경쟁력 저하가 우려되고 있다. 우리나라에 대한 스위스국제경영개발원 두뇌 유출 지표는 2015년 3.98(44위), 2016년 3.94(46위), 2017년 3.57(54위), 2018년 4.00(43위), 2019년 4.81(30위), 2020년 5.46(28위)으로 나타났다〈표 6-11〉.[7]

---

6 물론 이러한 위험이 잘못된 정보일 가능성도 있다.

7 매년 IMD에서 출간하는 WORLD TALENT RANKING 참조. 0에 가까울수록 고국을 떠나 해외에서 근무하는 인재가 많아 국가 경제 피해가 심하고, 반대로 10에 가까울수록 인재가 대부분 고국에서 활동해 경제에 도움이 된다는 것을 뜻함.

<표 6-11> 한국의 두뇌 유출 지수와 순위

	2015년	2016년	2017년	2018년	2019년	2020년
점수	3.98	3.94	3.57	4.00	4.81	5.46
순위	44위	46위	54위	43위	30위	28위

출처: IMD, 2020

　　최근에 고학력자의 실업이나 국내에 진출한 외국기업으로 고급인력의 이동 등과 같은 내부의 두뇌 유출이 문제화되고 있다. 이처럼 두뇌 유출을 막기 위해서나 두뇌 귀환을 위한 국가 차원의 적극적이고 장기적인 대처가 필요한 것이다.

　　〈표 6-12〉는 지금까지 살펴본 국제이주를 보는 긍정적인 면과 부정적인 면의 양면성을 비교 설명한 것이다.

<표 6-12> 국제노동 이주를 보는 시각의 양면성

	긍정적인 면	부정적인 면
일자리	신규 일자리 창출	일자리 잠식과 실업자 증가
임금	저임금노동력 전담	임금수준 저하 압박
노동력	부족한 노동력 확충	저개발국의 두뇌 유출
인구·복지	저출산·고령화 사회의 인구 유지	복지 부담 증대
사회	문화 다양성 증대	테러 범죄 등 안보 위협
문화	선진 문물과 지식의 전파	집단 정체성 약화
자본(송금)	국제적 자본의 재분배	이주 수입국의 국부유출

자료:조일준 2016, 164.

대체적인 연구 결과들은 적법, 불법과 관계없이 전 지구적 성격과 규모를 볼 때 국제이주는 이주공급국 및 이주 수용국의 사회경제 및 정치에 큰 역기능보다 순기능이 더 크게 나타난다.

1) 이주공급국에 대한 영향

이주는 잉여 노동력에 있는 국가 경제에 긍정적인 영향을 미치게 된다. 그 이유는 타국으로 사람들이 나가는 것은 실업자 규모를 축소해줄 뿐만 아니라 사회문제와 관련한 일들을 줄여 주기 때문이다. 특히 급격한 인구증가를 하는 다수의 제3 세계 국가의 청년들과 가장 생산성이 뛰어난 집단에 영향을 미친다. 일자리의 부재, 정부의 무능력한 실업자 정책, 고정수입이 없는 노년층 등 피부양인의 존재 등은 강력한 저항을 초래하며 기성정치제도를 동요시킨다. 그래서 일부 경제개발국가와 실업 문제와 싸우고 있는 국가 정부는 노동 이주 정책을 단행하게 된다.

세계적 경험상 해외 노동 이주는 국가적 노동능력에 중요한 의미가 있으며 소득에 대한 임금 지급이 경화로 이루어지기 때문이다. 이주노동자들은 소득의 절반 이상을 고국으로 송금하며 총 화폐소득은 미화 수억 달러에 달한다. 재정수입의 증가는 건강한 경제 상황을 유도하고 국내 총생산(GDP)을 높이며 이주공급국의 균형재정에 영향을 준다.

송금 외에 해당 활동 기업들이 내는 세금과 이주자들의 본국 투자 또한 국가의 수입이 된다. 노동 이주는 이주민 수입국에서 사회적 성격을 갖는 유학, 의료 및 기타 지출을 절감하게 한다. 전문가들에 의하면 이주자들이 본국으로 귀환할 때는 은행을 통한 송금액만큼의 축적된 외화를 가지고 간다. 이주자들은 선진기술과 경영기업을 가진 선진국에 체재하면서 전문적인 경험을 얻게 되고 자기 능력을 높이게 된다. 따라서 이주자들은 귀국 후 재정적인 차원뿐만 아니라 숙달된 경험 차원에서 국가 경제에 이바지한다. 많은 이주노동자는 외국에 일정한 자본을 보장받으면서 개인적인 사업을 할 수 있어서 실업자 수준을 낮추게 된다.

물론 능력있는 전문가 이탈과 '두뇌 유출'은 과학, 기술, 컴퓨터 프로그램 분야의 국가적인 전문가들을 상실하고 있는 대부분의 개발도상국에 심각한 문제가 되기도 하지만, 많은 전문가들이 선진국에 잔류하여 그곳의 국적을 취득하고 경력을 쌓으며 안정적인 고소득을 올린다.[8] 많은 사람은 경제 발전상 수요가 있는 대로 귀국하기도 한다.

2) 이주 수용국에 대한 영향

이주민을 받아들인 국가들은 국내 노동시장의 문제를 해결하는 데 이들을 활용한다. 많은 국가의 이주민들은 내국인이 취업하지 않아 인력난을 겪고 있는 직장(힘들고 위험한 일)에 충원된다. 유럽 선진국에서는 채굴산업, 건설 및 단순 노무 분야에 종사하는 외국인 근로자들 비율이 전체 직장 종사자의 절반을 차지한다. 상당한 정도로 외국인 근로자들을 상시 활용하는 일부 국가에서는 새로운 이주민으로 교체하지 않는 일이 경제 분야에서 노동자원의 결손으로 나타나는 심각한 문제를 발생시킨다.

이주노동자 수용국가의 경제는 특히 중소기업의 분야에서 이주민으로부터 많은 특권을 받는데 그 이유는 각종 세금과 연금공제액 및 보험금 부담이 상당히 축소되기 때문이다. 외국인 근로자는 자신들의 권익을 보호해 줄

---

8 인도 학자들은 미국의 실리콘밸리에 있는 회사에서 수년간 기술을 익힌 후 귀국하여 자국의 새로운 컴퓨터 기술 분야에 관한 산업을 발전시킨 주역이 되는 사례도 있다.

노조가 없다. 항상 유사한 노동에 대한 낮은 급여를 받는 이주민들이 있다는 것은 유사 노동시장의 임금을 하락시켜 현지 노동자들의 임금인상 요구 문제를 낳는다

이주 수용국은 이주민들을 수용함으로써 전문가 충원 비용을 절감한다. 가장 우수한 인재가 몰려드는 미국은 1965년부터 1990년까지 교육과 과학 분야에서 최소한 150억 달러를 절약하였다. 미국은 개발도상국을 포함한 전 세계 인재들을 '빼앗아' 가고 있다.

이주는 연령별 구조가 심각한 상태에 있는 서유럽과 같은 이주 수용국에 도움을 준다. 사실 유럽 선진국에서 진행 중인 인구 고령화 문제는 경제영역 및 전체 사회생활 면에서 인구학적 문제를 야기하고 있다. 생산 가능 연령 중 노령층이 증대하고 노동력이 부족한 현상이 지속해서 나타나고 있는 국가에서는 남자뿐만 아니라 여자 연금생활자를 위한 특별문제가 발생하고 있다.

이주의 경제적 영향에 관한 평가는 외국인 근로자가 현지국의 노동시장을 채우고 현지민 실업자의 수를 증가시킨다는 점을 생각한다면 긍정과 부정을 포함하여 매우 다양하다. 물론 선진국에서는 질 낮은 노동력에 대한 임금 지급이 억제된다는 이주의 부정적인 효과도 부인할 수 없다.

오늘날 두드러진 이주 특징 중 하나는 이주민들의 민족 구성이 다양해졌다는 것인데 그 결과 전에는 단일 민족 구성을 하고 있던 이주 수용국의 민족 구성이 다민족화된 것이다. 전에는 '백색 이주'의 물결이 나타났는데 유럽에서 미국. 캐나다, 호주 및 아시아, 아프리카, 중남미 아메리카로 이주가 진행되었다. 이어서 현재 '유색 이주'의 흐름인 '황색' 및 '흑색 이주'가 전개되어 이주 수용국의 민족 구성이 변화되고 새로운 소수민족과 디아스포라가 형성되고 있다.

외국인 혐오증과 인종주의는 항상 이주를 수반하고자 하지만 20세기 말

에는 경제위기와 좌파 이데올로기 상실 및 노동운동 침체로 인하여 이러한 움직임이 심화하였다. 비유럽 국가로부터의 이주에 대해서는 '외국 간섭', '제3 세계의 합병' 및 '생물학 무기' 등으로 채색되었고, 이주민에 대해서는 해당 사회의 모든 경제적, 사회적 병리 현상을 제공하는 '내부의 적'으로 치부되어 마침내 토착민의 불만족을 자아내게 하는 존재로 간주하였다. 심지어 '난민'에 대해서는 폭력과 억압의 희생자로서가 아니라 유럽국가의 정치 및 사회경제적 안정을 위협하는 존재로 인식되었다.

개발도상국의 출신 이주민들의 정착은 도시 지역의 일정한 지역에 집중된 점이 특징적인데 이는 지역의 사회적 불안 공간을 형성하여 사회서비스 및 노동시장의 영역의 예산에 하중을 줄 뿐만 아니라 범죄 및 질병 악화에도 부담을 준다. 이주는 정당정치 제도 및 정치참여와 대의제 구성 변화의 중요한 요소였다. 이러한 일련의 과정은 1990년대 외국인 혐오주의와 인종주의로 나타나는 민족주의 및 친 파시스트 성향의 신우익정당 및 기타 극단주의 단체들의 정치적 성공으로 이어졌다.

그러나 많은 정당이 정치투쟁에서 이주 문제를 활용하면서 선거용 수사학과 요란한 공약으로 한정하였고 그중 다수는 실제 정책에 반영되지도 않았다. 외국인의 정치참여는 사회적으로 가장 낮은 수준으로 제한하였고 주로 국적취득과 관련한 것과 노동조합, 정치 및 기타 단체 그리고 상담회사들의 활동에 국한되어 있다. 주거 문제, 직업, 인종주의, 이주 정책, 정치적 권리 및 국적취득 등은 이주민들이 행하는 주요 정치 활동의 목표들이다.

서유럽, 북미, 호주에 정착한 제3 세계 국가 출신들은 처음으로, 예외적으로 혹은 무엇보다도 먼저 경제적 범주로 볼 때 외국인 근로자임을 느꼈을 것이다. 현재 이들은 선진국의 사회적 환경에 심대한 영향을 끼칠 수 있는 정치 사회적인 힘을 취득하고 있다. 외국인들이 선진국 사회생활에서 적극성을 띠게 됨으로써 이주와 관계된 새로운 정치 문제들이 속출하고, 나아가 단식투쟁, 거리 시위 및 불매운동과 같은 거의 잊힌 정치투쟁이 나타나며, 이주민들의 상황을 개선할 새로운 유권자 집단이 생성된다.

최근에는 이주의 영향이 이주 수용국에서 새롭고도 비유럽적인 소수민족 형성과 관련 있고 다소 단일 민족인 특징을 다민족적, 다문화적인 형태로 바꾸는 것과 관련 있는 법적, 제도적 그리고 사회 구조적 문제를 야기하고 있다. 동화된 삶으로 일하는 대신에 법적으로 토착민과 이주민의 동등한 복합 문화적 접근 방식이 통용되어 문화적 자치권이 향유되고 모국어 사용과 종교가 인정된다. 호주와 캐나다는 문화적으로 다양한 인구구성을 고려하여 자국의 국가 정체성 개념을 일신하였고 법적, 제도적 구조를 개혁하였다. 이들 국가는 새로운 다민족 사회에서 발생하는 문제를 해결하는 데 성공하였다.

'파괴적인' 이주의 영향을 최소화하려는 이주 수용국의 노력은 새로운 정치 사회적인 현실 속에서 현재 서구의 유연한 정치, 법적 제도를 충분히 보여주는 증거로 작용하고 있다. 이러한 측면에서 이주는 정치와 법적 제도 및 구조, 그리고 무엇보다도 대의 정치제도와 국적 문제 및 헌법의 발전과 혁신에 큰 역할을 하고 있다.

외국인 노동력을 수용하는 정책은 오늘날 많은 경제학자가 지지하고 있다. 이미 미국의 전문가인 존 사이먼은 1989년에 발표한 '이주의 경제적 영향'이라는 글에서 국제적 노동 이주가 전 세계 경제에 끼치는 영향에 대하여 당연히 긍정적으로 평가하였다.

3. 외국인 근로자의 이동과 적응

국제노동력 이동이 개인의 자발적 의지로 이루어지고, 그것이 지속되면서 외국인 근로자들의 사회적 연결망이 형성·강화된다. 자유 이동으로서 국제노동력 이동이 지속되기 위해서는 개인 행위자들이 자국을 떠나 다른 나라에서 이민자나 이주노동자로 전환되는 것을 선택하는 사람이 많아야 한다.

그렇지만 그 선택의 배경 요인으로 '노동력 송출국과 유입국 사회의 구조적 관계'가 강력한 영향력을 행사하는 경우가 적지 않다. 일본으로 한국인 미등록노동자가 유입되는 현상은 재일 한국인의 존재, 좀 더 길게 보면 과거 식민지 경험으로 뒷받침된다. 알제리인이 프랑스에 진출한 것도 과거 식민지 경험이 중요한 역할을 하였다. 또한 동남아시아 출신 외국인 근로자가 일본이나 한국으로 유입되는 배경에는 상품 수출과 해외 직접 투자가 존재한다.

두 나라 사이의 역사적 경험과 경제교류는 물질적 연결구조와 문화·이데올로기적 연결구조를 형성한다. 이것은 사람들의 교류를 동반한다. 인적 교류는 국제노동력 이동을 의미하는 경우가 많다. 일단 국제노동력 이동이 시작되면 사회적 연결망은 급속히 확대되고, 이주와 관련된 각종 영리·비영리조직이 결성된다. 이렇게 되면, 국제노동력 이동은 초기와는 그 양상이 크게 달라진다. 국제노동력 이동의 지속 기간에 따른 '외국인 근로자의 선택성'은 뚜렷이 구분된다. 초기 이주노동자의 출신 계층은 도시 지역에 거주하는 비교적 고학력의 중간층이 주류를 이루지만, 어느 정도 시간이 흐른 후에는 도시노동자뿐 아니라 농촌지역 출신의 저학력을 가진 농민에게까지 확산한다. 이러한 경향은 1960년대 서유럽으로 노동력을 송출한 이탈리아에서, 1980년대 후반부터 한국과 일본으로 노동자를 송출하고 있는 아시아 여러 나라의 사례에서 발견된다. 즉 사회적 연결망의 형성은 노동력 송출국에서 이주노동자의 출신 계층을 다양화시킴으로써 국제노동력 이동의 패턴에 영향을 미친다.

이주노동자의 이민 사회 형성과정은 앞에서 살펴본 '외국인 노동력 유입 단계〈표 6-3〉과 연관하여, 〈표 6-14〉와 같이 네 단계 모형으로 설명할 수 있다(Böhning 1984; Castle and Miller 1998).

〈표 6–13〉 이민 사회 형성과정

제1단계에는 소수의 젊은 미혼(주로 남성) 노동자들이 혼자서 높은 임금을 찾아 해외 취업을 하고, 그들은 소득 대부분을 모국으로 송금하며, 기대 수준에 도달하면 모국으로 돌아갈 계획을 세우고 있다. 그들은 외국에서 비교적 단기간 취업한 후 대부분 귀국한다. 이 단계에서 이주노동자의 준거집단은 모국 사회이다.

제2단계는 성공적인 해외 취업사례가 노동력의 송출국 사회에 널리 유포됨에 따라 그때까지 해외 취업을 주저하던 기혼 노동자들도 해외 취업의 대열에 합류하면서 기혼자의 비율이 증가한다. 그러나 이주노동자의 성별 구성 비율에는 큰 변화가 없다. 한편 노동력 유입국에서는 이주노동자의 해외 체재 기간이 점차 장기화되고, 귀환 이동이 점점 감소한다. 그러면서 이주노동자들이 새로운 환경에 적응하기 위해 서로 도움을 주고받는 '사회적 연결망'이 결성된다.

제3단계는 이주노동자들의 의식에 변화가 발생하여 목돈을 모아 귀국하겠다는 생각을 버리고, 모국에서 가족을 초청하거나 현지에서 결혼하여 가정을 꾸려 정착하는 사람들이 늘어난다. 고연령층 노동자가 지속해서 유입되고, 그 가족들의 합류가 이루어지면서, 여성과 아동 및 노인의 비율이 증가한다. 이 단계에 이르면 이주노동자의 준거집단이 모국 사회에서 체재국 사회로 전환된다. 또 그들은 사회적 연결망을 발전시켜 출신국 단위의 민족공동체를 형성하기도 한다.

제4단계는 이주노동자가 유입되기 시작한 때로부터 오랜 시간이 지나 가족 재결합이 일반화되어 영구 정착한 사람들이 많아진다. 영구 정착한 이주노동자와 그 가족의 인구가 늘어나면서, 소비재와 주택·교육·사회 복지 서비스 등에 대한 수요가 증가한다. 같은 나라 출신자끼리 모여 사는 소수민족 집단거주지역이 생기고, 그들 상호 간 교류를 촉진하는 상점·음식점·술집·서비스업 등 자영업이 발달하며, 사회단체와 종교조직도 생겨난다. 결과적으로 많은 이주노동자는 체재국 사회에서 소수민족 집단을 형성하면서 영구 정착한다. 소수민족 집단 중 일부는 정치적 영향력을 행사하기도 한다. 그런데 소수민족의 입지는 그들에 대한 국가와 사회의 태도와 밀접한 관련이 있다.

4. 국제이주의 영향력

노동력의 국제적 이동의 문제가 오늘에 와서 처음 생긴 일은 물론 아니다. 세계 경제의 초기 형성과정에서 있었던 아프리카 노예무역이 사실상 노예라는 인간의 노동력을 아프리카로부터 남북 아메리카의 대농장이나 광산에 대량으로 이동시켰다는 점에서 이미 오랜 역사의 선례를 찾아볼 수 있다

(이대근 1993, 443).

오늘날 국제 경제의 세계화(globalization) 과정은 상품의 국제간 이동은 말할 것도 없고 자본의 국제간 이동을 커다란 하나의 흐름으로 포함하고 있다. 즉 국제 무역과 국제투자 및 금융을 주축으로 하여 국제경제는 세계화를 가속화하고 있다. 이러한 움직임과 함께 발생하고 있는 현상이 노동력의 국제적 이동의 문제이다. 이처럼 노동력의 국제 이동은 자본의 국제적 이동과 때를 같이하고 있다. 초국적 기업을 필두로 전개되는 자본의 국제화는 다른 한편 노동시장의 국제화를 동시에 초래하고 있다(권기철 1999). 세계체제론의 시각에서 보면, 초국적 기업의 해외 생산 확대는 해외 현지의 노동력을 자신의 요구대로 자신의 세계생산체제 속에 재편시키고자 하는 일종의 노동력 이용 전략이라고도 할 수 있다.

국제이주가 과연 국제체제 속에서 독립적인 동작을 하고 있는가? 즉 이주의 원인과 방향, 지속성 등이 다른 국제체제의 변수의 영향을 받지 않고 얼마만큼 독자성을 가졌는지에 대한 문제는 국제이주를 연구하는 학자들 사이에 여전히 논란 중이다. 대체로 국제이주체제는 국제체제(세계체제, 국제정치)의 종속적 체제로 이해되는 경향이 있는 것이 사실이다. 세계화론자(globalists)나 세계체제론(world system theory) 등이 설파하듯이 국제이주는 세계 경제의 논리에 따라 발생과 확산을 가져왔다는 점에서 이러한 주장은 설득력이 있다. 하지만 국제이주가 발생하고 지속되는 메커니즘을 전적으로 국제체제의 하부체제로 일방적으로 환원시키기 어려운 보다 내적 논리를 가지고 있다. 난민이 산출되는 메커니즘이 그렇듯이 국제인구이동은 국가 수준에서 결정되는 경우가 많고 일단 발생한 국제이주는 다시 관련 국가로 환류되어 영향력을 발휘하게 된다. 특히 일단 이주가 발생하면 그것은 유입국과 송출국, 그리고 양국 관계에서 예상치 못했던 다양한 현상을 초래하여 영향력을 미치게 된다. 강화된 국제이주 현상이 송출국과 유입국에 미치는 영향력은 다음과 같다.

첫째, '위로부터의 지구화(globalization from above)'[9]인 상품과 자본의 이동 이주로 물질문화를 중심으로 변화를 유도했지만, '아래로부터 지구화(globalization from below)'라 할 수 있는 초국가 이민자들의 유입은 비물질문화의 변화 즉, 새로운 이념과 정체성, 생활양식을 가져온다. 유연한 저임금 노동자의 증가는 필연적으로 새로운 문화와 종족 정체성을 받아들일 수밖에 없고 이에 따라 탈영토화된(deterritorialized) 초국가공동체(transnational communities)가 자연스럽게 형성된다.[10]

둘째, 이주노동자가 일정 규모 이상으로 커지면 스스로 사회적 네트워크를 마련하여 새로운 형태의 사회적 공간이 만들어지며, 이는 수용국 내의 전통적 '공동체' 개념을 변화시키고 확장시키는 역할을 한다.[11]

셋째, 이주노동자들은 이주 지역에서 노동으로 얻은 수입을 출신국에 송금함으로써 송출국 사회의 변화를 촉진한다. 송금은 자본의 투자를 통해 생산을 자극하고 촉진 시켜서 그 지역사회의 경제 발전에 기여한다는 긍정적 측면을 갖고 있다. 반면에 송금이 출신 지역에 이민 신드롬(migrant syndrome)을

---

9 자본주의 경제의 재구조화 과정에서 사상, 기술, 상품과 모든 종류의 서비스는 빠르게 세계 전역으로 이동하고 있다. 이러한 흐름은 범위와 영향력 면에서 '지구적(global)'인 것으로, 반대로 인간, 사상, 사물의 특정한 움직임은 '지구적(global)'이라기보다는 '초국가적(transnational)'인 것으로 규정될 수 있다. 키어니(M. Kearney)는 전자를 '위로부터의 지구화'로 후자를 '아래로부터의 지구화'로 설명하였다. M. Kearney, "The Local and The Global: The Anthropology of Globalization and Transnationalism," Annual Review of Anthropology. 24, (1995), pp. 547-565.

10 이주노동자들에 의해 만들어진 네트워크는 출신 지역 사람들이 사회경제적 기회를 추구하는 데 있어서 사회적 자본(social capital)으로 활용이 되며, 출신 지역과 이주 지역을 하나의 사회로 엮는 데 상당한 기여를 한다.

11 새로운 종족 관계와의 경험을 통해 이주자들은 새로운 종족 정체성을 수용하거나 과거의 종족 정체성을 변화시킬 수 있는 것이다.

불러일으켜 노동력의 유출과 소비적 문화의 확산을 가져온다는 부정적 측면
도 있다(주종택, 2003).

넷째, 국제 이민은 이민자의 국적 허용 내지는 권한 부여 등의 문제를 둘
러싸고 이민 송출국과 유입국 간의 외교적 마찰이나 국제 관계에도 영향을
미치게 된다. 제2차 세계대전 후에는 이민을 내보낸 국가의 동포 정책이 가
시화되는데 이는 때때로 현지인 및 정부와 충돌을 빚는다(이철우, 2003). 가령,
재일 한인에 대한 일본 정부의 지문 날인 등 차별적인 정책은 한국 정부의
외교적 관여를 불러일으켰으며, 한국 사회 내의 이중국적 논의나 '동포'인
정 문제를 둘러싸고 중국 정부가 민감한 반응을 보이는 것도 이러한 맥락에
서 이해할 수 있다(임채완 · 전형권, 2006). 현실적으로도 해외에 나가서라도 일
자리와 소득의 기회를 얻겠다는 노동자 자신은 매우 경제적인 이유에서 노
동력 수입과 해외 진출을 결정한다. 뿐만 아니라, 해외에서의 노동은 송출국
과 수용국 모두에게 여러 가지 경제적 · 비경제적 영향을 미친다. 송출국은
이주노동자의 송금 등으로 외환 수입이 늘어나는 효과를 보겠지만, 가족의
붕괴, 청년노동력의 유출이라는 비용을 지불한다. 수용국은 자국 산업이 요
구하는 값싼 노동력을 통해 산업발전을 지속할 수 있을 것이다.

하지만 유입된 노동력은 단순히 노동에 그치지 않고 사회적, 정치적으로
수용국 사회의 일원이 되려 하기 때문에, 이들에게 어떤 지위를 부여할 것인
가는 사회적, 정치적으로 매우 어려운 숙제를 수용국에 안겨주게 된다. 이 과
정에서 이민 노동자의 인권이 문제가 되는 경우 국제정치적인 문제가 발생
하기도 한다(권기철 1999).

이처럼 국제노동 이주는 출신 지역과는 다른 환경에서 새로운 사회관계
를 성립시키고 거주 환경의 변화로 새로운 혼합된 생활양식과 문화를 발전
시키며, 가치관과 정체성의 혼란과 변화도 가져온다. 정치적 측면에서도, 국

제이주는 그것을 둘러싸고 출신국과 현지국 정부의 정책에 직 · 간접적 영향을 미치게 된다.

다섯째, 정치 · 경제학적 모델을 통해 좀 더 거시적으로 국제이주를 바라볼 경우, 국제이주 노동은 유입국의 국내 정치, 즉, 사회적 균열과 정치적 동맹의 지형 산출에 큰 영향을 줄 수 있다(이충훈 2007, 92). 스토플러-사무엘슨(Stopler-Samuelson)의[12] 국제무역론에 기초하여 SIR(the second image reverse)의 관점[13]을 정치 · 경제학적으로 재구성한 로고위스크(R. Rogowski)의 모델을 빌려 국제이주 노동문제를 적용해 보면, 국제이주 노동을 둘러싼 국내의 정치적 지형을 보다 체계적으로 이해할 수 있을 것이다.

세계 국가의 유형을 일단 자본과 기술이 앞선 선진국과 그렇지 못한 후진국으로 분류한 이후, 이를 다시 토지와 노동의 비율을 기준으로 분류하여 국가유형을 구별해 보면, 아래와 같은 유형화가 가능하다. 이러한 국가유형별로 국제이주 노동을 둘러싸고 동맹과 균열이 발생하고 정책 선호가 형성되는 것이다.

〈표 6-14〉에서처럼, 토지/노동의 비율에 따라 노동당 토지의 비율이 높은 미국, 캐나다, 호주와 같은 국가들의 경우, 자본과 토지의 요소 가격이 국

---

12 스토플러-사무엘슨이 주장하는 국제무역론의 기본 공리는 다음과 같다.
     (1) 한 사회에서 보호무역은 희소한 요소를 집약적으로 사용하는 생산자뿐만 아니라, 세계 다른 지역과 비교해 그 사회에 불충분하게 있는 요소의 소유자에게 이익이 된다. 반대로 자유무역은 그러한 희소 요소 생산자와 소유자에게 손해를 끼친다. (2) 반대로, 보호무역은 세계 다른 지역에 비해 한 사회가 풍부하게 보유하는 요소의 소유자와 그러한 요소를 집약적으로 사용하는 생산자에게 손해를 입힌다. 반대로 자유무역은 그러한 풍부한 요소의 소유자와 생산자에게 이익이 된다. 따라서 한 사회에서 노동이 풍부하고 자본이 부족하면, 보호무역은 자본에는 이익이 될 것이고, 노동에는 손해가 될 것이다. 반대로 자유무역은 노동에 이익이 될 것이고, 자본에는 손해가 될 것이다(이충훈 2007, 113).
13 SIR의 기본 가설은 국내 정치가 국제정치를 결정하는 것이 아니고 국제적 맥락이 국내 정치를 결정한다는 것이다. 국제적 맥락을 국내 정치나 국가 간 관계 때문에 결정되는 부차적 이미지로 파악하는 국제정치론과 달리 SIR는 국제적 맥락이 어떻게 국내 정치에 영향을 미치는가를 검토한다.

내보다는 해외에서 상대적으로 높기 때문에 자본과 토지 기반 세력은 자유무역을 주장할 것이다. 반면, 이들 나라의 노동은 자유무역으로 인해 국내의 노동 요소 가격이 하락할 것을 염려해 보호무역을 주장할 것이다. 같은 이치로, 노동당 토지의 비율이 낮은 유럽국가들과 같은 B형의 경우 자본과 노동은 자유무역을, 토지는 보호무역을 주장할 것이다. 이러한 논리는 C와 D의 유형국들에서도 같이 적용될 수 있다. 결국, A와 같은 나라들에서 자본과 토지 세력은 자유로운 국제이주 노동을 주장할 것이고, 노동진영은 국제이주 노동을 제한하거나 막을 수 있는 강력한 이주 노동정책을 요구할 것이다. 반면 C와 같은 지역에서 토지 세력은 자유로운 국제이주 노동을 주장할 것이지만, 노동의 경우는 A와 마찬가지로 강력한 이주 노동정책을 요구할 것이다(이충훈 2007, 114-115).

〈표 6-14〉 토지와 노동의 비율에 따른 국가 구분

	토지 〉 노동	토지 〈 노동
자본 (풍부)	〈A 유형〉 자본, 토지(풍부) vs. 노동(부족) • 자본, 토지-자유무역 선호 (자유로운 국제이주 노동 주장) • 노동-보호무역 선호 (강력한 이주 노동 통제정책 주장) 대표국가: 미국, 캐나다, 호주	〈B 유형〉 자본, 노동(풍부) vs. 토지(부족) • 자본, 노동-자유무역 선호 • 토지-보호무역 선호 대표국가: 유럽국
자본 (빈약)	〈C 유형〉 토지(풍부) vs. 자본, 노동(부족) • 토지-자유무역 선호 (자유로운 국제이주 노동 주장) • 자본, 노동-보호무역 선호 (강력한 노동 이주 통제정책 요구) 대표국가: 러시아, 브라질	〈D 유형〉 노동(풍부) vs. 자본, 토지(부족) • 노동-자유무역 선호 • 자본, 토지-보호무역 선호 대표국가: 동남아 후진국

출처:이충훈 2007, 114

참고문헌

IMD(2020). 『WORLD TALENT RANKING 2020』. IMD World Competitiveness Center.

IOM(2019). 『World Migration Report 2020』. IOM. Geneva.

IOM(n.d.). '이주란'. http://iom.or.kr/index.php/%EA%B5%AD%EC%A0%9C%EC%9D%B4%EC%A3%BC%EB%9E%80/(검색일:2021.11.26.)

Lee, Everett, S.(1966). "A Theory of Migration", Demography, 3, 47-57.

McAuliffe, M. and A. Triandafyllidou eds.(2021). World Migration Report 2022. International Organization for Migration (IOM), Geneva.

Rossi, Peter H.(1955). Why Families Move:A Study in the Social Psychology of Residential Mobility, The Free Press of Glencoe(Illinois).

Schultz, T. Q.(1962). "Reflections on Investment in Man", Journal of Political Economy, Vol. 70, Supplement(October), 1-8.

Sjaastad, L. A.(1962), "The Costs and Returns of Human Migration", Journal of Political Economy, Vol. 70, Supplement(October), 80-93.

Speare, Jr. A.(1970). "Home Ownership, life cycle stage, and residential mobility", Demography, 7, 449-458.

W. R. Böhning(1984). 『Studies in International Labour Migration』. Palgrave Macmillan UK Press.

Wolpert, Julian(1965). "Behavioral Aspects of the Decision to Migrate", Papers and proceedings of the Regional Science Association, 15, 159-169.

강준영(2015). 폴 콜리어, 『엑소더스』, 김선영 옮김, 21세기북스, 2014. 『HOMO MIGRANS』 12. 98-107.

국제이주기구(2011). 『이주 용어 사전』. International Organisation for Migration.

김선미(2020). 대거 실직 이주노동자 본국 송금 끊겨 개도국 경제 '휘청'. 뉴스핌(2020.07.06.). https://www.newspim.com/news/view/20200706000990(검색

일:2022.01.12.).

서니한날, '[도시지리학] 선벨트(Sun Belt)의 성장', https://from-sunnyday.tistory.com/2

설동훈(2000). 『노동력의 국제 이동』. 서울: 서울대학교출판부.

세계은행(2018~2020). https://www.worldbank.org/en/topic/migrationremittancesdias poraissues/brief/migration-remittances-data(검색일:2021.11.24.).

스티븐 카슬, 마크 J. 밀러(2013). 『이주의 시대』. 한국이민학회 역, 서울: 일조각.

이남철(2020). 『국제이주와 외국인 노동정책』. 넥센미디어.

이남철(2021). 〈칼럼〉 코로나 19 시대 외국인 근로자의 본국 송금. 동북아신문(2021.03.15.). http://www.dbanews.com/news/articleView.html?idxno=41518(검색일: 2022.02.04.).

이덕희(2001). Passports Issued to Koreans in Hawaii, 1910-1924. Center for Korean Studies, University of Hawaii.

이덕희(2004). Korean Passengers Arriving at Honolulu, 1903 - 1905. Center for Korean Studies, University of Hawaii.

이정국(2021). [해외송금] 181억 달러로 2021년에도 상위 10위권 송금 수혜국. 굿모닝 베트남(2021.11.19.), http://www.goodmorningvietnam.co.kr/news/article. html?no=47320(검색일:2021.11.24.).

이충훈(2007). 국제이주 노동의 정치경제학: 미국을 중심으로. 『시민사회와 NGO』 5(1). 91-141.

임채완 · 전형권(2006). 『재외한인과 글로벌네트워크』. 한울아카데미.

조일준(2016). 『이주하는 인간, 호모 미그란스-인류의 이주 역사와 국제이주의 흐름』. 푸른역사.

최강화 · 오병섭(2020), 글로벌 이주의 결정 요인에 대한 시스템 사고. 『Homo Migrans』 22. 319-344.

한국다문화복지학회(2021). 『사회복지와 문화 다양성』. 학지사.

홍준석(2020). 세계은행 "코로나로 이주노동자 모국 송금액 급감. 연합뉴스(2020.10.30.). https://www.yna.co.kr/view/AKR20201030063500009.(검색일:2022.02.04.).

제7장

•
•
•
•

국제노동력 이동의 이론

  노동자들이 출신국을 떠나 다른 국가로 가는 이유는 다양하다. 이 장에서
는 국제노동력 이동에 관한 기존 연구를 살펴보고, 시대적 상황에 맞는 이론
에 대해 살펴볼 것이다. 먼저, 국제노동력 이동에 관한 이론을 '외국인 근로
자'의 선택행위에 초점을 맞추는 **'행위이론'**, 그의 선택행위의 배후에 존재하는
'송출국과 유입국의 시장·사회·국가와 그 상호작용의 총합으로서 세계체
제'라는 사회구조를 중시하는 **'구조이론'**, 양자의 매개자를 설정함으로써 간
극(間隙)을 극복하려는 **'관계 이론'**, 마지막으로 이를 통해 구조와 행위자 및 사
회적 연결망의 구체적 작동양식을, 노동력 송출국과 유입국 두 나라의 시
장·사회·국가와 외국인 근로자를 기준으로 삼아 그 각각을 살펴보기로
한다.[1]

---

1   제7장은 설동훈(2000)의 『노동력의 국제 이동』 가운데 제2장 '국제노동력 이동 이론'을 전반적으로
    참조하여 수정·보완하였다. 참고문헌에 없는 외국 문헌의 경우는 대부분 설동훈(2000)을 재인용 하
    였다.

1. 행위이론

행위이론은 '방법론적 개인주의'를 채택하여 국제노동력 이동을 개인 행위자의 합리적 선택의 결과로 파악하고(Goss and Lindquist 1995, 320), 국내 노동력 이동과 같은 차원으로 이해한다. 배출-흡인 이론, 균형이론, 비용-편익 분석은 이러한 관점을 공유하고 있다.

1) 배출-흡인 이론

기존 연구에서 가장 많이 발견되는 경향은 국제노동력 이동의 원인을 개인에게서 찾는 것이다. 배출-흡인 이론은 개인들의 행위 선택의 총합이 노동력 이동 패턴을 만들어 낸다고 보고, 노동력 이동 패턴을 설명할 수 있는 '일반 이론'을 만들어 내는 데 노력을 집중한다.

(1) 라벤슈타인(Ravenstein): 인구이동법칙(Laws of Migration)

인구이동에 관하여 매우 심층적이고 광범위하게 조사·연구하여 이동에 관한 법칙을 정립, 처음으로 발표한 사람은 E. G. 라벤슈타인(E. G. Ravenstein)이다. 라벤슈타인은 1881년 영국 센서스의 출생지 자료를 기초로 '인구 규모'와 '거리'가 인구이동의 패턴 형성에 핵심적 역할을 하는 '인구이동법칙'을 정립하고, 이동에 관하여 연구한 결과 1885년 인구이동의 법칙에 관한 연구 논문 'The Laws of Migration'을 '영국 왕립통계협회'에 제출함으로써 널리 알려지게 된다.

라벤슈타인의 인구이동법칙은 대략 다음과 같다(조혜종 2006, 84).

① 이동 대부분은 단거리로 이동한다.

② 국내 이동에서는 여성이 탁월하지만, 남성은 국제적 모험 이동을 시도한다.

③ 원거리 이동자는 대개 상공업 대도시 중심지를 향한다.

④ 도시로의 인구 유입은 단계적으로 나타난다(인구이동의 파급효과). 성장하는 도시 배후지로부터 인구가 전입하면 도시 주변의 농촌에 여백이 생기고 그 여백은 더 먼 거리의 농촌 인구가 유입, 보충되어 이동 효과는 원거리까지 파급된다. 결국 대도시로의 인구이동은 단계적으로 나타나는 결과를 초래한다.

⑤ 도시로부터의 인구전출에서도 도시 전입 때와 흡사한 양상을 보인다.

⑥ 도시의 상공업 및 운송기관의 발달은 전입 인구의 이동량을 증가시킨다.

⑦ 대도시는 인구의 자연증가보다 인구이동으로 성장한다.

⑧ 인구 흡인의 중심지에서 본 인구 전입량은 그들을 배출시킨 전출지와의 거리에 반비례한다(라벤슈타인의 거리 법칙).

⑨ 모든 이동의 흐름은 이를 보상하는 역류(counter-stream)를 수반한다.

⑩ 도시와 농촌 간에는 이동 성향에 차이가 있다. 도시 출신자보다는 농촌 출신자의 이동 성향이 더 높다.

⑪ 인구이동 대부분은 경제적 이동이다. 악법, 중세, 열악한 환경 및 기후 등의 모든 것이 이동의 흐름을 발생시킬 수 있으나, 대부분의 사람이 물질적인 풍요로움을 추구하고자 하는 열망으로부터 발생하는 경제적 이동과는 비교될 수 없다.

인구이동의 흐름과 이주자의 특성에 관한 라벤슈타인의 인구이동법칙은 가장 일반적이며, 오늘의 현실에 비추어 보더라도 큰 차이가 없음을 발견할 수 있다.

(2) 지프(Zipf): 최소노력의 원리(principle of least effort)

지프(Zipf, 1946)도 인구이동 패턴에 영향을 미치는 주요 요인으로 두 지역
간 '거리'와 '인구 규모'를 제시하고, 두 지역 간 인구이동은 가능한 한 노력
을 최소화하는 방향으로 진행된다는 '최소노력의 원리'(principle of least effort)를
주장한다.

$$M_{ij} = \frac{P_i P_j}{d_{ij}}$$

M_{ij} : 두 지역 와 i와 j 사이의 총 이동량

P_i : i 지역의 인구

P_j : j 지역의 인구

d_{ij} : i 지역과 j 지역 사이의 거리

두 지역 간의 인구이동량(M_{ij})은 두 지역 인구의 곱(P_{ij})에 비례하고, 두 지
역 간의 최단 교통 거리(d_{ij})에 반비례한다. 여기서 송출지역의 인구(P_j)는
가용한 고용기회이며, 거리(d_{ij})는 경제적 · 사회적 · 심리적 이동비용을 나
타낸다. 두 지역 간의 인구이동량은 그 지역의 인구 규모에 의하여 절대적으
로 좌우되며, 두 지역이 인접해 있을수록 급증한다는 것이다.

지프의 주장은 고용기회가 노동력을 끌어들인다고 보기 때문에 '중력이
론(gravity theory)'으로 불린다. 뉴턴의 물리학 법칙에서 응용한 이론인 '중력이
론'은 지역 간 이동은 두 지역 간의 인구 규모에 비례하고 거리에 반비례한
다는 것이다. 어떤 지역의 인구가 많을수록 고용기회 역시 더 많을 것이므로
인구 규모는 기대효용을 의미하고, 이동 거리는 이동비용을 의미한다. 이동
거리는 단순히 직접적인 물리적 비용만을 의미하는 것이 아니라 심리적 비

용, 일자리 탐색, 노동을 위한 이주에 따른 불확실성에 수반되는 정보 비용 등 복합적인 의미가 있다.

중력원리를 지리적 공간모형으로 표시한 이 공식은 공간상의 인구나 물자의 이동(유통)을 설명하는데 가장 기본적이고 일반적인 설명력을 지닌다(조혜종 2006, 87). Rogers(1967)는 '인구' 대신에 '유입지역의 상대적 이점'을 나타내는 경제적 변수(실업률, 경제활동인구, 1인당 국민소득 등)를 채택하면서 정교화한다.

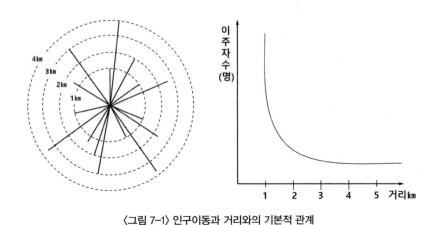

〈그림 7-1〉 인구이동과 거리와의 기본적 관계

(3) 에버렛 리(Everett Lee): 배출-흡인 모형(the Push-Pull Model)

에버렛 리(Lee, 1966)는 인구이동의 방향과 규모를 고려하여 '인구이동의 효율성'을 분석하여, 인구이동의 선택성(selectivity)을 강조하였다. 에버렛 리는 인구이동의 방향을 일정한 흐름(stream)과 역류(counter stream)가 공존하는 것으로 보고, 인구이동의 효율성(migration efficiency)을 '총인구이동량 중에서 순수 인구 이동량이 차지하는 비율'로 측정하였다.

에버렛 리에 따르면 인구이동의 효율성은 사회경제적 가치, 이동 장애물, 경기(景氣)에 따라 달라진다.

① 송출지역과 유입지역의 사회경제적 격차가 클수록 높고, 작을수록 낮다.
② 이동 장애물(intervening obstacle)이 클수록 낮고, 작을수록 높다.
③ 경기가 호황일수록 높고, 불황일수록 낮다.

즉 두 지역 간의 격차가 커지면 유입지역으로의 이주자 수는 많아지고 귀환이동자 수는 적어지며, 두 지역 간의 격차가 거의 소멸하면 이주자 수는 감소하고 귀환이동자 수는 증가하며, 이동비용이 많이 들거나 입국 규제가 심하면 확고한 목적을 가진 사람들만이 이동하므로 귀환 이동이 대폭 감소하고, 장애물이 작으면 많은 사람이 이동과 귀환 이동을 빈번히 경험하며, 경기가 호황일 때는 유입지역으로 이동이 증가하고, 불황일 때는 송출지역으로 귀환 이동이 증가한다.

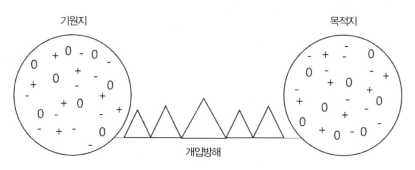

〈그림 7-2〉 에버렛 리(Everett Lee)의 인구이동모형

(4) 사무엘 앤드류 스타우퍼(S. A. Stouffer):
개입기회가설(intervening opportunities hypothesis)

미국의 사회심리학자인 스타우퍼는 1940년 이른바 '개입기회가설 (intervening opportunities hypothesis)'을 제시하였다. 그는 두 지역 간 이동의 방향과 크기를 설명하는 데 보편적으로 통용되는 거리의 마찰적 역할보다는 이주 공간의 특성에 더 주목하였다. 거리의 물리적 측면보다는 사회경제적인 측면을 중시한 것이다. 스타우퍼는 두 지역 간의 거리를 두 지점 간의 직선 거리를 의미하는 '물리적 거리(spatial distance)'와 시간과 비용을 고려하여 가장 짧은 교통 거리를 의미하는 '생태학적 거리(ecological distance)'에서 두 지역 간의 정치·사회·문화적 친밀성의 정도를 고려한 거리인 '사회적 거리 (social distance)'로 대체하고, 두 지역 간에 존재하는 여러 가지 기회(intervening opportunities)가 오히려 인구이동의 패턴을 결정하는 데 결정적 영향력을 행사하는 것으로 보았다. 즉 두 지역 간의 인구이동량은 그 사이의 어느 지점에 어떤 종류의 기회가 존재하고 있고, 또 사람들이 사회적·문화적·심리적 부담감 없이 정착할 수 있는 지점이 얼마나 있는가에 반비례한다는 것이다.

$$y = k\frac{X_O \cdot X_I}{X_B \cdot X_C}$$

y : 도시 1로부터 도시 2로 이주자(수식에서는 비율 개념임)

k : 변수

X_O : 도시 1로부터 전출한 총수

X_I : 도시 2의 기회, 총전입자 수로 측정

X_B : 도시 1과 도시 2 사이에 개입된 기회
  - 도시 1과 도시 2 사이의 거리를 지름으로 한 원(점선) 안에 전입한 총수

X_C : 도시 2의 기회를 노리고 잠재적으로 경쟁에 있는 이주자
  - 도시 2를 중심으로 하고 도시 2로부터 도시 1까지의 거리를 반지름으로 한 원 안의 모든 도시로부터 전출한 총수

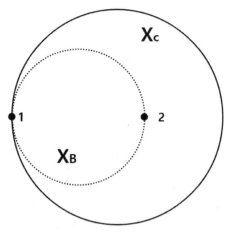

〈그림 7-3〉 스타우퍼 개입기회 모형

　예를 들어 필리핀(국가 1)에서 한국(국가 2)으로의 이주자를 개입기회 모형
으로 측정해 보면 아래와 같다.

　　y : 필리핀으로부터 한국으로 이주자(수식에서는 비율 개념임)

　　k : 변수 1

　　X_O : 필리핀에서 이주한 사람(30만)

　　X_I : 한국으로의 총이주자 수(200만)

　　X_B : 필리핀과 한국 사이의 거리를 지름으로 한 원 안의 국가 중 베트남(10만)
　　　　말레이시아(6만) 라오스(9만) 캄보디아(5만)

　　　　- 도시 1과 도시 2 사이의 거리를 지름으로 한 원(점선) 안의 전입한 총수

　　X_C : 한국을 중심으로 베트남의 거리를 반지름으로 한 원 안에 있는 모든 나
　　　　라들로부터 전출자 수는 300만이라고 가정하여, 스타우퍼의 개입기회
　　　　가설에 적용하면 다음과 같은 등식이 성립한다.

$$y = 1\frac{30만 \cdot 200만}{30만 \cdot 300만} = \frac{6000만}{9000만} = \frac{2}{3}$$

즉 필리핀에서 다양한 이유로 다른 국가로 나간 이주자 수 30만 명 중 2/3인 20만 명이 한국으로 이주한다.

인구이동의 선택성은 적극적인 것과 소극직인 것으로 구분된다. '적극적 선택'은 이주할 지역이 현재 거주하고 있는 지역보다 사회 · 경제 · 정치적 조건에 유리하기 때문에 이동이 이루어진 경우이고, '소극적 선택'은 송출지역의 사회 · 경제 · 정치적 조건이 다른 지역에 비하여 악화하여 부득이 떠날 수밖에 없어서 이동을 경험한 경우이다. 적극적 선택과 소극적 선택의 근거는 각각 유입지역의 흡인요인(pull factor)과 송출지역의 배출요인(push factor)으로 표현할 수 있다.

결국 배출-흡인 이론은 개인 행위자에 의해 행해진 합리적 계산(rational calculations)의 결과로 국제노동력 이동을 파악한다. 그래서 이 이론은 신고전파 경제학의 미시이론에 기반을 둔 비용-편익(cost-benefit analysis)과 밀접한 관련이 있다.

신고전파 경제학의 거시이론이라 할 수 있는 배출-흡인 이론은 개인 행위자가 자기 나라에 남아 있는 것보다 다른 나라에서 취업하는 것을 선택한 결과를 국제노동력 이동으로 정의하고,[2] 그 이동 행위자의 선택에 영향을 미친 요인들을 열거하며, 그것들을 배출요인과 흡인요인 및 매개 요인으로 분류하여 제시한다. 즉 노동력 송출국의 과잉인구, 낮은 생활 수준(저임금 · 기근

---

2   배출-흡인 이론에서 파악하는 국제노동력 이동은 개인 행위자가 '송출국의 사회경제적 조건'과 '소문으로 들은 유입국의 사회경제적 조건'을 비교하여 이동을 선택한 결과이다 (Zolberg 1991).

등 자연적 상황), 경제적 기회의 결핍(높은 실업률), 정치적·종교적 탄압 등의 배출요인; 노동력 유입국의 폭넓은 취업 기회, 유휴토지, 높은 임금과 삶의 질, 정치적·종교적 자유 등의 흡인요인; 그리고 송출국과 유입국 간의 물리적·생태학적·사회적 거리 등 매개 요인을 나열하며, 노동력 이동의 밑바닥에는 개인의 출세 지향적인 욕망이 있다는 점을 강조한다. 따라서 연구의 초점은 외국인 근로자의 개인적 특성과 이주 경험에 맞추어진다.

배출-흡인 이론은 개인들의 이동 행위 선택의 총합이 국제노동력 이동 패턴을 만들어 낸다고 보고, 국제노동력 이동 패턴을 설명할 수 있는 '일반이론'을 만들어 내는 데 노력을 집중한다. 일반이론의 주요 내용은 "국제노동력 이동의 규모는 두 지역의 인구가 많을수록, 거리가 가까울수록 크고, 그 방향은 인구 조밀 지역에서 희소 지역으로, 빈곤한 지역에서 풍요한 지역으로 설정되며, 시기는 송출국의 경기가 침체할 때 혹은 유입국의 경기가 고조될 때 집중된다는 것이다"라는 것이다(Lee 1966; Revenstein 1885, 1889; Jansen 1970).

배출-흡인 이론은 특정한 역사적 단계를 상정하지 않고서, 국제노동력 이동을 노동력의 수요-공급에 따라 시장에서 균형을 찾아가는 과정으로 파악한다. 이 이론은 저개발국 출신의 외국인 근로자가 노동력이 부족한 선진국으로 자연스럽게 흘러들어 오는 것으로 본다. 국제노동력 이동은 외국인 근로자 스스로 공간적 장애를 극복하고 노동력 자원을 재분배하는 것으로 간주한다. 마치 자력에 이끌려 쇠붙이가 움직이는 것처럼, 외국인 근로자들은 본국에서 멀리 떨어진 지역에서의 고용을 찾아 경제적 지위의 향상을 열망하며 이동한다는 것이다. 즉 경제성장이 이루어짐에 따라 국내 인력으로 충원이 되지 않는 직업을 채우기 위하여, 외국인 근로자가 몰려오는 것으로 파악한다.

2) 균형이론

신고전파 경제학의 거시이론은 사회학의 배출-흡입이론과 많은 공통점을 가지고 있다.

균형이론 역시 국제노동력 이동을 개인에 의한 합리적 선택으로 이해할 뿐 아니라, '과잉 노동력·저임금 국가의 사람들이 과소노동력·고임금 국가로 이주하는 현상'을 설명하는 데 연구의 초점을 둔다.

보하스(Borjas, 1989)는 "신고전파 이론은 개인이 자신의 효용을 극대화하는 것을 가정한다. 개인들은 자신의 복지(well-being)를 극대화할 수 있는 거주 대상 국가를 '탐색한다.' … 그 탐색은 이주희망자 개인의 재원(財源)과 여러 경쟁적 이주대상국들의 입국 규제, 그리고 송출국의 출국 규제에 따라 제약을 받는다. 개인들은 이민 시장에서 다양한 가격의 정보를 교환하고, 여러 선택지를 비교한다. 어떻게 보면, 여러 경쟁적 이주대상국들이 개인들에게 '이민을 제안'하고, 개인들은 이를 비교하여 선택하는 것이다. 이민 시장에서 수입한 정보를 토대로 어떤 사람은 모국에 머무는 것이 '낫다'라고 판단하고, … 반대로 다른 어떤 사람은 모국을 떠나는 것이 더 낫다고 결론을 내린다. 즉 이민 시장이 개인들을 여러 이주대상국에 의도적으로 분류·배치한다"라는 이민 시장(immigration market)모형을 제안한다(Borjas 1989, 461).

이 이론은 여러 나라들 사이의 경제적 불평등이 국제노동력 이동을 발생시킨다고 보고, 가난한 나라의 하층계급에 속하는 사람들이 부유한 나라로 이동할 것으로 기대한다(Borjas 1989). 또한 국제노동력 이동이 장기적으로 각국의 노동력 수급과 임금을 평준화시키고, 선진국과 저개발국의 발전격차를 축소하여 경제의 균형상태를 창출할 것으로 간주한다(Lewis.1954; Ranis and Fei 1961; Borjas 1989, 1990). 이러한 이유에서 신고전파 경제학의 거시이론을 '균형

이론(equilibrium theory)'이라고도 한다.

균형이론은 노동자들이 저개발국에서 선진국으로 자발적으로 자연스럽게 이주하는 것으로 파악한다. 이 이론은 외국인 근로자를 '부족한 선진국의 노동력을 보충하는 존재'로 간주한다. 외국인 근로자 개인이 공간적 장애를 극복하고 국제경제적 공간에서 노동력 자원을 재분배하는 것이 된다. 과잉인구를 가진 나라의 노동자들이 다른 나라에서의 취업 기회를 찾아 '물이 높은 곳에서 낮은 곳으로 흐르는 것처럼' 이동한다는 것이다. 선진국에서는 경제성장이 이루어짐에 따라 임금인상이 이루어지고 노동력 부족이 발생하는데, 상대적으로 높은 임금과 풍부한 취업 기회가 '자석이 쇠붙이를 끌어당기는 것처럼' 외국인 근로자들을 유인해 들인다고 파악한다(Gibson and Graham 1986).

또한 균형이론은 국제노동력 이동의 반대 방향으로 자본이동이 이루어지는 것으로 본다. 선진국에서 저개발국으로 자본이 이동하고, 저개발국에서 선진국으로 노동자가 이동한다는 것이다. 저개발국에서는 자본의 상대적인 희소성 때문에 국제적 기준보다 높은 수익률을 올릴 수 있어서 선진국 자본이 유입되어 투자된다. 그리고 균형이론은 미숙련노동자뿐 아니라 경영자, 기술자, 숙련노동자들도 자신의 숙련 수준에 따른 높은 이익을 얻기 위하여 인적자본이 풍부한 국가에서 인적자본이 희소한 국가로 이동하는 것으로 본다(Massey et al. 1993).

매시와 그의 동료들은 신고전파 경제학의 거시이론이 파악하는 국제노동력 이동 특성을 다섯 가지로 요약한다(Massey, et al 1993, 434).

① 국가 간 임금 격차가 국제노동력 이동을 발생시킨다.

② 국가 간 임금 격차가 사라지면 노동력 이동은 종결될 것이고, 애초에

임금 격차가 존재하지 않으면 이동은 일어나지 않을 것이다.

③ 임금수준이 높은 고급 기술 인력의 국제 이동은 인적자본 회수율(rate of return to human Capital) 차이에 상응하고, 미숙련노동자의 이동과는 대조되는 형태를 보인다.

④ 노동시장은 국제노동력 이동을 유발하는 일차적인 메커니즘이고, 다른 시장은 국제노동력 이동에 큰 영향을 미치지 못한다.

⑤ 정부는 노동력 송출국 또는 유입국의 노동시장에 개입하여 영향을 미침으로써 국제노동력 이동의 흐름을 통제한다.

3) 비용–편익 분석

신고전파 경제학의 미시이론은 "합리적 개인 행위자가 국제노동력 이동의 비용과 편익을 계산한 결과, 순이익이 기대되는 경우 이동하는 것"으로 파악한다(Todaro 1969, 1989; Todaro and Maruszko 1987).

이 이론은 해외 취업을 희망하는 사람이 다른 나라들로 가는 이동 결과 기대되는 편익과 이동비용을 계산하여 특정 기간에 기대되는 순이익이 가장 큰 나라로 이동하게 되는 것을 상정하므로(Borjas 1990) 비용–편익 분석(cost-benefit analysis)이라고도 한다.

한편 비용–편익 이론가들도 노동력 이동의 일반적 패턴을 밝히는 데 주력하고 있다. 토다로(Todaro, 1986)에 따르면 저개발국가의 노동자들이 농촌에서 해외로 곧장 취업하기보다는 농촌에서 도시로 일차 이동한 후 다시 해외로 이동하는 경향이 있다. 〈그림 7-4〉와 같은 '3부문 이동모형'을 주장한다.

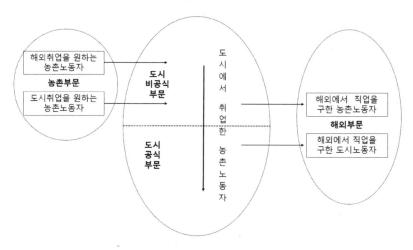

<그림 7-4> 3부문(농촌 · 도시 · 해외) 이동모형

신고전파 경제학의 미시이론이 파악하는 국제노동력의 특성은 열 가지로 요약할 수 있다(Massey et al. 1993, 435-436).

① 국제노동력은 '소득 수준'과 '취업률'의 국가 간 격차 때문에 발생하는데, 이 둘을 곱한 값(=소득×취업률)은 기대소득을 결정한다(거시경제학적 균형이론은 완전고용을 가정하고 있음).

② 개인이 가진 교육 · 경험 · 훈련 · 언어 구사 능력 등의 인적자본이 송출국보다 유입국에서 취업 가능성을 높이고 고소득 획득을 가능하게 한다면, 다른 조건이 같으면 그의 국제노동력 이동 가능성은 증가할 것이다.

③ 이동비용을 감소시키는 개인적 특성, 사회적 조건 또는 기술은 이주에 따른 순수익을 증가시킬 것이고, 결과적으로 국제노동력 이동의 가능성을 증가시킬 것이다.

④ 제2항과 제3항 때문에 같은 나라 사람들도 국제노동력 이동에 대하여 매우 이질적 성향을 보일 수 있다.

⑤ 국제노동력 이동의 전체규모는 개인의 비용-편익 계산의 기초 위에서 이루어진 개인적 이동의 단순 합이다.

⑥ 국제노동력 이동은 국가 간 소득 혹은 취업률 격차가 없다면 발생하지 않는다. 일단 시작된 국제노동력 이동은 기대소득 수준이 국제적으로 같아질 때까지 지속된다.

⑦ 기대소득 격차의 크기는 국제노동력 이동의 규모를 결정한다.

⑧ 국제노동력 이동의 결정은 노동시장 간의 불균형과 불연속성에서 기인한다. 다른 시장은 국제노동력 이동의 결정에 직접 영향을 미치지 못한다.

⑨ 만약 유입국의 조건이 장래의 이주노동자들에게 심리적으로 매력적이라면 이동비용은 '음의 값'을 가진다. 그 경우 국제노동력 이동을 멈추게 하기 위해서는 '음의 값'을 갖는 소득 격차가 필요할 것이다.

⑩ 정부는 주로 송출국과 유입국에서 기대소득에 영향을 행사하는 정책을 통하여 국제노동력 이동을 통제한다. 예컨대 유입지역에서 사용자에 대한 제재를 통하여 취업을 어렵게 만들고 불완전취업의 위험성을 높이는 정책, 송출지역에서 장기 개발계획을 통하여 소득 수준 향상을 꾀하는 정책, 그리고 심리적·물질적 이동비용을 증가시키려는 정책 등이 그것이다.

2. 구조이론

구조이론은 배출-흡인 이론의 비판에서 시작되어, 세계 자본주의 발전과

정의 산물로서 국제노동력 이동을 파악한다. 국제노동력 이동의 방향과 규모는 다른 생산양식, 국제분업 위계 상의 지역 간 관계를 나타내는 하나의 지표가 된다.

배출-흡인 이론이 비판받게 된 배경에는 1960년대 이후 국제노동력 이동의 양상이 크게 변하였다는 점이 존재한다. 보이드(Boyd, 1989)는 네 가지 유형의 국제노동력 이동을 지적한다.

첫째, 유럽으로의 일시적 노동력 이동인데, 이주노동자들이 결국 영구 정착한 유형이다. 둘째, 유럽뿐 아니라 미국 · 캐나다 · 오스트레일리아 · 뉴질랜드 등 전통적인 이민 유입국으로의 비합법적 이동(clandestine or irregular migration)유형이다. 셋째, 사우디아라비아 · 쿠웨이트 등 석유 가격 상승에 힘입어 공업화를 추진한 중동 산유국으로 한국 · 파키스탄 · 필리핀 노동자들이 이동한 유형이다. 넷째, 신흥공업국으로 주변 저개발국 노동자들이 입국한 유형이다. 1990년대 이후 본격화된 외국인 근로자의 한국 유입은 바로 이 네 번째 유형에 해당한다.

1970~1980년대의 국제노동력 이동 연구는 새롭게 등장한 국제노동력 이동유형을 포괄하는 한편, 선진국에서 저개발국으로의 국제자본이동, 선진국에서의 인종 문제 · 계급 문제 및 노동시장 분절 현상을 본격적으로 다루었다. 그러면서 선진 자본주의 사회에서 외국인 근로자의 취업과 그들의 사회 · 경제적 적응이 연구의 핵심 쟁점으로 등장하였다. 이러한 구조이론은 '상대적 과잉인구 이론', '세계체계 이론', '노동시장 분절 이론(이중 노동시장 이론)'이 주도하였다.

1) 상대적 과잉인구 이론

국제노동력 이동이 자본주의의 구조적 파생물이라는 인식은 마르크스(『자본론 I』, 1867)의 상대적 과잉인구(relative overpopulation) 개념에 근원을 두고 있다. 마르크스는 자본주의 발전과정에서 창출·재생산되는 실업자·불완전취업자의 저수지를 상대적 과잉인구 또는 노동예비군(reserve army of labor) 또는 산업예비군(industrial reserve army)이라 불렀다. 상대적 과잉인구는 산업의 기술적·조직적 변화에 따라 실업 상태에 처하게 된 노동자들뿐 아니라 여성, 청소년, 자영농, 자영장인(自營匠人) 등 임금 노동자로 아직 고용되지 않은 '잠재적' 상태에 있는 집단을 포괄하는 개념이다. 그는 자본이 상대적 과잉인구를 노동자의 임금인상 요구에 대항하고 노동자를 통제하는 메커니즘으로 활용한다고 보았다.[3]

잠재적 과잉인구는 사람들이 상품으로 자신의 노동력을 팔지 않아도 그들의 생계를 유지할 수 있는 여러 가지 형태로 존재한다. 자본주의적 생산양식이 확대됨에 따라 그러한 사회적 형태들은 대부분이 파괴되어 생계를 위하여 자신의 노동력을 팔아야만 하는 존재로 전락하게 된다. 즉 한 나라에서 동원할 수 있는 잠재적 과잉인구는 가용한 인구 전체가 경제활동에 참가하게 되면 한계에 도달한다. 이미 19세기에 선진 자본주의 경제는 그러한 한계에 근접하였고, 그 당시 세계의 다른 지역에서는 '잠재적' 상태에 있는 거대한 노동예비군이 존재하고 있었다. 자본주의 역사는 중심부 자본이 주변부 사회의 전통적 생존경제, 즉 전(前) 자본주의적 경제를 시장의 힘 혹은 물리적 폭력으로

---

3 마르크스는 "산업예비군은 불황기와 평균적 번영기에는 현역 노동자 군을 압박하고, 과잉생산과 호황기에는 현역 노동자 군의 요구를 억제한다. 따라서 상대적 과잉인구는 노동력 수요-공급법칙이 작동하는 중심축이다. 상대적 과잉인구는 자본의 착취와 지배 활동에 절대적으로 적합한 한계 내로 노동력 수요-공급법칙의 작동범위를 제한한다."라고 하였다(Marx, 1867).

파괴하고, 그 인구를 프롤레타리아화 시킨 사례로 점철되어 있다. 마르크스는 19세기 중반 영국이 아일랜드인 노동자를 충원한 것을 전형적인 사례로 제시한다. 영국 자본은 아일랜드에 진출하여 수많은 농민을 과잉인구로 만들어 영국으로 불러들였고, 또 신대륙의 식민지로 송출하였다. 오늘날에도 이러한 사례는 곳곳에서 발견된다. 미국의 노동력에 멕시코 · 푸에르토리코 사람들이 가세하고, 프랑스 노동력으로 알제리인이 충원되며, 스웨덴의 노동력으로 유고슬라비아 · 그리스 · 터키 노동자들이 충원되고 있다. 상대적 과잉인구는 정의상 자본주의 사회의 저임금을 유지하는 존재인데, 저개발국 출신의 외국인 근로자가 중심부의 노동예비군으로 충원되게 되면 그 정치적 · 법적 취약성 때문에 한층 더 값싼 노동을 제공하게 된다.[4] 카스텔(Castells, 1975)은 "선진국 자본가들은 이러한 저임금효과와 계급투쟁의 희석효과를 기대하고 심지어 국내 실업률이 높을 때도 외국인 근로자를 수입한다"라고 주장하였다.

상대적 과잉인구, 그중 특히 잠재적 부문의 동원은 노동력과 자본 양자의 이동성 차이에 의하여 결정된다(Harvey, 1982, 229). 노동력의 이동성은 자본의 이동성에 비하면 훨씬 떨어진다. 노동예비군은 한 장소에 머물 때만 이미 고용된 노동자들의 임금수준을 영속적으로 압박할 수 있어서, 자본은 노동력보다 훨씬 빠르게 이동한다. 더욱이 '축적된 부'로서 자본은 화폐 · 상품 · 토지 · 기계 등 매우 다양한 형태를 취할 수 있어서, 인간이 이동하지 않으면 안 되는 노동력보다 훨씬 쉽게 이동할 수 있다.

사실 자본주의 역사상 자본이동은 노동력 이동보다 거의 항상 선행되었

---

4 자본의 측면에서 볼 때 외국인 근로자의 이점은 그들의 법적 · 정치적 지위에서 유래하는, 계급투쟁에서의 열등한 위치라는 점에서 구체적으로 뒷받침된다. 그 지위는 몇 가지 부차적인 방법으로 수정될 수 있으나 변혁될 수는 없다. 그것이 외국인 근로자의 구조적 역할의 원천이기 때문이다. 그래서 외국인 근로자를 둘러싼 기본적 모순은 직접 그들이 자본에 저항하는 것이 아니라, 자본의 국가기구(state apparatus of capital)와 제도상으로 그들에게 주어진 정치적 지위에 저항하게 만드는 것이다.

다. 16세기 자본주의 세계 경제는 국민국가의 건설과 원격지 무역 및 신대륙 식민지 개발을 통해 성립되었다(Wallerstein, 1974). 그 당시 서유럽 자본은 신대륙으로 이동하여 광산과 플랜테이션을 개발하였다. 그들은 현지인으로 필요한 노동력을 충원할 수 없게 되자, 아프리카에서 노예를 수입하였다. 서유럽에서 식민지로의 자본이동이 아프리카에서 아메리카로의 강제적 국제노동력 이동을 낳은 것이다. 아프리카인 노예무역은 자본주의 최초의 국제노동력 이동이다. 그러나 자본주의가 발전하기 위해서는 '자유로운 노동자'의 창출이 필수적이었으므로 노예는 불필요하게 되었고, 결과적으로 노예해방이 이루어졌다. 미국과 신대륙 식민지의 노예노동력을 대체한 것은 유럽인 이민자로 대표되는 '자유로운 노동자'였거나, 중국인과 인도인 쿨리로 상징되는 '계약노동자'였다. 즉 중심부 자본의 해외투자가 유럽인의 신대륙 이민과 쿨리의 이주를 끌어낸 것이다.

2) 세계체계 이론

세계체계 이론은, 상대 과잉 인구이론의 연장선상에서, 국제노동력 이동이 선진국의 노동시장 분절 때문이 아니라 중심부 자본의 주변부 사회에 대한 시장 침투의 결과로 발생한다는 점을 강조한다. 세계체계 이론은 16세기 자본주의 세계 경제 성립 이후 발전·확대되어 온 세계시장의 구조가 국제노동력 이동을 발생시킨 근본 원인이라고 본다.

자본주의적 생산 및 세계시장의 영역이 전 지구적으로 확대되면서 상대적 과잉인구의 원천도 전 세계로 확산하였다. 보나치치와 챙(Bonacich and Cheng, 1984, 2-3)은 저개발국으로부터 미국으로의 국제노동력 이동의 발생 메커니즘을 〈그림 7-5〉와 같이 제국주의적 자본축적에 따라 발생한 '상대적 과잉인구'의 흐름으로 이해한다.

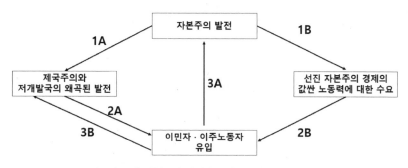

〈그림 7-5〉 자본주의 발전과 국제노동력 이동의 관계

자본주의는 발전의 결과 제국주의로 이어졌고, 제국주의는 식민지 장악을 통해 저개발국 사회의 발전을 왜곡시켰다(1A). 그 결과 많은 사람이 전통 경제적 직업에서 축출되었고, 그들은 상대적 과잉인구로 집적되었다(2A). 동시에 선진 자본주의 사회가 발전하면서 저렴한 노동력에 대한 수요가 증가하였다(1B). 이 두 가지 조건, 즉 '식민지 민중의 축출'과 '자본주의 경제에서의 노동력 수요 증가'는 자본주의 발전의 논리를 산출하였다. 또 이 두 가지 조건은 저개발국으로부터 선진 자본주의 나라로의 국제노동력 이동을 초래하였다(2A, 2B). 말하자면 국제노동력 이동은 송출국과 유입국 각각의 단절적 요인의 산물이 아니라, 역사적 연결의 결과다. 그리고 이 역사적 연결은 우연한 것이라기보다는 체계적이다.

선진 자본주의 사회는 이민 혹은 이주노동자의 유입에 따라 지속적 발전을 이룰 수 있지만(3A), 저개발국 사회는 유능하고 생산적인 성원을 잃음에 따라 발전이 지체될 수밖에 없다(3B). 따라서 국제노동력 이동은 송출국과 유입국의 발전격차를 더욱 심화시킨다. 외국인력을 도입한 중심부 사회는 더욱 발전하지만, 주변부 사회는 여전히 저개발상태를 유지한다.

이처럼 세계체계 이론은 '상대적 과잉인구 이론'의 연장선상에서 자본주의의 발전을 국제노동력 이동의 원동력으로 파악한다. 이 이론은 16세기 자본주의 세계 경제 성립 이후 발전·확대되어 온 세계시장의 구조가 국제노동력 이동을 발생시킨 근본 원인이라고 본다(스티븐 카슬, 마크 J. 밀러, 2013).

세계체계 이론은 '상대적 과잉인구' 개념을 핵심으로 하되, 그것을 자본주의 세계 경제의 발전과 관련짓는 이론적 노력이라고 할 수 있다. 국제노동력 이동은 저발전 사회의 지역 간 불평등발전에 대한 반응이면서, 그것을 유지·강화하는 사회적 과정이다. 〈그림 7-6〉은 국제노동력 이동을 통한 전 지구적 발전격차의 유지·심화 메커니즘을 보여준다.

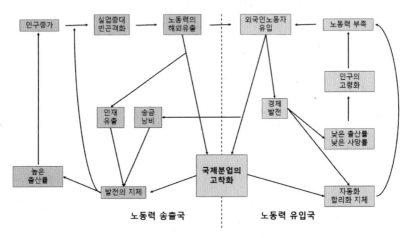

〈그림 7-6〉 국제노동이동을 통한 전 지구적 발전격차의 유지 & 심화 메커니즘

아민(Amin, 1974)은 저개발지역에서 가장 생산적이고 훈련된 노동자들이 선택되어 해외로 이주한다는 점을 근거로, 국제노동력 이동은 '가치'의 지리적

이전을 뜻한다고 보았다. 노동력 송출국의 측면에서 볼 때, 노동자의 해외 취업이나 이민은 그들로부터의 송금으로는 보충이 되지 않을 정도의 큰 손실이라는 것이다. 이러한 측면에서 세계체계 이론은 국제노동력 이동을 현재의 국제분업, 즉 지역 간 경제적 불평등을 고착화하는 메커니즘의 하나로 간주한다.

세계체계 이론에 의하면, 국제노동력 이동은 자본주의적 발전과정에서 필연적으로 일어나는 분열과 혼란의 자연스러운 결과이다. 자본주의가 서유럽 · 북아메리카 · 오세아니아 · 일본과 같은 중심부로부터 외부로 팽창함에 따라, 지구상 대부분 지역과 인구가 세계 경제 속으로 편입되었다. 주변부 지역의 토지 · 원료 · 노동력이 세계시장의 영향력과 통제하에 놓이게 되면서, 주변부 사회에서 상대적 과잉인구가 새롭게 창출되었고, 그중 일부가 해외로 이주한 것이다(Massey, 1988).

사센(Sassen)은 20세기의 국제자본이동과 국제노동력 이동의 관계를 연구하였다. 사센(Sassen 1988, 28-31)은 노동력 유입국의 국제분업에서의 위치와 공업화 수준을 기준으로, 국제노동력 이동의 네 가지 단계를 제시하고 있다.

첫째는 '저개발지역으로 자본주의 생산양식이 침투 · 확장되는 단계'이다. 16세기 이후 유럽 자본은 식민지에서 광산이나 플랜테이션을 개발하면서 노예,[5] 강제 노역자,[6] 쿨리[7]를 동원하였고, 오늘날 선진국 자본은 노동집약

---

5 노예제도는 18세기에 접어들면서 보편화되었고, 19세기 중반까지 번창하였다. 이미 15세기 후반부터 아프리카에 진출한 포르투갈인들은 유럽에 노예를 하인 노동력으로 수출하였다. 16세기 이후 유럽 자본이 아메리카에 진출하였기 때문에 신규 노동력 수요가 발생하였고, 노예무역이 새롭게 전개되었다.

6 유럽의 상인자본은 아메리카 인디언들을 '계약노동자'로 만들어 강제노역을 부과하였다. 여기서 '계약 노동'이라는 말은 계약 당사자 간의 불평등한 관계가 전제되었기 때문에 강제노역의 위장된 표현이다(Sassen, 1988, 190; Galeano, 1971, 96-101).

7 쿨리는 '부자유' 계약 노동(indentured labor 또는 contract labor)을 하는 아시아 출신의 단순노동자를 지칭한다. '쿨리'라는 말은 인도어의 날품팔이를 뜻하는 쿨리(kuli)에서 유래된 것인데, 영어에서 쿨

적 제조업을 저개발국으로 이전·신설하는 형태로 해외직접투자를 하면서 임금 노동자를 수입하고 있다. 즉 저개발지역에서 자본주의 생산양식이 갑자기 도입되면서 발생한 노동력 수요를 현지 노동력이 충족시키지 못할 때 외국인 근로자를 수입하는 것이다. 브라질의 광산과 플랜테이션 개발에 필요한 노동력은 아프리카인 노예와 인도인 쿨리, 남부 이탈리아인의 순으로 역사적 간계에 따라 순차적으로 도입되었고, 스리랑카의 커피·차 플랜테이션이나 카리브해 지방의 사탕수수 플랜테이션에 필요한 노동력도 인도인 쿨리로 충원되었다. 오늘날에도 아프리카의 플랜테이션과 광산에는 계절적으로 국경을 넘는 외국인 근로자가 위업하고 있다.

둘째는 '저개발지역에서 상당한 자본축적이 이루어지는 단계'이다. 미국이 자체 자본축적에 성공하여 반 주변부로 진입한 1880~1910년대에 남부·동부 유럽 출신의 '신 이민'이 미국으로 대량 유입되었고, 1973년 이후 유가 상승에 힘입어 자본을 축적한 중동 산유국이 사회간접자본과 공장건설을 독자적으로 추진함에 따라 아랍 및 아시아 출신 외국인 근로자들이 중동으로 유입되었다. 또한 1980년대 후반부터 한국·대만·홍콩·싱가포르 등 아시아 신흥공업국으로 외국인 근로자가 유입되고 있다.

셋째는 '선진국에서 자본축적이 강화되는 단계'이다. 19세기 중엽 영국은 아일랜드인 노동자를 19세기 말부터 20세기 초까지 독일·프랑스·스위스는 물론 이탈리아와 폴란드 등 남부·동부 유럽에서 외국인 근로자를 수입하였다. 또한 제2차 세계대전 후 서독·프랑스·스위스 등이 산업시설 복구와 경제개발을 활발히 추진하면서 부족한 노동력을 외국인 근로자의 수입으로 해결하였다.

리(coolie)로 표기한 것이 중국에서 꿀리(苦力)로 다시 음역 되어 사용되고 있다(박은경, 1986, 89).

넷째는 '선진국에서 자본이 노동에 대한 지배를 재생산하기 위하여 노동력을 수입하는 단계'이다. 제2차 세계대전 이후의 서부 유럽과 미국은, 외국인 근로자를 수입하거나 이민을 받아들임으로써, 노동력 가격과 노동력 재생산 비용을 떨어뜨려 자본의 이윤을 증대시켰고, 노동력이 부족하면 외국인 근로자를 수입하고, 실업률이 높아지면 그들을 통제하기 쉽다는 것과 아울러 국내 노동자를 견제하는 데 활용될 수 있다는 것을 동시에 함축하고 있다.

요컨대 세계체계 이론은 노동력 유입국과 송출국의 상호작용, 나아가 세계체계의 작동 메커니즘을 구명해야만 국제노동력 이동의 본질을 파헤칠 수 있음을 강조한다.

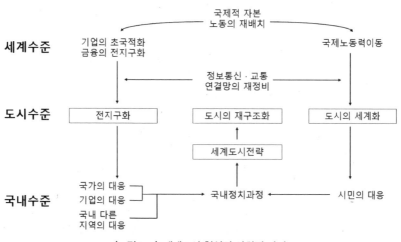

〈그림 7-7〉 세계도시 형성의 사회적 과정

세계체계 이론은 국제노동력 이동이 팽창하는 전 지구적 시장의 정치·경제적 조직을 좇아서 이루어지는 것으로 보는데, 그 특성은 여섯 가지로 요약된다(Massey et al., 1993, 447-448).

① 국제노동력 이동은 저개발국 세계에서 자본주의적 시장형성의 자연스러운 결과이다. 즉 세계 경제가 주변부 지역으로 침투한 것은 국제노동력 이동의 계기로 작용한다.

② 국제노동력 이동은 상품과 자본의 국제 이동을 좇아, 이루어지지만, 그 방향은 반대다. 자본주의적 투자는 주변부 사회에서 삶의 근거지를 잃고 떠도는 인구를 창출하고, 동시에 중심부와 주변부 사이의 강한 문화적 · 물질적 연결구조를 형성하여 국제노동력 이동을 일으킨다.

③ 국제노동력 이동은 특히 과거의 식민지 모국과 식민지국 간에 일어날 가능성이 크다. 문화 · 언어 · 행정 · 투자 · 교통 · 커뮤니케이션의 연계가 일찍부터 형성되었고, 식민지 시기에 외부경쟁이 배제된 초국적 시장과 문화체계가 만들어졌기 때문이다.

④ 국제노동력 이동은 시장경제의 전 지구화에 기인한 것으로, 정부가 외국으로부터의 노동력 유입 비율을 관리하는 방법은 기업의 해외투자 활동을 조정하고, 자본과 상품의 국제적 이동을 통제하는 것이다. 그러나 이러한 정책은 강제하기가 어려워서 실시하기 어려울 뿐 아니라 국제 무역분쟁을 자극할 수 있고, 세계 경제를 후퇴시킬 위험이 있으며, 정부의 통제정책에 맞서기 위하여 중요한 정치적 자원을 동원할 수 있는 초국적 기업을 적대시할 가능성이 있다.

⑤ 중심부 자본주의국가의 정부는 자국의 해외투자를 보호하고 세계시장의 팽창에 우호적인 외국 정부를 지원하기 위하여 정치적 · 군사적으로 개입하는데, 만약 그것이 실패하게 되면 특정 중심부 나라로의 난민 이동을 발생시킨다. 그것은 또 다른 형태의 국제노동력 이동이다.

⑥ 국제노동력 이동은 궁극적으로 국가 간의 임금 격차나 취업률 차이와는 거의 관련이 없다. 즉 국제노동력 이동은 시장 창출의 역동성과 전

지구적 경제구조 때문에 발생한다.

3) 노동시장 분절 이론(이중 노동시장 이론)

제도학파 경제학자들은 국제노동력 이동을 선진 자본주의 발전에 따른 노동력 수요에서 비롯된 것으로 본다. 피오레(Piore, 1979)는 국제노동력 이동을 송출국의 저임금·고실업률과 같은 배출요인에 의해 비롯되는 것이 아니라, '외국인 근로자에 대한 만성적이고 불가피한 수요'라는 유입국의 흡입요인에 의하여 유발된 것으로 본다. 그는 이러한 외국인 근로자에 대한 수요가 선진 자본주의 사회·경제의 네 가지 근본적인 특징에서 기인한 것으로 설명한다.

자본주의 사회에서 임금은 노동력의 수급 조건을 반영할 뿐만 아니라, 임금이 부여되는 직업에 결부된 지위·위신 등 사회적 특성을 함께 제공한다. 일반적으로 사람들은 임금이 사회적 지위를 반영한다고 믿으며, 직업 지위와 부수의 관계에 대하여 다소 고정된 개념을 가지고 있다. 따라서 최하층 직종의 노동력이 부족할지라도, 사용자는 그 임금을 쉽게 인상할 수 없다. 기존의 직업 위계와 임금수준의 관계를 어지럽히지 않기 위해서는, 최하층 직종의 임금을 인상하면 모든 직종의 임금을 인상해야 하기 때문이다. 모든 직종의 임금수준이 동시에 인상되는 '구조적 인플레이션'(structural inflation)을 막기 위하여 사용자는 저임금을 기꺼이 받아들일 수 있는 외국인 근로자를 고용한다(Piore, 1979, 31-33).

외국인 근로자가 최하층 직종에 기꺼이 종사하는 이유는 자신의 준거집단(reference group)이 유입국 사회가 아니라 송출국 사회이기 때문이다. 대부분 외국인 근로자는 주택구매, 토지구매, 물건장만, 학비 마련 등 자신 혹은 가족의 복지를 위하여 '체면'보다는 돈을 벌려고 하는 목표획득자(target earner)로서 시작한다. 게다가 유입국과 송출국의 생활 수준, 임금 격차 때문에 최하층 직업의 낮은 임금수준도 모국 사회를 준거집단으로 삼으면 꽤 높은 것으로 여겨진다. 그리고 비록 외국인 근로자가 자신의 직종이 직업 위계의 최하층에 있다는 것을 깨닫게 되더라도, 그는 자신이 유입국 사회의 성원이 아니라고 생각해 버린다. 대신 그는 자신을 송출국 사회 성원으로 파악한다. 자기 나라에서 해외취업자 신분과 외화 송금은 각각 명예와 부를 의미하기 때문이다.

인적 자본론과 사회적 자본론이 노동의 공급자인 근로자의 개인적 속성이나 사회적 관계에서 임금수준을 결정짓는 요인을 찾으려는 입장이라면, 노동시장분절론은 그 원인을 노동시장에서 제도화된 구조적 차원에서 찾으려는 입장이다.

노동시장 분절 이론은 선진국 노동시장이 자본 집약적 제1차 노동시장과 노동집약적 제2차 노동시장으로 분절됨에 따라, 그 나라 노동자들이 취업을 꺼리게 된 제2차 노동시장의 노동력 수요 공백을 외국인 근로자가 채워 주고 있는 것으로 파악한다. 한마디로 말해, 선진 자본주의국가에서의 주변적 노동력에 대한 수요가 저개발국의 노동자를 이주하게 만든 원동력이라는 것이다.

노동시장분절론은 제도학파 경제학자[8]들의 연구로부터 논의가 시작되었으며 인적 자본론에서 주장하는 것처럼 노동시장이 하나의 동질적인 완전경

---

8 제도학파의 기본적인 목적은 독점체들의 이익과 국가독점자본주의를 보호하는 것이다. 19세기 말, 고전주의/신고전주의 학파에 일부 경제학자들이 개인이 사회의 산물이라는 개인의 사회적 성격을 과소평가하고, 심지어 무시까지 하는 고전주의 계열의 극히 미시적인 관점에 반론을 제기하면서, 개인을 만든다고도 할 수 있는 제도(institution) 즉 사회적 규칙을 분석해야 한다고 주장한 학파이다.

쟁 시장이 아니라 적어도 두 개 혹은 그 이상의 시장으로 분절되어 있고, 이들 간의 상호이동이 극히 제한되어 있다고 본다. 따라서 임금은 개인이 가지고 있는 인적자본에 의해 결정되기보다는 개인이 노동시장의 어느 구조에 속해 있느냐에 따라서 차별적으로 결정된다고 주장한다. 즉, 동질적인 노동임에도 불구하고 노동시장 내부에 있는 구조적 속성에 따라 임금이 결정된다. 이론가들은 노동시장 분절의 원인에 대해서 각기 견해를 달리하기 때문에 노동시장분절론 내에서도 다양한 흐름이 존재한다. 이들은 산업이나 직종, 사업장 규모 그리고 인종·성·지역 등 요소들의 특성에 따라 노동시장이 분절되어 있다고 주장하며 이러한 노동시장의 차별화된 임금 지급 능력을 임금수준의 차이를 일으키는 원인으로 이해하고 있다(Stolzenberg, 1975, 1978; Kallebergg, 1988).

한국을 비롯한 여러 국가에서 외국인 근로자의 도입 동기가 본국 노동력이 부족한 비숙련 노동 산업에 저임금으로 외국인 노동력을 대체하기 위한 것이다. 따라서 외국인 근로자는 내국인 근로자들이 꺼리는 직무만을 맡게 되고 유입국 노동시장의 빈자리를 메워주는 역할을 한다. 이러한 배경에서 노동시장분절론에 따르면 외국인 노동시장은 분절의 산물로 볼 수 있다. 즉, 유입국의 정책적 의도와 노동시장의 구조로 인해 결과적으로 임금수준을 결정하는 방식에서도 '제도적이고 구조적인 계약'이 존재할 수밖에 없다는 것이다.

한편, '이중 노동시장론'은 노동시장 내에는 두 개의 이질적인 시장이 존재한다고 본다. 즉, 노동시장은 상대적으로 높은 임금, 고용 안정되고 양호한 노동조건 등 특징으로 하는 1차 노동시장과 상대적으로 낮은 임금에 고용 불안정하고 노동조건이 열악한 2차 노동시장으로 이루어져 있으며 두 시장은 서로 분절되어 있어 노동 이동이 제한적이고 임금 결정 방식도 다르다고 본다. Piore는 이주노동자의 직업과 소득은 유입국의 1차 노동시장과 1차 노동시장 중에서 어디에 속해 있느냐에 따라서 크게 다르고 이주노동자 대부분은 유입국의 2차 노동시장으로 유입되기 때문에 이들의 경제적 보상은 인적자본과 무관하게 열악하다고 주장한다(Piore, 1979; 재인용, 석현호 외, 2003). 이와 비슷한 태도를 보이는 Abrams and Abrams는 외국인 근로자들이 유입국 노동시장에서 언어적 · 문화적 장벽 때문에 내국인 근로자와 경쟁하기 어려워 2차 노동시장에 편입될 수밖에 없으며 결국 내국인 근로자들이 선호하지 않은 일자리를 가지게 되고 열악한 작업환경에서 이루어지는 장시간 저임금 노동을 떠맡게 된다고 지적한다(Abrams and Abrams, 1975). 유입국의 노동시장이 분절되어 있으며 내국인 근로자와 외국인 근로자가 서로 다른 노동조건과 구조 속에서 일하게 된다는 주장(Lever-Tracy, 1983; DeFreitas, 1988) 외에 외국인 근로자들의 민족 · 출신국, 현지 언어는 모국어 여부 등의 속성에 의하여 그들의 노동시장이 분절되어 있다는 점을 강조하는 연구들도 있다(양소, 2016).

넷째, '노동과 자본 간의 고유한 이중성' 때문에 자본주의 사회에서는 이중 노동시장이 발생한다. 자본 집약적인 제1차 부문에 취업한 노동자는 안정적 직업을 얻는다. 그들의 직무는 상당한 지식과 경험 · 숙련이 있어야 한다. 그들이 맡은 직무의 속성상 직업경력은 '기업에 고유한 인적자본의 축적'을 동반한다. 그것은 사용자가 '한 노동자를 다른 노동자로 쉽게 대체할 수 없게 됨'을 의미한다. 제1차 노동시장 부문의 노동자는 사용자가 퇴직수당 · 실직수당 등의 형태로 자신의 유휴상태 비용의 상당 부분을 부담하도록 하는 협약을 체결하고, 노동조합을 조직하며, 자신의 인적자본을 더욱 강화하는 경향이 있다. 이러한 과정을 통해 제1차 노동시장 부문의 노동자들은 고용 불안정 상태를 사실상 탈피하였다. 반면, 노동집약적인 제2차 부문에 고용된 노동자들은 불안정한 미숙련직업을 가진다. 경기가 침체하면, 사용자는 먼저 제2차 노동시장 부문의 종업원 수를 감축한다. 사용자는 별다른 추가 비용부담 없이 그들을 해고할 수 있기 때문이다. 결과적으로 사용자는 이 부문의 노동자들이 스스로 실업 비용을 부담하도록 강요한다. 그들은 여전히 생산의 가변요소이고 소모품이다. 따라서 내국인 노동자들은 고임금과 고용안정이 보장되고 승진 가능성도 있는 자본 집약적 제1차 노동시장 부문으로 집중된다. 저임금, 고용불안, 그리고 사회이동 가능성의 결여로 특징지어지는 제2차 노동시장 부문의 사용자들은 노동력 부족 상태에 빠지게 된다. 이때 그들은 외국인 근로자를 고용한다(Piore, 1979, 35-43).

결국 중심부와 주변부의 불평등한 발전이 전 지구적 수준에서 이중 노동시장이 만들어지고, 선진국 자본은 저개발국 노동자를 충원하여 고용하게 되므로, 국제노동력 이동이 발생한다는 것이다.

이중 노동시장 이론이 파악하는 국제노동력 이동의 특성은 다섯 가지로 요약된다(Massey et al., 1993, 444).

① 국제노동력 이동은 대체로 노동력 수요에 기초한 것인데, 선진국의 일부 사용자나 사용자의 이익에 봉사하는 정부가 외국인 근로자를 충원함에 따라 시작된다.
② 외국인 근로자에 대한 수용가 경제의 구조적 필요성 때문에 출현한 것이고, 임금수준이 아니라 충원 관행을 통해 표현되기 때문에, 국제적 임금 격차는 국제노동력 이동이 발생하기 위한 필요조건도 충분조건도 아니다. 사실 사용자들은 임금을 일정하게 유지하면서 노동자들을 충원하려 한다.
③ 노동력 유입국에서 외국인 근로자의 공급이 감소하더라도 그들의 저임금상태는 개선되지 않는다. 저임금 직종의 임금수준은 사회적 · 제

도적 메커니즘에 의해 억제되고, 수요와 공급의 변동에 자유롭게 반응하지 못한다.

④ 그러나 저임금 직종의 임금수준이 상승하지 못하도록 하는 사회적·제도적 견제 장치가 임금수준 하락을 막지는 않기 때문이다.

⑤ 정부는 임금정책이나 취업 대책으로 국제노동력 이동에 영향을 미칠 수 없다. 외국인 근로자들은 현대의 탈공업 경제에서 구조적으로 생성된 노동력 수요를 충족시키며, 이 수요에 영향을 미치는 것은 경제조직에서의 중요한 변화를 요구한다.

3. 관계 이론

구조이론은 개인의 합리적 선택을 사회 간의 연결구조로 대체하였다. 말하자면 구조이론가들은 국제노동력 이동을 개인 혹은 집단의 이동으로 파악하면서도, 그것을 구조적 요인으로 점점 설명하게 되었다. 그것은 '사회적 존재로서의 인간'을 '자유롭게 떠다니는' 주체적 행위자인 '과소 사회화된 존재'로 설정하는 한계에서 탈피하는 데 성공했으나, 동시에 인간을 사회구조의 꼭두각시인 '과잉 사회화된 존재'로 간주하는 위험을 안게 되었다는 사실을 의미한다. 이러한 상황에서 생겨난 관계 이론은 구조이론과 행위이론의 틈을 메우고 통합하려는 입장에서 시도되었다. 관계 이론은 전 지구적 구조변동에 초점을 맞추는 역사적·구조적 접근과 행위자의 선택에 기반을 둔 미시적 접근을 통합하려고 하는 이론적 시도이다. 이러한 접근방식은 국제노동력 이동을 구조와 행위자의 상호작용 결과로 보면서, 그것을 구조와 행위자를 매개하는 사회집단 혹은 사회적 연결망으로써 설명하려는 견해를 밝히고 있다. 이 이론들은 이제 막 개발되고 있는 단계여서 내적 완결성은 그다지 높지 않으나, 새로운 시도라는 점에서 적극적으로 평가되어야 한다.

1) 위험회피모형

관계 이론은 행위자와 사회구조를 매개하는 존재로서 사회집단의 중요성을 강조한다. 그중 한 가지 입장은 국제노동력 이동 여부의 의사결정자는 '개인'이 아니라 '가족'임을 강조하는 것이다. 슈타크(Stark 1991, 23-31)는 이러한 이론적 지향점을 가지는 자신의 주장을 '노동력 이동의 새로운 경제학'이라고 명명하였다. 그는 '원자화된 개인 행위자가 소득 격차 때문에 국제노동력 이동을 합리적으로 선택한다'라는 신고전파의 견해에 대하여 비판적이다. 그는 가족·가구와 같은 공동체나 집단이 '다양한 시장의 실패와 관련된 긴장'을 완화하기 위하여, 성원 중의 일부를 해외 노동시장으로 내보내는 결정을 한다는 점을 강조한다(Stark, 1991, 39-84). 그는 "가구가 혹시 있을지도 모르는 파멸적 위험을, 성원의 국제노동력 이동을 통하여 예방하려 한다"라는 가설을 위험회피모형(risk-aversion model)이라 부른다(Stark, 1991, 56-61). 위험회피모형은 해외 취업이 가구의 총수입을 증가시키지 않을 때도 국제노동력 이동이 발생하는 것으로 본다. 다시 말해 두 나라 간의 임금과 취업률 격차가 존재하지 않을 때도 국제노동력 이동이 얼마든지 발생할 수 있다는 것이다.

2) 상대적 박탈 이론

슈타크(Stark, 1991)는 "가구는 절대적 수입 증가를 위해서 뿐만 아니라 다른 가구보다 상대적으로 수입을 더 많이 증가시키기 위하여, 그럼으로써 그들의 준거집단과 비교하여 상대적 박탈(relative deprivation)을 감소시키기 위하여 노동자를 해외로 송출하기도 한다"라고 주장한다(Stark, 1991, 87-166).

상대적 박탈 이론에 의하면, 준거집단에서 특정 가구보다 상위 소득을 갖는 가구들이 많을수록, 통상적으로 준거집단에서 소득 불평등이 클수록, 그 가구는 가족 성원의 해외 취업을 결정할 확률이 높다. 슈타크는 멕시코 농촌 가구의 사례연구를 통해, 최고 및 최저 소득집단을 제외한 대부분 소득집단에서 상대적 소득이 절대적 소득보다 국제노동력 이동을 설명하는 데 훨씬 유용하다는 점을 발견하였다(Stark, 1991, 119-139).

3) 사회적 연결망 이론

국제노동력 이동의 사회적 연결망은 '노동력 송출국과 유입국에서 이주 노동자와 선행 이주노동자 및 비 이주자를 개인적 회원자격 및 사회적 매개자를 통해 연결하는 대인(對人)연대의 집합'으로 정의할 수 있다(Boyd, 1989; Massey et al., 1993; 설동훈, 1999). 정의상 사회적 연결망은 송출국과 유입국 사회로 대표되는 '구조'와 이주노동자라는 '행위자'로 구성되는 국제노동력 이동 체계에 존재하는 연결고리 역할을 수행한다.

국제노동력 이동이 지속됨에 따라 이주노동자들은 연결망을 결성하고, 이 연결망은 이동비용과 위험을 낮추고 기대 순이익을 증가시키므로, 재차 국제노동력 이동의 가능성을 증가시키는 효과를 발휘한다(Massey and García España, 1987; Massey, 1990a, 1990b; Gurak and Caces, 1992). 그 결과 연결망의 범위는 더욱 확대된다. 시간이 흐르면서 송출국의 더 광범위한 계층이 국제노동력 이동에 참여하게 된다. 사회적 연결망 이론에 기반을 둔 국제노동력 이동 연구가 도출한 주요 명제는 다음과 같다(Massey et al., 1993, 460-461). 첫째, 과거에 해외 취업을 경험한 사람이 그렇지 않은 사람보다, 여러 번 경험한 사람이 적게 경험한 사람보다 추가적 국제노동력 이동 가능성이 크다. 둘째, 개인의 이동 경험을 통제하였을 경우 해외취업자와의 연결망이 있는 사람이 그렇지 않은 사람보다, 해외취업자와의 관계가 가까운 사람이 먼 사람보다, 해외취업자가 합법 상태인 경우가 불법 상태인 경우보다, 장기간 해외 취업을 했던 사람이 단기간 취업했던 사람보다 추가적 국제노동력 이동 가능성이 크다. 셋째, 사회적 연결망의 강도는 국제노동력 이동이 국내 노동력 이동보다 훨씬 세다. 넷째, 가족 구성원 중 한 사람이라도 해외 취업을 한 적이 있는 사람은 그렇지 않은 사람보다 국제노동력 이동 가능성이 크다. 다섯째, 사회적 수준에서 해외취업자가 많은 사회가 그렇지 않은 사회보다, 해외 취업역사가 오래된 사회가 그렇지 않은 사회보다 국제노동력 이동 가능성이 크고, 이주노동자의 출신 계층이 다양하다. 이처럼 사회적 연결망은 사람들이 국제노동력 이동에 대한 접근통로를 확보하기 위한 '사회적 자본(social capital)'의 한 형태를 창출한다.

사회적 자본은 사람들 사이의 접촉이라는 행위를 하나의 투자(investment)로 보는 것으로, 연결망 속에 자리를 잡고(embedded) 있는 '투자가치가 있는 사회적 자원'의 하나이다. 사회적 자본은 '특정 목적을 가진 행위를 위하여 접근-사용(또는 동원)될 수 있는, 사회구조 속에 자리 매겨진 자원'으로 정의할 수 있다.[9]

사회적 자본개념이 가지는 매력은 사회적 연결망의 변동뿐 아니라 사회적 연결망의 효과를 설명할 수 있다는 점에 있다. 다시 말해, 사회적 연결망에 대한 접근-사용-수익의 차이를 설명할 수 있다. 사람들은 자신이 사용할

---

[9] 보어듀(Bourdieu)와 콜만(Coleman)은 사회적 자본을 '상호 인정 · 상호 인식을 위한 투자'로 파악하는 반면, 린(Lin)과 마스덴(Marsden and Hurlbert)은 '사회적 연결망에 대한 투자'로 본다(설동훈 2000, 33).

수 있는 경제적 · 상징적 · 정치적 자원이 많을수록 더 많은 사회적 자본을 창출할 수 있다. 이 말은 다음 두 가지 명제를 함축하고 있다. 첫째, 어떤 사람이 가진 사회적 자본이 많을수록 그는 자기 목적을 쉽게 달성할 수 있다. 둘째, 어떤 사람이 가진 경제적 · 상징적 · 정치적 자원이 많을수록 '강한 연줄'(strong tie)이 아닌 사람들과 관계를 자주 맺게 된다. 달리 표현하면, 사람들은 자신이 동원할 수 있는 사회적 자원이 많을수록 '약한 연줄'(weak tie)을 많이 갖게 된다.[10]

국제노동력 이동 연결망에서 발견되는 사회적 자본은 두 가지 유형이 있다(설동훈, 1999). 첫째는 송출국 사회와 유입국 사회를 매개하는 역할을 하는 '개방적 연결망' 속에 존재하는 사회적 자본이다. 해외 취업을 희망하는 사람은 자신이 원래 살던 사회와 이주하려고 하는 사회 사이에 존재하는 연결망을 이용하여 나름대로 최선의 정보를 입수하여 이주를 감행한다. 즉 연결망이 노동력 유입국과 송출국을 잇는 '다리 역할을 하는 약한 연줄' 혹은 '두 나라 사이의 구조적 공백을 메워 주는 연줄'로 기능하는 것이다(설동훈 2000, 34).

둘째는 외국인 근로자들의 폐쇄된 공동체 내에 존재하는 사회적 연결망에 자리 매겨져 있는 사회적 자본이다. 외국인 근로자들은 한데 모여 살면서 자국인끼리의 사회적 연결망을 이용하여 경제적 자립을 도모하고 사회 ·

---

10 약한 연줄이란 강한 연줄에 비해 상대적으로 짧은 지속 기간, 낮은 밀도(intensity)와 친밀감, 적은 호혜적 행위(reciprocal service)를 가진다. 그라노베터(Granovetter, 1973, 1983, 1995)는 사람들이 자기와 친밀한 사람들이 아니라 상대적으로 잘 알지 못하는 사람들로부터 얻은 정보에 주로 의존하여 직업을 구한다는 사실을 강조한다. 약한 연줄을 가진 사람이 한 연결망과 다른 연결망을 잇는 다리(bridge)로 기능함으로써, 두 연결망 사이의 '정보'와 '영향력'이 소통될 수 있다는 것이다. 그는 약한 연줄다리가 "사람들에게 그들의 사회집단을 통해서는 취득할 수 없는 정보와 자원에 대한 접근통로"를 제공해 준다고 강조한다(Granovetter, 1995). 결국 그의 논지에 따르면, 소수의 '강한 연줄'보다 다수의 '약한 연줄'이 구직과정에서 더 큰 이익을 가져다준다. 즉 밀도가 높고 강도가 강한 연결망보다 밀도가 낮고 강도가 약한 연결망이 한층 더 이윤 가능성이 크다는 것이다(설동훈 2000, 33-34).

문화적 적응을 추구한다. 그들이 소수민족 집단거주지에서 생활함으로써 주류사회와 격리되는 부정적 효과도 있지만, 한층 더 순조롭게 적응할 수 있는 자원을 획득하는 긍정적 효과가 훨씬 크다(박경태·설동훈·이상철, 1999). 포르테스(Portes)는 외국인 근로자들이 한데 모여 살게 됨에 따라 가치의 주입, 제한적 연대, 호혜적 교환, 강제적 신뢰와 같은 네 가지 형태의 사회적 자본을 활용하고 있음을 강조한다.

사회적 자본이론은 국제노동력 이동을 개인이나 가족 혹은 친족집단에 의한 합리적 선택으로 보는 관점을 수용하면서, 특정 시기 발생한 국제노동력 이동이 차후의 이동 결정이 이루어지는 맥락을 체계적으로 변화시키고, 새로운 사람이 이동을 선택할 가능성을 상당히 증가시키는 것으로 이해한다.

요컨대 개방적 연결망 속의 사회적 자본을 강조하는 이론은 국제노동력 이동의 시작과 지속을 설명하고, 폐쇄적 공동체 내의 사회적 자본에 초점을 맞추는 이론은 유입국 사회에서 이주노동자들이 집단을 결성하고 공동체를 형성하는 것을 설명하는 데 초점이 맞추어져 있다.

사회적 연결망을 중심으로 파악하면, 국제노동력 이동은 여섯 가지 특성을 보인다(Massey et al., 1993, 449-450).

① 국제노동력 이동은 일단 시작되면 송출국에서 연결망 접속이 매우 넓게 확산하여, 이주를 원하는 모든 사람이 어려움 없이 이동할 수 있을 때까지 확대되는 경향이 있다. 그 후 국제노동력 이동은 감소한다.

② 두 국가 간 노동력 이동의 규모는 임금 격차나 취업률과 강한 상관관계를 가지지 않는다. 연결망의 확장으로 이동비용과 위험이 감소함에 따라 임금 격차와 취업률이 국제노동력 이동을 촉진 혹은 저해하는 효과가 거의 사라졌기 때문이다.

③ 국제노동력 이동은 연결망의 형성 및 정교화를 통하여 제도화되면서, 원래 연결망을 창출한 개인적 · 구조적 요인으로부터 점차로 독립적으로 된다.

④ 연결망이 확장되고 이동비용과 위험이 감소하게 됨에 따라 이주자의 사회경제적 지위에 의한 선택성(selectivity)이 약화하면서, 이주자의 출신 계층이 다양화된다.

⑤ 연결망의 형성과정은 대부분 정부의 통제 바깥에 있고, 어떠한 정책이 추구되든지 간에 이루어지므로, 정부는 일단 국제노동력 이동이 시작되면 그것을 통제하는 것이 어렵다는 것을 알게 된다.

⑥ 이주자와 그 출신국에 있는 가족의 재결합을 추진하는 이민 정책(immigration policies)은 이민의 흐름을 통제하려는 목적과 상치된다. 그러한 정책은 친척 연결망을 가진 사람들에게 특혜를 부여함으로써 이주자의 연결망을 강화하기 때문이다.

4) 조직결성이론

일단 국제노동력 이동이 시작되면 한층 더 많은 사람이 해외 취업을 원하게 되지만, 유입국 정보는 취업 사증(visa) 발급을 엄격히 함으로써 입국 규제를 강화하려고 한다. 유입국 정부의 외국인 근로자 입국 규제가 강화되면 노동자들의 해외 취업수요를 충족시키기 위하여 취업 브로커(broker)와 인력충원조직들이 생겨나고, 이러한 비공식적 국제노동력 이동은 '노동 암시장(work black market)'을 발생시키고, 결국 비공식적인 상황은 외국인 근로자들에게 인권침해 등 여러 문제를 발생시키게 된다. 결국 외국인 근로자의 인권보장과 문제 해결을 위한 각종 비영리 사회단체가 결성된다.

먼저, 국제노동력 이동을 알선하는 개인이나 조직은 이윤을 목적으로 자발적으로 결성되는데, 그 형태는 매우 다양하다(Salt and Stein, 1997). 그들은 암시장에서 정해진 일정액의 수수료를 받고 해외 취업 희망자들에게 여러 가지 서비스를 제공한다. 밀입국을 알선하거나 동행하고, 유입국의 사용자와 이주노동자의 계약을 대행하기도 하며, 때에 따라서는 여권과 사증을 위조하고, 위장 결혼을 알선하며, 유입국에서 숙소를 제공하고 고리대금업을 하기도 한다. 브로커 조직은 노동력 송출국과 유입국 양쪽 모두에서 발달하는데, 서로 밀접한 관계인 경우가 적지 않다.

다음으로 유입국 정부의 외국인 미등록노동자 입국 규제가 강화되면, 그들이 '불법체류자'라는 이유로 경제적으로 착취 받거나 사회적 권리가 침해받는 사례가 빈발한다. 이에 대처하기 위하여 유입국에서는 외국인 근로자의 권리를 보호하고 처우를 개선하기 위한 여러 가지 비영리 인권단체가 자발적으로 결성된다. 외국인 근로자 지원(支援)조직은 인권 및 노동 상담을 하고, 쉼터(shelter)를 제공하며, 법률 관련 조언을 하고, 때에 따라서는 출입국관리 당국의 체포를 피할 수 있는 은신처를 제공한다. 시간이 흐름에 따라 이러한 지원조직은 외국인 근로자들에게 널리 알려지게 되고, 외국인 근로자가 유입국 사회에서 동원할 수 있는 '사회적 자본'의 하나로 기능한다.

이러한 조직결성이론에서 국제노동력 이동은 두 가지 특성을 두 가지로 요약할 수 있다(Massey et al., 1993, 451).

① 여러 가지 조직이 국제노동력 이동을 지원 · 유지 · 촉진하기 위하여 생겨남에 따라 국제노동력 이동은 점점 제도화되고, 원래 이동을 초래했던 요인으로부터 독립적으로 되어간다.

② 일단 국제노동력 이동이 시작되면, 정부가 그것을 통제하기가 어려워

진다. 제도화 과정은 조정하기 어렵기 때문이다. 유입국에서 이주노동자 고용을 통한 이윤이 창출되는 한, 그들의 입국을 규제하려는 정책적 노력은 국제노동력 이동의 암시장을 만드는 데 이바지할 뿐이다. 또한 정부가 매우 엄격한 입국 규제할 경우에는 인권단체의 저항에 직면한다.

5) 누적원인이론

국제노동력 이동은 일단 발생하면 사회적 연결망의 형태를 통하지 않더라도 차후의 이동 결정이 이루어지는 사회적 맥락을 변화시키는데, 보통 추가적 국제노동력 이동이 이루어질 가능성을 높인다. 이러한 과정을 미르달(Myrdal, 1957)은 누적원인(cumulative causation)이라 불렀다. 테일러(Taylor, 1992; Stark, Taylor and Yitzhaki, 1986)는 누적원인을 통하여 국제노동력 이동에 영향을 미치는 사회경제적 요인을 여섯 가지로 제시한다.

첫째는 소득분배다. 슈타크(Stark, 1991)는 가구가 위험회피를 위하여 혹은 상대적 박탈감을 감소시키기 위하여 그 성원의 국제노동력 이동을 선택하는 것으로 보았다. 어떤 가구에서 한 성원이 해외 취업에 성공한 후 소득 수준이 상승하게 되면, 송출국 사회의 소득분배를 변화시킬 것이고, 이는 다른 가구의 해외 취업을 촉진할 것이다.

둘째는 토지분배다. 농촌사회에서 국제노동력 이동이 발생하는 가장 중요한 동기는 토지의 구매다. 해외에 취업한 노동자들이 모국으로 보낸 송금액은 농지구매에 사용되지만, 외국에서 취업하는 것이 모국에서 농사짓는 것보다 수익이 많아서 농경지를 유휴상태로 방치할 가능성이 커진다. 이렇게 되면, 모국 농촌의 농업노동력 수요가 감소하게 되고, 국제노동력 이동 압력은 더욱 증가한다. 국제노동력 이동이 증가할수록 더 많은 사람은 토지를 구매할 수 있는 자본을 획득하게 되는데, 이는 해외 취업 노동자 혹은 그 가족에 의한 추가적인 토지구매와 더 많은 토지가 휴경지로 되는 것을 의미하며, 다시 이것은 더 큰 국제노동력 이동 압력을 낳는다(설동훈 2000, 36-38).

셋째는 자본 집약적 농경 방식의 채택이다. 해외 이주노동자의 가구가 소유농지를 경작할 경우, 기계 · 제초제 · 관개시설 · 비료 · 개량종 등 자본 집약적인 농경 방법을 이용할 가능성이 커진다. 이는 농업노동력 수요감소를 의미하며, 새로운 국제노동력 이동 압력을 가져오게 된다. 국제노동력 이동이 가속화될수록 자본 집약적 농경 방법이 보편화되고, 농업노동력의 축출이 더 커지며, 이는 더 많은 해외 취업을 낳는다.

넷째는 해외 취업을 긍정적으로 보는 사회의식이다. 해외 취업이 한 사회 내에서 보편화되면, 새로운 이동 가능성을 증대시키는 방식으로 사회의식을 변화시킨다. 먼저 해외취업자들의 의식이 선진 자본주의국가에서의 취업 경험에 따라 변화된다. 비록 해외 취업 노동자들이 돈벌이에만 관심이 있는 '목표획득자'로 출발하였을지라도, 이주를 경험한 후 그들은 사회이동 · 소비 취향 · 생활양식 등의 면에서 새로운 의식을 갖게 된다. 따라서 어떤 사람이 일단 한 번 해외 취업을 경험하면, 그는 또다시 해외 취업을 감행할 가능성이 매우 커진다(Massey, 1986). 이러한 개인적 경험이 누적되면, 국제노동력 이동에 대한 긍정적 태도는 일반적 사회의식으로 전환된다. 즉 해외 취업은 젊은이의 통과의례가 된다. 해외 취업을 통하여 자신의 지위 상승을 추구하지 않는 젊은이는 게으르고, 진취적이지 못하며, 바람직하지 못한 사람으로 간주한다(Reichert, 1982). 결국 외국의 노동시장 상황과 직업정보 및 선진 자본주의 사회의 문화 · 가치관이 송출국 사회에서 광범위하게 확산 · 유포된다(설동훈, 2000).

다섯째는 인적자본의 유출이다. 국제노동력 이동은 상대적으로 고학력·고숙련의 생산적이고 높은 동기를 가진 노동자들이 이주함으로써 시작된다. 이는 노동력 송출국의 '인적자본'이 해외로 유출됨을 의미한다. 따라서 국제노동력 이동의 지속은 '송출국에서 인적자본의 고갈'과 '유입국에서 인적자본의 축적'을 의미한다. 결과적으로 노동력 송출국과 유입국의 발전격차는 더욱 심화하는데, 이는 국제노동력 이동을 한층 더 촉진한다(Myrdal, 1957; Greenwood, 1981, 1985; Greenwood, Hunt and McDowell, 1986). 저개발국의 전문기술직 종사자들이 선진국으로 이주하는 '두뇌 유출'이 전형적 사례라고 할 수 있다.

여섯째는 노동력 유입국에서 외국인 근로자들이 취업하는 직종이 하층 직업으로 낙인찍힌다는 점이다. 외국인 근로자들이 다수 취업한 직종이라고 한 번 사회적 낙인이 찍히게 되면 내국인 노동자들이 취업을 꺼리게 되어, 그것이 굳어진다. 예컨대 자동차 조립공은 미국에서는 내국인 노동자의 일자리이지만 유럽에서는 외국인 근로자의 직종이다(Böhning, 1972; Piore, 1979).

누적원인을 중심으로 파악한 국제노동력 이동의 특성은 세 가지로 요약된다(Massey et al., 1993, 453-454).

① 국제노동력 이동에 따라 송출국과 유입국에서 변화된 사회적·경제적·문화적 조건에 의하여, 이주노동자는 정부의 안이한 통제·조정에 강력히 저항하는 내적 힘을 획득한다. 누적원인의 피드백(feedback) 메커니즘이 대부분 정부의 영향력 바깥에 있기 때문이다.

② 경기침체로 실업률이 증가하더라도, 노동력 유입국 정부는 외국인 근로자 고용 규모를 감축하고 그 자리에 내국인 노동자를 충원하는 것이 매우 어렵다는 점을 알게 된다. 가치관의 변화로 내국인 노동자들이

'외국인 근로자 직종'을 거부하기 때문이다. 결과적으로 한층 더 많은 외국인 근로자를 고용하고 충원하는 것이 필요하게 된다.

③ 어떤 직종이 '외국인 근로자 직종'으로 사회적 낙인이 찍히는 것은 그 직종에 외국인 근로자가 많이 취업하고 있기 때문이다. 일단 꽤 많은 외국인 근로자가 어떤 직종에 취업하게 되면, 그 직종의 성격과는 무관하게 그곳에 내국인 노동자를 충원하는 것이 어려워질 것이다.

6) 국제노동력 이동 체계이론

사회적 연결망 이론, 조직결성이론, 누적원인이론은 국제노동력 이동의 흐름이 시간이 지남에 따라 일정한 안정성과 구조적 성격을 가진다는 점을 공통으로 지적한다. 이러한 사실을 근거로 '국제노동력 이동 체계'를 찾아내고 그것의 운영 메커니즘을 해명하고자 하는 통합 이론적 시도를 '국제노동력 이동 체계이론'이라 한다(Fawcett and Arnold, 1987; Fawcett, 1989; Kritz and Zlotnik, 1992).

국제노동력 이동 체계는 상품 · 자본 · 사람의 교환이 특정 국가들 사이에서 상대적으로 많이 집중된다는 점에 의하여 특징지어진다. 국제노동력 이동 체계는 일반적으로 노동력을 받아들이는 중심부 나라들과 그곳에 노동력을 송출하는 나라를 포함한다. 크리츠와 즐로트닉(Kritz and Zlotnik, 1992)은 〈그림 7-8〉과 같은 국제노동력 이동 체계모형을 제안한다. 두 나라가 정치 · 경제 · 사회 · 인구학적 환경을 배경 요인으로 하여 노동력을 송출하고 받아들이는 관계를 맺음으로써 하나의 체계를 형성한다는 것이다. 국제노동력 이동은 이 두 나라 사이의 역사 · 문화 · 기술 등의 관계와 밀접한 관련을 지니는 것으로 이해되며, 지속적인 상호작용을 통하여 서로 변화하는 피드백과

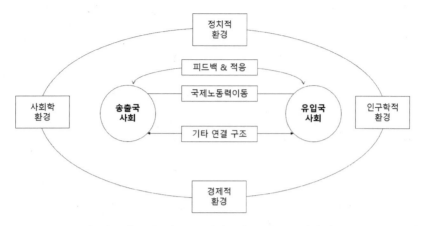

〈그림 7-8〉 크리츠와 즐로트닉의 국제노동력 이동 체계모형

적응과정을 포함한다. 행위와 구조의 관련성을 하나의 체계 안에서 파악해야 한다는 것이다. 아울러 국제노동력 이동의 역동성을 파악하기 위하여 시간적 차원을 도입할 것을 제안한다(Kritz and Zlotnik, 1992, 4). 역사적 관점을 도입해야만 하나의 체계를 이루고 있는 국제노동력 이동의 구조적 성격을 명확히 파악할 수 있다는 것이다.

또 포셋과 아널드(Fawcett and Arnold, 1987)는 국제노동력 이동이 일어나는 지역의 집합을 하나의 '국제노동력 이동 체계'로 파악한다. 그들은 유입국과 송출국에서 다른 대안이 발생하지 않았는지를 해명하고, 두 나라 사이에서 이루어진 모든 연결구조(linkages)를 밝혔다. 이러한 연결구조는, 〈그림 7-9〉에 제시되어 있듯이, 국가 대 국가의 관계 및 비교, 경제적 관련성 및 차이, 대중문화 및 매체의 연결구조, 가족·공동체·사회적 연결망으로 범주화된다. 사람의 이동을 정보·상품·서비스·가치관의 이동 등과 관련지어 파악하는 것이다(Fawcett and Arnold, 1987, 456-457). 그들은 구조적 측면과 아울러 '행위자의 동기부여 및 인지적 평가과정'과 같은 심리학적 차원을 도입한다. 즉 그들은 국제노동력 이동을 '개인이 단계마다 일반적 정치·경제 관계와 구체적 사회관계의 맥락을 고려하여 이동 여부를 결정하고 이주하며 적응하는 순차적 과정'으로 파악한다〈그림 7-9〉(Fawcett and Arnold, 1987, 467-470; 재인용 설동훈 2000, 42-43).

'국제노동력 이동 체계이론'의 관점에서 보면 국제노동력 이동은 네 가지 특성을 가진다(Massey et al., 1993, 454).

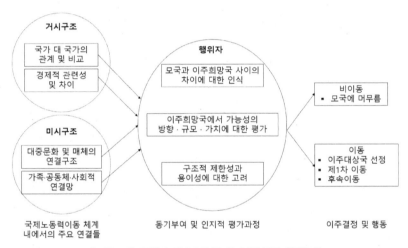

〈그림 7-9〉 포셋과 아널드의 국제노동력 이동 체계모형

① 국제노동력 이동의 방향은 물리적 관계보다는 정치·경제적인 관계를 반영하므로, 같은 체계에 속한 나라들이 지리적으로 가까울 필요는 없다. 비록 지리적 근접성이 교환관계의 형성을 쉽게 하는 것은 분명하지만, 가깝다고 해서 교환관계가 형성되기 쉽고, 멀다고 해서 교환관계가 형성되기 어려운 것은 아니다.

② 중심부의 여러 나라가 주변부의 한 나라에서 노동력을 수입하는 다극 체계(multipolar systems)도 가능하다.

③ 각 나라는 하나 이상의 체계에 속할 수 있다. 그러나 한 나라가 여러 체계에 동시에 속하는 것은 노동력 유입국보다는 송출국에서 더 일반적이다.

④ 정치·경제적 상황이 변화하면 체계도 변한다. 소득 체계의 안정성은 고정된 구조를 의미하지는 않는다. 각 나라는 사회·경제·정치변동에 따라 체계에 편입될 수도 있고, 탈락할 수도 있다.

4. 국제노동력 이동 이론 평가와 보완

1) 국제노동력 이동 이론 평가

(1) 행위이론에 대한 평가

배출-흡입이론과 균형이론에서 제기된 가설들은, 국제노동력 이동의 규모를 종속변수로 하고 국제임금 격차와 이동비용(혹은 이동 거리) 등을 독립변수로 포함하는 회귀모형을 통해 검증될 수 있다(Massey et al., 1993, 455; 설동훈, 1999, 173-174).

비용-편익 분석에서는 국제노동력 이동에 영향을 미치는 것은 '실제 임금 격차'보다는 '기대소득 격차'라고 주장하는데, 이 가설은 '실제 임금 격차'와 '기대소득 격차' 각각을 독립변수로 포함하는 회귀모형의 설명력(R^2)을 비교함으로써 검증될 수 있다(Todaro, 1980; Greenwood, 1985). 또 비용-편익 분석은 유입지역에서의 기대소득을 높일 수 있는 인적자본을 가진 경우 국제노동력 이동이 더 많이 발생할 것으로 예측하므로, 그 가설을 개인의 나이, 경력, 교육 수준, 혼인상태, 기술 수준과 같은 인적자본변수들과 토지, 자본 소유 등 가구의 소득자원을 독립변수로 포함하는 회귀모형을 통해 검증할 수도 있다. 인적자본의 해외 이전 가능성은 관련국 사이의 사회적 · 경제적 · 역사적 맥락에 의하여 결정되므로, 그 변수들의 효과는 매우 다양하게 나타날 수 있다.

유입국에서 임금수준과 취업 가능성에 영향을 미치는 인적자본변수들은 모국에서도 똑같이 영향을 미친다. 중요한 경험적 쟁점은 국내와 국외 중 어디에서 인적자본의 영향이 더 크게 나타나는가이다. 국제노동력 이동은 언어 · 문화 · 직업의 변화를 포함하는데, 국내에서 획득한 인적자본의 이전장벽이 문제가 된다. 인적자본의 이전장벽이 높으면 교육 수준이나 직업훈련 등의 인적자본은 이주를 억제하는 효과를 발휘하기도 한다. 예를 들면, 멕시코 농촌 출신의 고학력자는 미국보다 멕시코 도시 지역에서 더 좋은 일자리를 구할 수 있다. 미국에서 멕시코인 노동자는 학력과 관계없이 저임금 직종에 종사할 수밖에 없지만, 멕시코 도시에서는 교육에 따른 인적자본의 효과가 발생한다. 즉 학력이 높은 사람은 상대적 고임금을 보장하는 사무 · 관리직에 취업할 수 있다. 그 경우 '학력'이라는 인적자본은 국내 취업 가능성을 높이고, 국제노동력 이동의 가능성을 낮추는 효과를 발휘한다(설동훈, 1999, 303).

한편 행위이론은 실제 국제노동력 이동과는 무관할 수 있는 일반명제의 추출에 몰두하고 있다는 점에서 몰역사적이라는 비판을 받고 있다(Cohen, 1987, 34-35; Zolberg, 1989, 403-405). 또 행위이론은 각국 사회의 구체적 현실에 대한 고찰이 없었다는 비판을 받는다. '일반이론'의 반대사례가 속출하고 있기 때문이다. 노동력 송출국 중에는 저개발이 지속되는 극빈국보다 경제성장이 급속히 이루어지는 나라가 오히려 많고, 국제노동력 이동을 경험한 개인은 송출국 사회의 하층 출신보다 중간층이 주류를 이룬다는 경험적 연구가 축적되고 있다(Sassen, 1988; 설동훈 2000, 15). 임금수준이 극히 낮고 과잉인구를 가진 나라 중 그 인구를 해외로 송출하는 사회는 극히 일부분에 불과하고, 또 외국인력이 임금수준이 높고 인력난이 심각한 나라에 대규모로 유입되는 것도 특정 시기에 국한된다.

행위이론은 국제노동력 이동을 국내 노동력 이동과 같은 차원에서 이해하여, '각국 정부의 출입국 제한과 같은 이동장벽'을 무시하거나 '합리적인 시장의 형성과정에서 제거되어야 할 장애 요인'으로 간주한다는 점에서 비현실적이라는 비판을 받고 있다(Zolberg, 1991). 세계사회가 영토 국가로 분할된 현실에서, 국제노동력 이동은 국내 이동이나 과거 국경이 불분명하던 시절의 이주와는 그 성격이 분명히 차이가 난다. 노동자를 보내고 받아들이는 '국가'는 이동을 규제 혹은 권장하는 분명한 주체로 활동하고 있다. 국제노동력 이동은 사람들이 그가 속하였던 국가의 보호·통제범위를 벗어나 새로운 국가의 지배를 받아들이는 과정을 수반하는 것이다. 그러므로 '보내는 나라'와 '받아들이는 나라'가 '이동하는 행위자'만큼, 아니 오히려 더 중요하게 간주할 수도 있다.

또 행위이론은 자유 이동이 아닌 강제 이동·강요 이동을 전혀 설명하지 못한다는 한계를 갖고 있다. 국제노동력 이동에 관한 한 자본주의 성립 초기부터 20세기 초까지 강제 이동·강요 이동은 자유 이동보다 오히려 더 규모가 컸다(Davis, 1974, 1989). 이러한 점은 자본주의 세계체계와 각국의 사회구조를 국제노동력 이동 이론 속에 포함해야 한다는 점을 시사한다.

(2) 구조이론에 대한 평가

상대적 과잉인구 이론과 세계체계 이론에 의한 경험적 사례연구 중 가장 주목할 만한 것은 사센(Sassen, 1988)의 '노동력은 자본의 흐름과 반대 방향으로 이동한다'라는 가설이다. 1960년대 이후 미국으로의 이민자 유입을 분석한 결과 도출된 것이다. 이 가설을 일반화하기 위해서는, 다양한 역사적·세계 체계적 맥락에서 발견되는 자본투자와 노동력 이동의 관계에 대한 비교연구가 필수적이다.

이중 노동시장 이론은 선진 자본주의 사회와 경제가 이중적으로 조직되어 있다고 전제하는데, 그 전제 자체를 검증하기는 매우 어렵다는 비판이 제기되었다(Hodson and Kaufman, 1981, 1982). 또 피오레(piore, 1979)의 주장 중 세 가지는 경험적 검증이 필요하다(Massey et al., 1993, 459). 첫째는 '국제노동력 이동은 노동력의 공급보다는 수요에 의하여 야기된다'라는 가설이다. 이것은 노동력 송출국과 유입국의 노동시장에 대한 시계열적(longitudinal) 자료를 사용하여 검증되어야 한다. 둘째, 노동력의 수요를 강조하는 견해는, 개인적 노력에 의해서라기보다는 '공식적 충원'에 의하여 국제노동력 이동이 발생한다는 점을 강조한다. 이 가설은 역사상 주요 국제노동력 이동사례에 나타난 이동 메커니즘을 분석함으로써 검증될 수 있다. 셋째, '제2차 노동시장 부문의 임금은 하락하기는 쉽지만 인상되기는 어렵다'라는 가설도 경험적 검증이 필요하다. 이는 내국인과 외국인 근로자의 임금 격차를 지속해서 비교함으로써 검증될 수 있을 것이다. 어느 경우든, 그 결론은 역사적·세계 체계적 맥락에 따라 다양하게 나타날 것이다.

구조이론은 개별 외국인 근로자들의 이동과정에는 거의 관심을 기울이지 않는다. 다시 말해 국제노동력 이동을 경험한 행위자보다는 그를 에워싸고 있는 자본주의의 역사적·세계 체계적 혹은 노동 시장적 '구조'가 국제노동력 이동을 결정한 것으로 파악한다. 이러한 접근방식은 그 문제 제기의 타당성에도 불구하고 일정한 한계를 가질 수밖에 없다. 외국인 근로자가 노동력 유입국으로 이동한 구체적 경로와 그 나라에서 그들이 취업하고 생활하는 다양한 모습을 파악하기 위한 개념적 장치를 전혀 제공하지 못하기 때문이다.

(3) 관계 이론에 대한 평가

관계 이론은 경험적으로 검증되어야 할 몇 가지 명제들을 산출하고 있다 (Massey et al., 1993, 457-463). 첫째, 위험회피모형·상대적 박탈 이론은 국제노동력 이동의 의사 결정 단위가 가족 또는 가구임을 강조하고 있지만, 그 가족·가구의 소득 수준을 통제하지 않고 있다. '불완전한 시장'은 열등한 인적자본을 가진 사람들에게서 많이 발견되므로, 이 모형을 엄밀히 검증하기 위해서는 기타 소득이나 고용변수를 통제한 후 '불완전한 시장의 영향력과 국제노동력 이동의 위험'을 살펴보아야 할 것이다. 그리고 상대적 박탈감이 국제노동력 이동에 미치는 영향력을 측정하기 위해서는, 송출국 사회의 가구 소득 불평등과 상대적 소득 수준과 같은 구조변수와 개인·가구 수준의 행위자 변수를 모두 포함하는 통합모형이 필요하다.

둘째, 사회적 연결망 이론은 '사회적 자본'을 어떻게 측정하고 평가할 것인가에 초점을 둔 명제를 제시한다. 이 이론의 완성도를 높이기 위해서는 구체적 사례연구를 통해 사회적 자본의 형성과 작동 메커니즘을 규명하는 연구가 축적되어야 한다.

셋째, 조직결성이론은 국제노동력 이동에 관여하는 인력송출조직과 외국인 근로자 지원조직이 만들어지고 그것이 외국인 근로자에게 사회적 자본으로 활용된다는 점을 강조한다. 이것은 사례연구를 통하여 증명하기는 매우 쉬우며, 표본조사를 통해서도 쉽게 자료를 수집할 수 있다.

넷째, 누적원인 이론은 국제노동력 이동은 일단 한 번 이루어지기만 하면 후속적으로 이동을 계속 촉발한다고 본다. 이 이론을 경험적으로 검증하기 위해서는 시계열적으로 측정된 조사자료가 먼저 요구되고, 그 자료에 개인 · 가구 · 공동체 · 국가 수준의 변수가 포함되어야 한다. 통계적 분석기법으로 변수 간의 순환적(recursive) 관계를 상정한 구조방정식 모형(structural equation model)을 적용할 수 있다.

다섯째, 국제노동력 이동 체계이론은 '체계'의 존재 여부를 경험적으로 증명하는 작업이 선행되어야 한다. 체계의 존재를 입증하기 위해서는 즐로트닉(Zlotnik, 1992)이 시도하고 있는 것처럼 국제노동력 이동 규모를 포착하기 위한 기준을 설정한 다음, 국제노동력 이동의 지배적인 유형 확인에 적용해야 한다.

2) 국제노동력 이동 이론 보완

국제노동력 이동의 원인에 관한 세 가지 이론들은 미시행위자, 거시구조, 중간수준의 조직과 사회적 연결망 등이 국제노동 이동에 미치는 영향을 잘 보여주지만, 그것들의 관계를 적절히 나타내 주지는 못한다. 그러므로 구조와 행위자 및 사회적 연결망 작동양식의 상호관계를 나타내 주는 새로운 모형을 정립할 필요가 있다.

설동훈은 〈그림 7-10〉과 같은 국제노동력 이동 분석 모형을 정립하였다(설동훈, 1999).

분석 모형에서 '세계체계(world system)'는 모든 나라의 사회들을 하나의 질

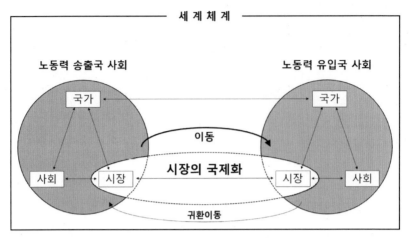

〈그림 7-10〉 국제노동력 이동 분석 모형

서로 연결하게 하는 국제적 차원의 사회체계로 정의한다. 세계체계는 역사적 시간상에서 개별 나라 사회들의 기회를 제약하는 조건을 부여한다. 세계체계가 개별 나라 사회에 미치는 영향은 비결정적(undetermining)일 수밖에 없는 것으로, 각 나라 사회가 동일한 외부적 조건에 대하여 반응하는 양식은 상당한 차이를 보인다.

'사회(society)'는 공동생활을 하는 인간의 집단으로 정의한다. 사회를 인간의 전체집합으로 파악하면, 그것은 세계사회를 의미한다. 그러나 이 세계사회는 국경에 의하여 각 나라 사회로 분할되어 있다. 각 나라 사회에서 사람들, 즉 개인·가족·지역공동체·계급 등은 제각각의 의사를 표출하므로, 사회는 통일된 논리를 산출하지는 못한다. 그렇지만 사회 자체의 침식에 대해서는 적극적으로 방어하려는 속성을 지니고 있는데, 폴라니(Polanyi, 1994)는 그것을 '보호주의'로 명명하였다.

'국가(state)'는 원래 사회 속에 자리 매겨져 있었지만 하나의 독립된 제도로 등장한 것으로, 권력이나 정부 기구뿐 아니라 그것들에 귀속된 전반적 사회체계로 정의한다. 국가는 세계사회를 구획 지어 영토를 설정하고, 그 내부에 있는 조직과 사람에 대하여 우월한 지위를 갖고 행위를 강제하는 권력을 정당화시킨다. 국가는 내부에 있는 사람과 조직에 충성을 강요하고, 세금 · 병역 · 근로 형태로 각종 의무를 부과한다.

'시장(market)'도 원래 사회 속에 자리 매겨져 있던 것이 독립한 것으로, 사람들 간의 상품교환행위가 가격을 형성하는 제도로 정의한다. 사람들은 시장에서 경쟁적 교환을 통하여 이윤을 확보하려는 경제적 행위를 수행한다. 시장은 국가의 속박을 벗어나 세계를 하나로 만들려는 전 지구적 지향성을 갖고 있다. 역사적으로도 시장은 '원격지 교역' 형태로 '세계시장'이 먼저 출현하였고, '전국적 국내시장'은 산업혁명 이후 운하와 철도의 시대가 도래한 이후에 출현하였다.

개별 나라에서 '사회-국가-시장'은 세 가지 관계로 발현된다.

첫째, '사회와 국가의 관계'에서, 국가는 사회 속에서 출현하였으나 사회를 통제하는 기능을 수행한다. 그러나 국가의 자율성은 절대적이라기보다는 상대적인 것, 즉 '사회 속에 자리 매겨진 자율성'(Evans, 1995)이다.[11] 사람들의 해외 이주에 대한 국가 정책은 일률적이지 않다. 국가는 사회와 시장을 고려하여 정책을 펴기 때문이다. 예컨대 중상주의, 경쟁 자본주의, 독점자본주의 시대 국가의 이민 정책이 다르고, 노동력 송출국과 유입국의 정책이 다르게

---

11 제도로서의 국가를 구성하는 주요 행위자는 정치가와 관료다. 정치가는 권력의 획득과 유지를 목표로 삼는 사람들이므로 사회집단 및 계급으로부터의 지지를 받는 것이 필수적이다. 따라서 사회와 국가 사이에는 일종의 정치연합이 존재한다. 관료는 이념형적으로는 '기능적으로 분화된 국가'의 임무를 수행하는 주체로, 공동선(public good)의 담지자로 간주하지만, 실제로는 자율적인 행위자라기보다는 전형적으로 지배계급의 이해관계에 봉사하고 때로는 저항적 하층계급의 요구에 다양한 형태로 반응한다. 즉 사회와 국가는 대부분 권력을 공유하고 상대방을 변화시키는 영향력을 행사한다.

나타난다.

둘째, '사회와 시장의 관계'에서 제도로서의 시장은 인간의 노동력을 상품화하는 노동시장을 통해 사회를 지배한다. 폴라니(Polanyi, 1994)가 지적하였듯이, 노동자의 이주에 대한 국가의 규제가 철폐된 이후 시장은 하나의 독립된 제도로서 사회를 지배하기 시작하였다. 시장이 사회를 지배하게 되면, 각국 시장에서 노동력 수급의 불균형은 국제노동력 이동을 유도하고 지속시키는 기본요인이 된다. 현대 자본주의 사회에서 시장의 주역은 조직, 그중에서도 기업이다. 기업들은 국경을 뛰어넘어 초국적화되는 추세에 있다. 이러한 시장의 지배에 대하여, 사회는 자체적 시민운동이나 국가 정책을 통하여 저항하여 자기 의사를 관철하려 한다.

셋째, '시장과 국가의 관계'에서 국가는 항상 시장에 개입했고, 시장은 국가개입을 최소화함으로써 자체 논리를 관철하려 하였다. 국가의 시장개입은 역사적·사회적 맥락에 따라 경제적 효율을 가져오기도 하였지만, 비효율을 초래하기도 하였다. 시장은 사적 재화 배분의 효율을 보장하는 제도이기는 하지만 잘못되면 사회와 자연까지 파괴할 수도 있다. 국가는 시장 실패(market failure)를 막기 위하여 시장에 개입한다는 명분을 내세우고 있고, 사회의 지지를 통해 정당성을 확보한다. 국가의 시장개입 정도와 방식은 매우 다양하다. 이를테면 시장의 효율성을 보장하기 위하여 최소한도로 개입한 국가도 있었지만, 사회의 보호를 명분으로 국가가 시장에 깊숙이 개입하는 사례도 적지 않다.

세계체계 속에서 '사회-국가-시장'은 개별 나라 내부와는 다른 의미를 지닌다. 먼저, 사회는 '인간의 전체집합'으로 세계사회의 이상을 갖고 있으나, 실제로는 개별국가에 의하여 분열된 형태로 존재한다. 그러나 세계사회의 이상은 시민운동과 계급의 국제연대를 추동하는 기본적 힘으로 작용한다. 다음, 시장은 세계를 하나로 통합하는 것을 지향한다. 상품시장·자본시장은 이미 그렇게 되었지만, 노동시장의 통합은 '국가'와 '국경에 의하여 분리된 사회'의 저항에 직면하여 있다. 세계 노동시장의 형성은 세계사회의 형성과 맞물리는 것이기에 개별국가의 저항이 클 수밖에 없다. 끝으로, 국가는 이념형적으로는 세계정부의 형태로 세계시장에 개입하고 세계사회를 통제할 수 있다. 그러나 세계정부가 존재하지 않는 현대 세계에서는 미국이 주도하는 열국 체계(inter-state system)가 그 임무를 수행한다. 열국 체계를 규정짓는 핵심 요소는 국력의 우열이다. 그러므로 국제노동력 이동과 관련된 분야에서는 대부분 저개발국인 노동력 송출국 정부의 요구가 무시되고 선진국인 유입국 정부의 의사가 관철된다.

〈그림 7-10〉은 국제노동력 이동을 분석하기 위하여 노동력 송출국과 유입국의 두 사회로 논리를 단순화한 모형이다. 세계체계의 규정을 받는 두 사회 사이에는 경제 발전격차가 존재하며 임금수준이 다르다. 그래서 노동력 송출국 사회의 사람들은 더 나은 삶의 기회를 찾아 다른 나라로 이주하려고 한다.

그들 중 해외 취업에 성공한 사람들은 새로운 사회에서 외국인 근로자로 생활한다. 그들의 해외 취업은 '이동'으로, 모국으로 다시 돌아가는 것은 '귀환 이동'으로 표시하였다.

〈표 7-1〉은 노동력 송출국 사회와 유입국 사회 및 외국인 근로자 사이에서 발생하는 여러 가지 쟁점을 정리한 것이다. 한편, 두 사회 내부에서 국제노동력 이동을 촉진 또는 저해하는 '시장-사회-국가'의 상호작용 메커니즘이 작동하는 것으로 상정한다. 두 사회 내에서 시장과 사회 및 국가는 해외 이주를 선택하려는 사람들의 의지와 행동의 동기를 부여하거나 제약을 가한다. 물론 그 각각의 구체적 형태는 세계체계의 규정을 받는 역사적·사회적

맥락에 따라 다르게 나타난다.

<표 7-1> 국제이주로 인한 송출국 · 노동자 · 유입국의 영향 관계

구분	송출국 사회	외국인 근로자	유입국 사회
일차적 문제	• 과잉인구, 즉 구조적 실업과 불완전고용의 만연 • 지방별 · 부문별 경제 발전의 불균형	• 소득 기회의 부족 • 낮은 교육 수준 • 외부로부터 유도된 경제 · 사회적 욕구 증내 개인적 발전 지체	• 특정 지방 · 부문의 지속적 노동력 부족 • 직업구조의 상향적 변화와 하층 직종의 인력난
전략	• 대량 해외 이출의 묵인 또는 장려	• 단기, 중기 또는 영구적인 국제노동력 이동	• 외국인 근로자 고용
목표 기대	• 인구 압력의 제거 • 지방 차원이 이전 소득과 국민경제 차원의 해외송금 • 학습을 통한 발전 효과 사회 · 정치적 긴장 완화 등 부가 급부	• 소득원천 • 저축 확대/안정적 저축 • 국내와 해외 생활 근거 확립 및 통합 · 재통합 사회적 지위 상승	• 지방 · 부문별 노동시장 문제에 대한 단기적 해결책 • 경기변동의 완충장치 도입 • 노동시장 유연성 확보
이차적 문제	• 인구 구조의 파괴 • 지방 · 부문별 인력 부족 • 교육, 정치, 삶의 질 등 장기적 문제를 안고 있는 사회 구조적 난맥상이 발전의 장애물로 작용 • 반복적인 대량 해외 이출	• 외국인 근로자로 사는 생활 • 의사소통, 통합, 법적 · 정치적 지위 등 개인적 · 사회적 문제의 악화 • 계획/기대하지도 않았던 장기체류와 반복적 이주 • 투자 실패 • 재통합의 실패	• 사회기반시설에 대한 이차적 수요 • 보완 효과에 의한 외연적 경제성장은 경제구조조정을 지연시킴 • 사회통합, 정치적 반대운동, 2세 문제 등 사회적 · 정치적 외국인 근로자 문제

참고문헌

Abrams Elliott and Abrams, Franklin S.(1975). Immigration Policy:Who Gets In and Why?. Public Interest 38, 3-29.

Amin, Samir.(1974). 『Accumulation on a World Scale: A Critique of the Theory of Underdevelopment』. New York: Monthly Review Press.

Böhning, W. Roger.(1972). 『The Migration of Workers in the United Kingdom and the European Community』. New York: Oxford University Press.

Bonacich, Edna, and Lucie Cheng.(1984). Introduction: A Theoretical Orientation to International Labor Migration. Pp. 1-56 in Labor Immigration under Capitalism: Asian Workers in the United States before World War II, edited by Lucie Cheng and Edna Bonacich. Berkeley, CA: University of California Press.

Borjas, George J.(1989). Economic Theory and International Migration. International Migration Review 23(3), 457-485.

Borjas, George J.(1990). 『Friends or Strangers:The Impact of Immigrants on the U.S. Economy』. New York: Basic Books.

Massey, Douglas S., Joaquín Arango, Graeme Hugo, Ali Kouaouci, Adela Pellegrino, and J. Edward Taylor.(1993). Theories of International Migration: A Review and Appraisal. Population and Development Review 19(3), 431-466.

Massey, Douglas S., Rafael Alarcón, Jorge Durand, and Humberto González.(1987). Return to Aztlan: The Social Process of International Migration from Western Mexico. Berkeley, CA:University of California Press.

Sassen, Saskia(1988). 『The Mobility of Labor and Capital: A Study in International Investment and Labor Flow』. Cambridge: Cambridge University Press.

Stark, Oded(1991). 『The Migration of Labor』. Cambridge, MA:Basil Blackwell.

Todaro, Michael P.(1969). A Model of Labor Migration and Urban Unemployment in Less developed Countries. American Economic Review 59(1), 138-148.

Todaro, Michael P.(1980). Internal Migration in Developing Countries:A Survey. Pp. 361-401. Chicago, IL: University of Chicago Press.

Todaro, Michael P.(1986). International Migration, Domestic Unemployment, and Urbanization: A Three Sector Model." Center for Policy Studies Working Papers No. 124.

Todaro, Michael P.(1989). Economic Development in the Third World, Fourth Edition. New York: Longman.

Zolberg(1989). The Next Waves: Migration Theory for a Changing World. International Migration Review 33(3), 403-430.

Zolberg(1991). Bounded States in a Global Market: The Uses of International Labor Migrations. Pp. 301-325 in Social Theory for a Changing Society, edited by Pierre Bourdieu and James S. Coleman. Boulder, CO: Westview Press.

박경태 · 설동훈 · 이상철(1999). 국제노동력 이동과 사회적 연결망:경기도 마석의 필리 핀인 노동자집단을 중심으로. 『한국사회학』 33. 819-849.

박은경(1986). 『한국 화교의 종족성』. 한국연구원.

석현호 · 정기선 · 이정환 · 이혜경 · 강수돌(2003). 『외국인 근로자의 일터와 삶』. 지식 마당.

설동훈(1999). 『외국인 근로자와 한국 사회』. 서울: 서울대학교출판부.

설동훈(2000). 『노동력의 국제 이동국제노동력 이주의 이해』. 서울: 서울대학교출판부.

스티븐 카슬, 마크 J. 밀러(2013). 『이주의 시대』. 한국이민학회 역, 서울: 일조각.

양 소(2016). 「국내 외국인 근로자 임금의 영향요인에 관한 분석」. 성균관대학교 학위논문.

유길상 · 이규용(2002). 『외국인 근로자의 고용실태 및 정책과제』. 한국노동연구원 연구 보고서.

유길상 · 이규용 · 이해춘 · 조준모 · 노용진 · 김헌구 · 박의경(2004). 『저숙련 외국인력 노동시장 분석』. 한국노동연구원 연구보고서.

조혜종(2006). 『새 인구론』. 푸른길.

제8장

⋮

외국인력의 이해와
고용허가제 이전 한국의 노동정책

1. 외국인력의 개념[1]

한국은 노동 현장에서 일하는 외국인을 지칭하는 용어는 '외국인력', '외국인 근로자', '외국인 노동자', '이주근로자', '이주노동자' 등 일반인뿐만 아니라 정부 문서나 학계 연구, 언론 등에서 통일되지 않는 채 편의적으로 사용하고 있다.

대한민국 법령에서 '이주노동자'라는 용어를 찾을 수 없으며, 정부가 이를 공식적으로 사용하지도 않는다. 반대로 시민사회와 학계에서는 이 용어를 사용하는 경우가 점차 많아지고 있다.[2] 국제적으로는 '이주노동자(migrant workers)'가 널리 사용되고 있지만, 일부 국가에서는 정부가 정치적 목적을 담

---

1   사회배제 대응을 위한 새로운 복지국가 체제 개발:이주노동자 연구, 한국보건사회연구원, 2020. 36-51.
2   예를 들어 김명혜(2020), 김지혜(2020), 박선영(2020).

아서 '외국인 근로자(foreign workers)'라고 부르기도 하고,[3] 과거에는 '외인 노동자(alien workers)'[4]라는 용어를 사용하기도 하였다. 한국 정부는 일반적으로 체류 자격별〈표 8-1〉로 구분하고 있는 '외국인력'과 「외국인 근로자의 고용 등에 관한 법률」[5]에서 정의하는 '외국인 근로자'라는 용어를 공식적으로 사용한다.

〈표 8-1〉 체류 자격별 외국인력 분류

분류		체류 자격	취업 가능 여부	체류 여건
취업 사증	비 숙 련	비전문취업 (E-9)	업종별 도입 쿼터 설정 후 신청 기업에 배정	반복 갱신 체류 제한
		방문취업 (H-2)	고용 허용 업종(단순 노무) 내에서 자율적 취업	반복 갱신 체류 제한
	숙 련	전문인력 (E-1~7)	발급받은 취업 사증 분야에 한해 취업 활동	자격요건 충족 시 반복 갱신 가능
비취업 사증		재외동포 (F-4)	단순 노무 활동 외의 업종 취업 가능	자격요건 충족 시 반복 갱신 가능
		영주 (F-5)	모든 업종 취업 가능	기간에 정함이 없이 체류가 가능
		결혼이민 (F-6)	모든 업종 취업 가능	자격요건 충족 시 반복 갱신 가능
		유학생 (D-2)	시간제 아르바이트로 시간 및 허용 업종 제한	반복 갱신 체류 제한

출처: 남기범 외 2021, 323.

1) 이주노동자

「모든 이주노동자와 그 가족의 권리 보호에 관한 국제협약(The International

---

3   White House(2020).

4   예를 들어 Martin & Mines(1983).

5   법률 제17326호, 2020.5.26., 타법개정(시행 2020.5.26.).

Convention on the Protection of the Rights of All Migrant Workers and Members of their Families), 이하 이주노동자 권리협약」 제2조 제1항에 따르면 '이주노동자'란 "그 사람이 국적국이 아닌 나라에서 유급 활동에 종사할 예정이거나, 종사하고 있거나, 종사하여 온 사람"을 말한다. 한편 이 협약은 이주노동자에 포함되는 노동자(제2조 제2항)와 포함되지 않는 사람(제3조)으로 구분⟨표 8-2⟩하고 있다.

⟨표 8-2⟩「이주노동자 권리협약」의 '이주노동자' 구분

'이주노동자'에 포함되는 사람(제2조 제2항)	'이주노동자'에 제외되는 사람(제3조)
월경노동자(frontier worker) 계절 노동자(seasonal worker) 선원(seafarer) 해상시설 노동자(worker on an offshore installation) 순회노동자(itinerant worker) 특정 사업노동자(project-tied worker) 특별취업노동자(specified-employment worker) 자영 노동자(self employed worker)	국제기구 직원, 공무 수행 파견 개발 및 협력계획 수행 파견 투자자 난민과 무국적자 학생과 연수생 취업국 거주가 허가되지 않은 선원 및 해상시설 노동자

또 「이주노동자 권리협약」은 '등록(documented)' 또는 '정규(regular)' 상황에 있는 사람과 '비등록(non-documented)' 또는 '비정규(irregular)' 상황에 있는 사람을 모두 이주노동자로 보지만, 서로 다른 범주로 구분하여 정의한다. 즉 전자는 '취업국의 법률 및 그 국가가 당사국인 국제 협정에 따라 그 국가에 입국, 체류, 유급 활동 종사가 허용'된 이주노동자를 뜻하고, 후자는 그러한 조건을 충족하지 못한 상황에 있는 이주노동자를 뜻한다(「이주노동자 권리협약」 제5조).

「이주노동자 권리협약」에 따른 '이주노동자'의 정의는 다음 네 가지 특징이 있다. 첫째, '이주노동자'는 자신의 '국적국이 아닌 국가에서 유급 활동'을 하므로, 체류국에서는 기본적으로 비국민(또는 외국인) 신분이다. 둘째, 현재 체

류국에서 유급 활동을 하는 경우뿐만 아니라, 현재는 유급 활동을 하지 않지만 가까운 미래에 할 예정이거나 과거에 유급 활동을 했던 경우를 모두 포함한다. 셋째, 체류국에서 유급 활동을 하고 있지만 특별한 체류 자격을 가지고 있는 외국인(예를 들어 국제기구 직원, 난민과 무국적자, 유학생과 연수생 등)은 협약상 '이주노동자'에 포함되지 않는다. 넷째, 체류국에서 적법한 체류 자격을 유지하고 있는 경우뿐만 아니라 체류 자격이 만료되거나 취소된 사람이라도 유급 활동을 하고 있으면 모두 '이주노동자'로 인정한다.

2) '외국인 근로자'

'이주노동자'는 한국 정부가 공식적으로 사용하는 용어는 아니다. 정부는 '외국인 근로자'라는 용어를 사용하고 있다.

대한민국의 '외국인력'정책 전체를 규율하는 「외국인 근로자의 고용 등에 관한 법률」에 따르면 '외국인 근로자'란 "대한민국의 국적을 가지지 아니한 외국인으로서 국내에 소재하고 있는 사업 또는 사업장에서 임금을 목적으로 근로를 제공하고 있거나 제공하려는 자"(외국인 근로자의 고용 등에 관한 법률. 법률 제17326호.)를 말한다.

국제협약과 우리 법률의 차이점은 '국적국이 아닌 곳'에서 '유급 활동'에 종사하는 같은 대상에 대해 국제협약은 '이주자'라는 명칭을, 한국 법률은 '외국인'이라는 명칭을 사용한다는 것이다.

이주노동자와 외국인 근로자는 단순한 호명의 차이뿐만 아니라, 각자에게 부여되는 사회적 지위와 권리의 내용은 같은 집단을 대상으로 한다고 보기 어려울 정도로 판이하다.

국내법 정의에 따른 '외국인 근로자'는 모든 외국 국적의 노동자를 포함하는 것이 아니라, 특정한 체류 자격을 받은 사람에게만 적용된다는 특징이 있다. 「출입국관리법」[6]과 「출입국관리법 시행령」[7]에 따라, 첫째, 특정한 '체류 자격'을 갖추고 있는 사람만 '외국인 근로자'로 간주하고, 둘째, '체류 자격'에 따라 정해진 '체류 기간' 동안만 체류하여 '체류 자격'을 상실하지 않은 사람만 인정된다. 이것은 체류 자격과 관계없이 모든 외국 국적의 노동자를 '이주 노동자'로 보는 「이주노동자 권리협약」의 정의와 가장 크게 다른 점이다.

<표 8-3> 「외국인 근로자의 고용 등에 관한 법률」 '적용 제외 외국인 근로자'

「외국인 근로자의 고용 등에 관한 법률 시행령」 제2조에 따른 규정	「출입국관리법 시행령」 별표 1, 별표 1의 2에 따른 체류 자격
1. 「출입국관리법 시행령」 제23조 제1항에 따라 취업 활동을 할 수 있는 체류 자격 중 같은 영 별표 1 중 5. 단기 취업(C4), 같은 영 별표 1의 2 중 14. 교수(E1)부터 20. 특정 활동(E7)까지 및 20의 2. 계절 근로(E8)의 체류 자격에 해당하는 사람	단기 취업(C4), 교수(E1), 회화지도(E2), 연구(E3), 기술지도(E4), 전문직업(E5), 예술흥행(E6), 특정 활동(E7), 계절 근로(E8)
2. 「출입국관리법」 제10조의 3 제1항,	영주(F5)
같은 법 시행령 제23조 제2항 및 제3항의 규정에 따라 체류 자격의 구분에 따른 활동의 제한을 받지 아니하는 사람	거주(F2) 가. 국민의 미성년 외국인 자녀, 영주권자의 배우자와 자녀 나. 국민과 혼인 관계(사실혼 포함)에서 출생한 사람 다. 난민 인정자 자. 나이, 학력, 소득 등이 기준에 해당하는 사람 차. 부동산 투자자, 법인 임원, 주주 카. 자목, 차목 해당자의 배우자와 자녀

6   법률 제16921호, 2020.2.4., 일부 개정(시행 2020.8.5.).

7   대통령령 제30910호, 2020.8.5., 일부 개정(시행 2020.8.5.).

「외국인 근로자의 고용 등에 관한 법률 시행령」 제2조에 따른 규정	「출입국관리법 시행령」 별표 1, 별표 1의 2에 따른 체류 자격
같은 법 시행령 제23조 제2항 및 제3항의 규정에 따라 체류 자격의 구분에 따른 활동의 제한을 받지 아니하는 사람	거주(F2) (종전 체류 자격에 해당하는 분야에서 활동을 계속하는 경우만 허용) 라. 외국인 투자가 바. 외교, 공무, 협정 체류 자격으로 5년 이상 거주 사. 비전문 취업(E9), 선원취업(E10), 방문취업(H2) 체류 자격으로 4년 이상 거주하고 자격 취득, 자산 보유 등
	결혼이민(F6)
	재외동포(F4) (단순 노무 행위, 선량한 풍속이나 사회질서에 반하는 행위, 공공의 이익이나 국내 취업 질서 등을 유지하는 데 필요한 경우 제한)
3. 「출입국관리법 시행령」 제23조 제5항에 따라 같은 영 별표 1의 2 중 28. 관광취업(H1)의 체류 자격에 해당하는 사람으로서 취업 활동을 하는 사람	관광취업(H1)

자료: 외국인 근로자의 고용 등에 관한 법률. 법률 제17326호.

첫째, 현행 「외국인 근로자의 고용 등에 관한 법률」이 '외국인 근로자'로 간주하는 사람의 범위는 한정적이다. 「외국인 근로자의 고용 등에 관한 법률 시행령」[8]은 '외국인 근로자'에서 적용 제외되는 경우들을 〈표 8-3〉과 같이 제시한다(제2조). 이 규정에 따르면 단기 취업, 계절 근로, 관광취업과 같이 단기 체류 허가를 받은 경우, 교수, 연구, 전문직업 등 전문직에 해당하거나 회화지도, 예술흥행, 특정 활동 등 준전문직 또는 숙련된 기술이 필요한 직종에 취업하는 경우, 영주, 거주, 결혼이민, 재외동포 등 주된 체류 목적이 노동이

---

8   대통령령 제30509호, 2020.3.3., 타법개정(시행 2020.3.3.).

아닌 것으로 간주하는 사람은 법상 '외국인 근로자'에 해당하지 않는 것으로 본다.

이들을 제외하면 '외국인 근로자'에 해당하는 사람은 비전문 취업, 선원 취업, 방문취업 체류 자격을 가진 사람들로 모두 저숙련에 해당하는 직종에 서 일하는 노동자들이다(참조 〈표 8-4〉). 즉 국내법상 '외국인 근로자'의 정의 는 대체로 내국인이 선호하지 않아 인력을 구하기 어려운 직종의 저임금 노 동을 담당하는 사람에 한정된다.

〈표 8-4〉 「출입국관리법 시행령」 상의 '외국인 근로자' 체류 자격

체류 자격[9]		체류 자격에 해당하는 사람 또는 활동 범위
비전문 취업 (E9)		「외국인 근로자의 고용 등에 관한 법률」에 따른 국내 취업요건을 갖 춘 사람(일정 자격이나 경력 등이 필요한 전문 직종에 종사하려는 사람은 제외한다.)
선원취업 (E10)		선원 근로계약을 체결한 외국인으로서 「선원법」… 에 따른 부원(部員)에 해당하는 사람(「해운법」, 「수산업법」, 「크루즈 산업의 육성 및 지원에 관한 법률」에 따라 사업을 경영하는 사람도 이 체류 자격 에 해당하지만 '외국인 근로자'에는 해당하지 않는 것으로 본다.)
방문취업 (H2)	해 당 하 는 사 람	「재외동포의 출입국과 법적 지위에 관한 법률」에 따른 18세 이상 외 국 국적 동포(출생 당시에 대한민국 국민이었던 사람과 그 직계비 속, 국내에 주소를 둔 국민 등의 8촌 이내의 혈족 또는 4촌 이내의 인척으로부터 초청을 받은 사람, 국가유공자와 그 유족 등, 독립유 공자와 그 유족 또는 그 가족, 대한민국의 국익 증진에 기여한 사람, 유학(D2) 체류 자격으로 1학기 이상 재학 중인 사람의 부모와 배우 자, 자진하여 출국한 사람, 한국어 시험, 추첨 등의 절차에 따라 선 정된 사람)

---

9 「출입국관리법 시행령」 별표1의 2에 따른 체류 자격 구분

체류 자격[9]		체류 자격에 해당하는 사람 또는 활동 범위
방문취업 (H2)	활 동 범 위	방문, 친척과 일시 동거, 관광 등 산업 분야에서의 활동,[10] 육지 동물과 애완동물 도매업, 기타 산업용 농산물 도매업, 생활용품 도매업, 기계장비 및 관련 물품 도매업, 재생용 재료 수집 및 판매업, 기타 생활용품 소매업, 기타 상품 전문 소매업, 무점포 소매업, 육상 여객 운송업, 냉장 및 냉동 창고업(내륙에 있는 업체에 한정), 호텔업(1, 2, 3등급 호텔), 여관업, 한식 음식점업, 외국인 음식점업, 기타 간이 음식점업, 서적, 잡지 및 기타 인쇄물 출판업, 음악 및 기타 오디오물 출판업, 사업시설 유지관리 서비스업, 건축물 일반 청소업, 산업 설비, 운송장비 및 공공장소 청소업, 여행사 및 기타 여행보조 서비스업, 사회복지 서비스업, 자동차 종합 수리업, 자동차 전문 수리업, 모터사이클 수리업, 욕탕업, 산업용 세탁업, 개인 간병 및 유사 서비스업, 가구 내 고용 활동

자료: 출입국관리법 시행령. 대통령령 제31224호.

둘째, 「출입국관리법」이 정하는 체류 자격에 따른 체류 기간과 활동 범위를 위반하면 '외국인 근로자'로 인정되지 않는다. 「출입국관리법」은 '외국인이 대한민국에서 취업하려면 대통령령으로 정하는 바에 따라 취업 활동을 할 수 있는 체류 자격을 받아야 한다'라고 정하고 있고(제18조 제1항), '그 체류 자격과 체류 기간의 범위에서' 체류할 수 있다고 정한다(제17조 제1항). 이 규정을 위반하면 '강제퇴거의 대상자'가 될 수 있다(제46조 제1항 제8호).

'강제퇴거 대상자'가 되면 '외국인 근로자'는 '불법체류 외국인'으로 간주하고, 국내에서 유급 활동을 할 수 있는 자격을 잃게 된다. 다만 '불법체류 외국인'이 유급 활동을 지속하는 경우 「근로기준법」에 따른 '근로자' 신분은 여전히 보장받는다. 대법원의 판결에 따라 산업재해 보상, 퇴직금, 최저임금,

---

10 (작물 재배업, 축산업, 작물 재배 및 축산 관련 서비스업, 연근해 어업, 양식 어업, 천일염 생산 및 암염 채취업, (중소) 제조업, 하수, 폐수 및 분뇨 처리업, 폐기물 수집, 운반, 처리 및 원료재생업, 건설업(산업·환경설비 공사 제외)

노조설립 등의 노동권을 인정받을 수 있기 때문이다.[11]

한편 「재한외국인 처우 기본법」은 '재한외국인'을 정의하면서 '대한민국에 거주할 목적을 가지고 합법적으로 체류하고 있는 자'라고 한정 지었다(제2조 제1항). 즉 체류 자격이 합법적이지 않은 미등록, 비정규 이주노동자의 경우 국가가 외국인에 대해 정하는 기본적인 처우의 대상에서도 제외되는 것이다.

위에서 살펴본 바와 같이 국내법상 '외국인 근로자'의 정의가 갖는 두 가지의 특징은 「이주노동자권리 협약」상의 '이주노동자' 개념과 어떠한 차이점이 있는지를 두드러지게 보여준다.[12]

첫째, '이주노동자'는 체류 자격과 관계없이 모든 외국 국적의 노동자를 뜻하는 반면, '외국인 근로자'는 비전문직종에 종사할 수 있도록 허가된 체류 자격을 받은 노동자만 해당한다. 둘째, '이주노동자'는 체류 자격을 상실한 미등록, 비정규 이주노동자도 포함한다고 「이주노동자권리 협약」이 명시하고 있으나, 국내법상 '외국인 근로자'는 '불법체류 외국인'을 포함하지 않는 것으로 해석된다. 다만 '불법체류 외국인'은 대법원의 판결에 따라 노동자로서 기본적인 노동권은 보호받는다.

요컨대 국제협약에 따른 '이주노동자'와 국내법에 따른 '외국인 근로자'는 정의에 차이가 있다. 두 개념의 차이는 〈그림 8-1〉에서 간략히 정리할 수 있다. '이주노동자'는 미등록(불법체류) 이주노동자, 계절 노동자, 전문직 및 준전문직 노동자 등을 모두 포괄하는 넓은 의미지만, '외국인 근로자'는 적법

---

11 요양 불승인 처분취소(대법원 1995.9.15. 선고 94누12067 판결), 노동조합 설립 신고서 반려 처분 취소(대법원 2015.6.25, 선고 207두4995, 전원합의체 판결) 참고.

12 '외국인 근로자'와 '이주노동자'에 대한 용어의 정의 차이는 해당 대상에게 보장된 권리의 차이로 이어진다. 즉 「이주노동자권리 협약」이 인정하는 '이주노동자'의 권리와 국내법이 '외국인 근로자'에게 부여하는 자격 사이에 차이가 생겨난다.

한 체류 자격을 가진 저숙련 노동자를 지칭하는 데 사용된다.

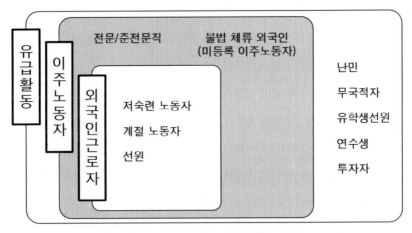

〈그림 8-1〉 '이주노동자'와 '외국인 근로자'의 범위

1990년에 채택되어 2003년 발효된 이주노동자 권리협약에 따르면 모든 이주노동자와 그 가족들은 취업국 시민들과 법적, 정치적, 경제적, 사회적 및 문화적 영역에서 동등한 대우를 보장받는 '사회적 실체'이자 '권리의 주체'로 정의된다. 국제협약은 이주노동자와 그 가족에게 '노동자'의 지위를 넘어 인간으로서 기본권 전체를 보장하고 있다. 그러나 2003년 제정, 2004년 시행된 정부의 「외국인 근로자의 고용 등에 관한 법률」은 외국인 근로자들에게 직업 선택의 자유, 직장이동의 자유, 가족과 함께 살 수 있는 자유 등 인간으로서의 기본권을 불허(不許)하고 있다. 다만 경제적 권리의 일부 곧 일정 기간 제한된 분야의 사업장에 '고용되어 근로할 수 있는 권리'를 규정하고 있을 뿐이다(윤혜동 2017, 217-218).

외국인 인력정책의 개념과 범위를 논의하기 위해서는 외국인력의 범주를 어떻게 설정할 것인가가 중요하다. 외국인력의 범주는 법무부에서 발간하는 출입국·외국인 정책통계자료를 통해 추계가 가능하다. 이를 위해서는 전체 비자 체계를 살펴볼 필요가 있다. 외국인 입국과 체류에 관한 사항은 '출입국관리법'이 규정하고 있는데, 외국인은 체류 자격의 범위 내에서 활동할 수 있다.

한국에 입국한 외국인은 체류 자격 범위 내에서 활동할 수 있으며, 출입국관리법 및 동 시행령에 규정된 외국인의 입국과 체류 자격은 활동 내용에 따라 〈표 8-5〉와 같이 분류할 수 있다.

〈표 8-5〉 체류 자격 유형

계열	세부 자격 구분			
A	A-1 외교	A-2 공무	A-3 협정	
B	B-1 사증면제	B-2 관광통과		
C	C-1 일시취재			
	C-2 단기상용	C-3 단기종합	C-4 단기취업	
D	D-1 문화예술	D-2 유학	D-3 산업연수	
	D-4 일반연수	D-5 취재	D-6 종교	D-7 주재
	D-8 기업투자	D-9 무역경영	D-10 구직	
E	E-1 교수	E-2 회화지도	E-3 연구	E-4 기술지도
	E-5 전문직업	E-6 예술흥행	E-7 특정활동	
	E-9 비전문취업	E-10 내항선원		
F	F-1 방문동거	F-2 거주	F-3 동반	
F	F-4 재외동포	F-5 영주		
G	G-1 기타			
H	H-1 관광취업	H-2 방문취업		

체류 자격은 출입국목적에 따라 사업, 취업, 학업, 친척방문 · 가족 동거 · 거주 · 동반 · 재외동포 등, 관광, 통과 · 각종 행사 · 회의 참가 등, 기타의 6 가지 유형으로 〈표 8-6〉처럼 재분류가 가능하다.

〈표 8-6〉 출입국목적별 비자 유형

출입국목적	비자 유형				
사업목적	C-2	D-7	D-9		
취업 목적	C-4	E-1	E-10	H-1	H-2
친척방문, 가족 동거, 거주, 동반, 재외동포	B-1	B-2	C-3	F-1~F-4	
학업 목적	D-2	D-4			
기타목적	C-1	D-1	D-5	D-6	
관광, 통과, 각종 행사, 회의참가	B-1	B-2	C-3		

외국인이 국내에 체류하면서 취업을 하고자 할 때는 취업할 수 있는 체류 자격을 소지해야 한다. 취업 활동을 할 수 있는 체류 자격(취업 사증)은 다음과 같다. 단기취업자에게 발급되는 단기 취업 사증(C-4)과 전문기술 인력과 비전문인력에게 발급되는 전문기술 인력/비전문인력 사증(E-1에서부터 E-10), 그리고 관광취업 사증(H-1)과 방문취업 사증(H-2)이 있다. 전문기술 인력에 발급되는 사증은 전문인력 유형에 따라 세분되어 있는데, 교수(E-1), 회화지도(E-2), 연구(E-3), 기술지도(E-4), 전문직업(E-5), 예술흥행(E-6), 특정 활동(E-7)이 있으며, 비전문 취업(E-9)과 내항 선원(E-10), 방문취업 사증(H-2)은 비전문 취업 사증에 해당한다. 전문기술 인력 사증의 국내 체류 기간은 전문인력 유형에 따라 체류 기간을 달리하는데, 대부분 1회에 부여하는 최대 체류 기간은 5년이지만 특정 활동과 비전문 취업은 3년, 회화지도와 예술흥행은 2년, 내항 선원은 1년이다.

E-1~E-7 계열 비자는 전문인력에 해당하며 나머지는 비전문인력 비자에 속한다. 그런데 현실적으로 출입국통계자료를 통해 국내에 체류하고 있는 외국인력을 포괄하기 위해서는 위에서 언급한 취업비자(E), 방문취업자(H-2), 단기 취업(C-4), 산업연수(D-3), 기업투자(D-8) 그리고 불법체류자로 구성할 수 있다. 불법체류자는 취업비자로 입국하였으나 사업장이탈이나 체류 기간을 넘겨 불법체류자가 된 경우와 비 취업비자로 입국하였으나 취업하고 있는 경우가 이에 해당하며 이들의 대부분은 취업을 목적으로 체류하고 있는 것으로 추정된다.[13] 따라서 전체 외국인력의 개념에는 이들을 모두 포함할 필요가 있다. 이 외에 유학생 비자 입국자 중 일부 취업자와 국민의 배우자 체류 자격(F21 및 F13)자 중 일부도 취업하는 것으로 추정된다.

협약뿐만 아니라 기타 국제문서에서도 이주노동자의 개념에 관해 규정하고 있는데, 일부 규정을 살펴보면 다음과 같다.

ILO '불법 이주 및 이주노동자의 기회 및 처우 균등의 촉진에 관한 협약'(제143호) 제1부 제11조에 의하면, '이주노동자'라 함은 "자기 이외의 자를 위하여 고용될 목적으로 일국으로부터 타국으로 이주하는 자"를 말하며, 이주노동자로서 정상적으로 입국이 인정되는 자를 말한다.[14] 제143호 협약은 '고용될 목적'에 대해서만 언급하고 있고 '임금(수익)' 여부를 목적으로 한 노동의 제공에 관해서는 규정하고 있지 않다. 다만, '정상적으로 입국이 인정되는 자'로 한정함으로써 불법적인 방법과 수단으로 입국하여 이주를 한 자는 이주노동자에 포함하지 않고 있다. 또한 '이주노동자의 법적 지위에 관한 유럽협약(European Convention on the Legal Status of Migrant Workers, 마스트리흐트(Maastricht)

---

13 불법체류자가 모두 취업하고 있는 것은 아니지만 이들을 경제활동인구로 분류하는 것은 타당하다.

14 국제노동연구소 편(1991). 『ILO 조약·권고집(1919-1991)』. ILO 연구총서 3. 돌베개. 1498의 번역에 의함.

협약)'¹⁵ 제1조는 '이주노동자(migrant worker)'란 "고용의 대가로 임금을 받기 위하여 다른 체약국의 영역에 머물도록 허가를 받은 어느 체약국의 국민(a national of one Contracting Party who has been authorised by another Contracting Party to reside in its territory in order to take up paid employment)"을 말한다. 이 협약은 노동, 거주, 임금의 수령, 가족 재결합, 사회보장, 본국으로의 귀환 등에 대해 상세히 규정하고 있다. 특히 제14조에서는 "모든 권리와 자유는 성, 인종, 색깔, 언어, 종교, 정치적 혹은 기타 견해, 민족적·사회적 기원, 소유, 출생 혹은 기타 지위와 같은 이유로 차별받아서는 안 된다."라고 규정함으로써 이주노동자는 일하고 있는 나라에서 권리와 자유를 향유할 수 있음을 밝히고 있다(최명민 외 2015, 205). 우리나라의 「외국인고용법」도 이와 같은 견해를 취하고 있다. 이 정의에 따르면, 이주노동자, 즉 외국인 근로자로 인정되기 위해서는 '임금(수입)을 목적으로 체류하면서 노동을 제공하는 자'여야 한다는 것을 알 수 있다. 위 규정들을 살펴보면, ILO 제143호 협약보다는 유럽협약과 우리 법률이 더 구체적이고 명확하게 이주노동자에 대해 규정하고 있다는 것을 알 수 있다.

(1) 「이주노동자 권리협약」에서의 외국인 근로자의 개념

협약은 제1조 1항에서 이주노동자란 "그 사람이 국적국이 아닌 나라에서 유급 활동에 종사할 예정이거나, 이에 종사하고 있거나, 또는 종사하여 온 사람을 말한다"라고 그 개념을 정의하고 있다. 이 개념에 의하면, 이주노동자로 간주하기 위해서는 ① 국적국(출신국·송출국 State of origin)이 아닌 나라, 즉

---

15   Council of Europe, Strasbourg, 24. XI. 1977. 협약의 원문은 다음 사이트에서 구할 수 있다. http://conventions.coe.int/Treaty/EN/Treaties/Html/093.htm (검색일:2021.04.05)

취업국(목적국 · 유입국 State of employment)에서 ② '유급 활동(a remunerated activity)'
에 ③ 종사할 예정이거나, 이에 종사하고 있거나 종사했어야 한다. 따라서 월
경노동자, 계절 노동자, 선원, 해상시설 노동자, 순회노동자, 특정 사업노동
자, 특별취업노동자, 자영 노동자는 이주노동자에 포함된다(제2조 2항). 그리
고 협약은 제3조에서 이 협약이 적용되지 않는, 즉 이주노동자로 간주하지
않는 사람들을 아래와 같이 예시하고 있다.[16]

    (a) 국제기구나 기관에 의하여 파견되었거나 고용된 자 또는 공무 수행
        을 위하여 국가에 의하여 자국 영토 외로 파견되었거나 고용된 자로
        서 그의 입국과 지위가 일반 국제법 또는 특정한 국제 협정이나 협약
        으로 규율되는 자
    (b) 개발계획 및 기타 협력계획에 참가하도록 국가 또는 그 대리인에 의
        하여 그 영역 외에서 고용되거나 파견된 자로서 그의 입국과 지위가
        취업국과의 협정으로 규율되며, 그 협정에 따라 이주노동자로 간주
        되지 않는 자
    (c) 출신국 이외의 국가에 투자가로 거주하는 자
    (d) 난민과 무국적자. 단 관련 당사국의 해당 국내법 또는 발효 중인 국
        제협약에 따라 적용이 정해져 있는 경우는 제외한다.
    (e) 학생과 연수생

---

16 '외국인 고용의 제한'에 대해 규정하고 있는 우리나라 「출입국관리법」 제18조는 1항에서 "외국인
    이 대한민국에서 취업하고자 할 때는 대통령령이 정하는 바에 따라 취업 활동을 할 수 있는 체류 자
    격을 받아야 한다"라고 정하고 있다. 이에 의거하여, 외국인의 취업과 체류 자격에 대해 정하고 있는
    「출입국관리법 시행령」 제23조에 의하면, "… 취업 활동을 할 수 있는 체류 자격"이라 함은…. 9. 단
    기 취업(C-4), 19. 교수(E-1) 내지 25. 특정 활동(E-7), 25의 2. 연수취업(E-8), 25의 3. 비전문
    취업(E-9) 및 25의 4. 내항 선원(E-10)의 체류 자격을 말한다."(제1항)라고 규정하고 있다. 이들
    은 소위 '합법적'으로 취업한 외국인 근로자이다. 따라서 '불법적'으로 취업하고 있거나 체류하고 있
    는 외국인 근로자에 대해서는 노동자성을 인정하고 있지 않다.

(f) 취업국에 주거를 정하여 유급 활동에 종사할 것을 허가받지 못한 선
원과 해상시설 노동자

(2) 「외국인고용법」에서의 외국인 근로자의 개념

「외국인고용법」은 '외국인 근로자'란 대한민국의 국적을 가지지 아니한
사람[17]으로서 국내에 소재하고 있는 사업 또는 사업장에서 임금을 목적으로
근로를 제공하고 있거나 제공하려는 사람으로 정의하고 있다. 그러나 「출입
국관리법」 제18조①항에 따라 취업 활동을 할 수 있는 체류 자격을 받은 외
국인 중 취업 분야 또는 체류 기간 등을 고려하여 대통령령으로 정하는 사람
은 이 법의 적용 범위에서 제외된다. 그러므로 고용허가제로 들어온 근로자
만이 사실상 외국인 근로자라고 할 수 있다.

〈표 8-7〉 외국인고용법의 이주노동자 개념

	해당 조문	내용(요건)	요건	위반한 경우
외국인 고용법	제12조①항	취업 가능 업종, 사업장 허가	국가에서 인정하고 허 가한 업종과 사업장	적법한 외국인 근로자가 아님
	제18조	취업 활동 허용 기간	3년의 범위 내	
	제18조의 3	재취업 규정	출국 후 6개월 경과	
	제25조④항	사업 또는 사업장변경	3년간 3회	

---

17 출입국관리법 제2조 제1호에서 대한민국 국적을 가진 자를 '국민'으로 정의하고, 제2호에서 대한
민국의 국적을 가지지 아니한 사람을 '외국인'으로 규정하고 있다. 따라서 출입국관리법상으로는 국
적법에 따라 대한민국 국적만을 가지고 있는 자와 대한민국 국적과 외국의 국적을 함께 가지고 있는
이중 국적자는 대한민국 국민이며, 대한민국 국적을 가지지 아니한 자로서 외국 국적을 소지한 자와
무국적자는 외국인이다.

(3) 외국인 근로자의 고용허가에 관한 요건의 만족

▶ 「외국인고용법」제12조 ①항[18]은 국가에서 취업 가능 업종과 사업장을 허가하고 있는데 이 허가의 범위를 벗어나 취업을 하면 적법한 외국인 근로자가 될 수 없다.

▶ 제18조(취업 활동 기간의 제한)에서는 "외국인 근로자는 입국한 날부터 3년의 범위에서 취업 활동을 할 수 있다."라고 규정하고 있고, 제18조의 3(재입국 취업의 제한)에서는 "국내에서 취업한 후 출국한 외국인 근로자는 출국한 날부터 6개월이 지나지 아니하면 이 법에 따라 다시 취업할 수 없다."라고 하고 있다. 즉 취업 활동 허용의 기간을 3년으로 제한하고 있고 재취업을 위해서는 일단 출국한 다음 6개월의 시간이 지나야 하는 절차상의 제한을 가하고 있다.

▶ 제25조(사업 또는 사업장변경의 허용)④항은 외국인 근로자의 사업 또는 사업장변경은 원칙적으로 3회(3년 동안)로 제한하고 있다.

▶ 따라서 「외국인고용법」상 적법한 외국인 근로자가 되기 위해서는 위의 요건을 충족해야 한다. 그러므로 「출입국관리법」상 적법하게 체류하고 있다고 하더라도 「외국인고용법」에서 규정하고 있는 외국인 근로자에 관한 요건을 충족시키지 못한다면 외국인 근로자의 자격으로서 체류할 수 없게 된다. 그러므로 「외국인고용법」을 위반한 자도 적법하지 않은 외국인 근로자가 되게 된다. 결국 적법한 외국인 근로자가 되기 위해서는 「출입국관리법」의 입국과 체류 요건 그리고 「외국인고

---

18 외국인고용법 제12조①항은 "건설업으로서 정책위원회가 일용근로자 노동시장의 현황, 내국인 근로자 고용기회의 침해 여부 및 사업장 규모 등을 고려하여 정하는 사업 또는 사업장"(제1호), "서비스업, 제조업, 농업 또는 어업으로서 정책위원회가 사업별 특성을 고려하여 정하는 사업 또는 사업장"(제2호)에 한해서만 외국인 근로자의 고용을 허용하고 있다.

용법」상의 외국인 근로자의 요건을 동시에 만족시켜야 한다.

위에서 살펴본 바와 같이, 협약은 기타 관련 문서보다 많이 진일보하여 이주노동자의 인정 여부를 단지 '유급 활동'만으로 판단하지 않고, 유급 활동에 "종사할 예정이거나, 이에 종사하고 있거나, 또는 종사하여 온 사람"을 모두 이주노동자로 인정하고 있다. 협약 제1조 1항의 뒤에 나오는 규정은 아래의 경우에 대해서는 상당히 중요한 의미를 지니고 있다.

첫째, 협약은 유급 활동에 종사하고 있거나 종사하여 온 사람을 이주노동자에 포함하고 있으므로 우리나라에 있어 고용허가를 받은 '등록외국인 거류자'가 아닌 외국인 취업자로서 소위 '불법 취업자'라고 불리는 미등록노동자(undocumented workers)도 이주노동자로 포함할 수 있는 법적 근거를 제공하고 있다.

둘째, 협약은 유급 활동에 종사할 예정인 사람도 이주노동자로 간주하고 있으므로 재취업을 위한 일시적 이직이주자도 노동자로 보아야 할 것이다.

3) 적법한 외국인 근로자가 되기 위한 요건[19]

현재 국내에서 근로하는 모든 외국인을 대상으로 사용되는 호칭들은 다양하여 직종과 관계없이 '외국인 근로자', '이주노동자', '외국인 근로자' 등으로 부른다(김수일 2004, 81).

그런데 우리나라는 외국인 근로자의 고용, 체류, 처우에 관하여 「외국인 고용법」, 「출입국관리법」, 「재외동포의 출입국과 법적 지위에 관한 법률」,

---

19   이연옥(2015). 불법으로 체류 및 노동하는 외국인 근로자:용어를 중심으로. 다문화와 평화 9(2). 75

「재한외국인 처우 기본법」 등에서 각각 규율하고 있다. 그러므로 외국인이 국내에서 적법하게 근로를 하기 위해서는 외국인 근로자가 해당하는 이상의 모든 법을 준수해야 한다. 그러나 여기서는 불법체류 및 근로의 주요한 적용대상 법인 「출입국관리법」과 「외국인고용법」을 중심으로 적법한 외국인 근로자가 되기 위한 요건들을 살펴보면 〈표 8-8〉과 같다.

〈표 8-8〉 외국인이 적법하게 체류 및 노동하기 위한 요건

○: 적합　×: 불법

	출입국 관리법	외국인 고용법	사용되는 용어
둘 다 적합	○	○	외국인 근로자, 이주노동자, 외국인 근로자 등
외국인고용법 위반	○	×	미등록 외국인 근로자, 불법체류자, 불체자, 불법체류 외국인, 불법체류 외국인 근로자, 미등록노동자, 미등록 외국인 근로자, 미등록이주노동자, 불법 이주노동자, 불법체류 근로자, 불법 외국인 이주자 불법 이주자, 미등록체류자 등
출입국관리법 위반	×	○	
둘 다 위반	×	×	미등록 외국인 근로자, 불법체류자, 불체자, 불법체류 외국인, 불법체류 외국인 근로자, 미등록노동자, 미등록 외국인 근로자, 미등록이주노동자, 불법 이주노동자, 불법체류 근로자, 불법 외국인 이주자 불법 이주자, 미등록체류자 등 미등록 외국인 근로자, 불법체류자, 불체자, 불법체류 외국인, 불법체류 외국인 근로자, 미등록노동자, 미등록 외국인 근로자, 미등록이주노동자, 불법 이주노동자, 불법체류 근로자, 불법 외국인 이주자 불법 이주자, 미등록체류자 등

출처: 이연옥 2015, 75

4) 이주노동자의 유형

우리나라에서 이주노동자의 유형은 크게 세 가지로 분류할 수 있다. 즉 법적 지위에 따라 합법 이주노동자와 불법(또는 미등록) 이주노동자, 혈통에 따라 외국 국적 동포 이주노동자와 일반 외국인 이주노동자, 체류 자격에 따라 전문기술 인력과 단순 기능인력으로 분류된다(김태환 2011, 15).

(1) 법적 신분에 따른 분류

현대의 주권 국가들은 외국인의 출입 및 체류, 노동 활동 등을 통제하기 위하여 그들에게 비자나 체류 허가증, 취업허가증 등 관련 서류를 갖출 것을 요구하고 있으며, 이러한 서류를 갖추지 못한 이주노동자들은 합법적인 취업이 불가능한 '미등록이주노동자(undocumented workers)' 혹은 '불법 이주노동자(illegal immigrant workers)'로 분류되어 강력한 법적 제재의 대상이 되고는 한다. 이 두 용어는 같은 의미를 지니고 있지만, '불법 이주노동자'라는 표현은 '체류가 불법'인 사람을 마치 그 사람 자체가 불법인 듯한, 즉 형법상의 '범죄자'라는 인식을 불러일으킬 수 있으므로 지양되어야 할 표현이다.

'합법'과 '미등록', 혹은 '불법' 이주노동자들 간의 차이는 생각만큼 뚜렷하지 않다. 합법적으로 입국한 사람들도 비자의 유효기한이 끝나는 순간 미등록 이주노동자, 즉 불법체류자의 신분으로 전락하며, 이렇게 불법체류자가 된 사람들도 체류 기간 갱신 절차 등의 과정에 있다면 그들의 지위는 합법화 과정에 있다고 할 수 있다(아비바 촘스키 2008, 97-98).

다음의 예는 미국에서 일어났던 일이지만, 이주(노동)자에 대한 합법과 불법의 경계가 얼마나 모호한지를 단적으로 드러내고 있다.

81세의 아이티인 침례교 목사인 조지프 단티카는 미국에 들어갈 수 있는 유효한 복수 입국비자를 가지고 있었다. 2004년 10월 아이티인 무장 폭력배들이 그의 집과 교회에 침입해 돈을 내놓지 않으면 죽이겠다고 협박했다. 며칠 동안 숨어 지낸 후 그는 자신의 비자를 갖고 그의 가족 몇 명이 살고 있는 미국행 비행기에 올랐다. 그가 마이애미 이민국을 통과할 때, 그의 비자는 합법적인 것으로 인정받았으며 입국 도장도 받았다. 그 뒤에 이민국 관리가 얼마나 미국에 머무를 것인가를 물었다. 그가 아이티로 돌아가면 죽을 것 같아 정치적 망명을 요청할 생각이라고 말하자, 그는 바로 체포되었다. 이민 담당 공무원에게 약을 압수당한 그는 4일 후 크롬강제수용소에서 죽었다(아비바 촘스키 2008, 236-237).

(2) 혈통에 따른 분류

2003년 7월 31일 통과된 외국인고용법에 따라 2004년 8월부터 시행되고 있는 시행 고용허가제는 일반 외국인 이주노동자를 대상으로 하는 일반 고용허가제와 외국 국적 동포 이주노동자를 대상으로 하는 특례 고용허가제로 나뉜다. 외국 국적 동포에 대한 포용 정책의 하나로 2007년 3월부터 시행되고 있는 특례 고용허가제는 일정한 요건을 갖춘 사업 또는 사업장의 고용주가 대한민국에 입국한 외국 국적 동포를 고용할 수 있도록 하는 제도로서, 북방 동포 등에 대해 최장 5년간 자유로운 출입국과 취업 기회를 부여하는 방문취업(H-2) 복수비자(M)를 발급한다. 이 방문취업 비자를 소지한 동포는 친척방문, 관광, 상업적 용무 등은 물론 정해진 절차를 거친 후 허용된 업종(서비스업·제조업·농축산업·어업·건설업)에서 취업 활동을 할 수 있다.[20]

---

20 고용노동부 산하 한국산업인력공단 동포고용정보제공 홈페이지 참조
(http://eps.hrdkorea.or.kr/h2/intro.do?method=view&view_id=intro_01, 최종접속 2013.6.26).

(3) 체류 자격에 따른 분류

이주노동자를 분류하는 가장 쉬운 방법은 체류 자격에 따라 전문기술 인력 이주노동자와 단순 기능인력 이주노동자로 나누는 것이다. 전문기술 인력이란 출입국관리법시행령 상 E-1(교수), E-2(회화지도), E-3(연구), E-4(기술지도), E-5(전문직업), 6(예술흥행)의 일부 및 E-7(특정 활동)에 해당하는 인력으로 전문직에 종사하고 있는 인력을 의미하며, 단순 기능인력은 고용허가제와 방문취업제로 입국하는 인력으로 출입국관리법 시행령상 산업연수(D-3, E-8), 일반 외국인력(E-9), 동포(H-2) 자격에 해당하는 인력을 의미한다. 이들은 대부분 제조업, 건설업, 어업, 농축산업 및 32개 서비스 업종에서 생산기능, 서비스 · 판매 및 단순 직무에 종사한다.

이와 같은 분류체계는 외국인력 정책의 방향과 관련하여 의미를 지닌다. 즉 가급적 고급인력을 선별적으로 도입하여 경제 사회적 효과를 극대화하며, 저숙련 외국인력에 대해서는 국내 노동시장을 교란하지 않도록 필요한 최소한의 규모로 도입하고 효율적으로 관리하는 한편 일정 기간 이후에는 반드시 귀국하도록 하여 사회적 비용을 최소화하는 차별화된 정책을 펴는 것이다.[21]

우리 관련 법에서는 비록 '외국인 근로자'라는 표현을 쓰고 있지만, 현재 한국의 외국인 근로자와 같이 타국에서 유입되어 온 노동자들을 가리키는 용어로는 '외국인 이주노동자' 혹은 '국제이주노동자'라는 호칭이 적절하다.[22] 이를 줄여서 이주노동자 혹은 외국인 근로자라 칭하는데, 이 중 외국인

---

21 유경준 · 이규용(2009). 「외국인력의 현황과 정책과제」, 『정책연구시리즈』 2009(4), 한국개발연구원. 19.

22 외국인 근로자대책협의회(2001). 『외국인 이주노동자 인권백서』, 서울:다산글방. 15-16.

근로자라는 용어는 국적이 다른 사람이라는 의미가 전제되는 배타적인 개념
이라 하여 인권단체와 지원기관에서는 외국인 근로자라는 표현 대신 이주노
동자라는 호칭을 선호하고 있다.

2. 고용허가제 이전 한국의 단순 외국인 노동제도

1) 한국 노동 이주 정책의 전개

가) 경제침체와 외국인 근로자

1987년~1997년의 11년간 한국은 민주화와 경제 발전이라는 두 가지 목
표를 짧은 시간에 달성하였고, 이러한 변화는 학문적 · 실천적으로 논의될
정도로 '한국식 발전 모형'은 매우 유용하고 역사적으로 희귀하고 흥미로운
사례로 평가되어 다른 개발도상국의 부러움의 대상이었다.

1987년 민주항쟁과 노동자 대투쟁을 기점으로 진행된 민주화는 이해 단
계를 거쳐 공고화 단계에 접어들었다. 절차적 민주주의가 자리를 잡았고, 평
화적 정권교체를 이루었을 뿐 아니라, 사회 제반 영역에서 민주화가 진척
됐다. 또 그사이 1인당 국민총생산 증가율은 연 9%를 상회하였고,[23] 1995
년에는 1인당 국민총생산이 1만 달러를 초과하여, 세계 제12위의 경제 대
국으로 성장하였다. 지속적인 경제성장으로 고용 규모가 급격히 팽창하여,
1971~1985년 사이 4% 정도였던 실업률은 1986년 이후 2% 수준으로 떨어
져, 한국의 노동시장은 사실상 완전고용 상태를 유지하였다. 그리고 1992년

---

23   1964년~1997년 사이 한국의 경제성장률은 연평균 8.6%를 기록하였다(강명세, 1998).

을 기점으로 한국은 자본 수출이 수입을, 노동력 유입이 송출을 초과하게 되었다. 한국은 '양적인 경제성장 단계'를 지났으므로 앞으로는 '삶의 질의 세계화'를 추구해야 한다는 인식이 지배적이었다. 바로 이 성장과 번영의 시기 한국에 외국인 근로자가 유입되었다. 그들은 한국 사회발전의 상징으로 간주하였다. 1990년대 접어들어 국내 생산직 인력난이 더욱 심화하였고, 이를 반영하여 그들의 수는 1997년까지 급증하였다.

그러나 1997년 10월 한국은 '외채 공황'의 진통에 휩싸였고, 이는 고금리와 고실업률을 동반한 불황을 예고하였다. 외환위기의 원인은 여러 곳에서 찾을 수 있겠지만(강명세, 1998), 투기성 국제 금융자본의 농간이 결정적이었다. 1996년 한국의 금융시장 개방 이후 대량 유입되었던 국제 금융자본이 1997년 한국 경제의 유동성 위기를 조성한 후 급작스럽게 퇴장한 것이 외환위기를 초래하였다.[24] 외환위기는 총체적 경기침체로 이어졌고, 이는 한국을 '승천하는 네 마리 용' 중에서 유일하게 '추락하는 이무기' 신세로 전락시켜 버렸다(임현진, 1998, 257). 경제위기 극복의 전망을 두고 '새로운 도약을 위한 짧은 시련'이라는 긍정적 평가가 없었던 것은 아니지만, '너무 일찍 터뜨린 샴페인'이니 '제2의 아르헨티나·멕시코·태국'이라는 국제사회의 비아냥거림이 지배적이었다.

그런데 경기침체는 한국만의 문제는 아니었다. 1997년 5월 태국에서 시작된 통화 혼란은 필리핀·인도네시아·말레이시아·싱가포르를 거쳐 한국와

---

24 한국이 투기성 국제 금융자본의 공격 목표가 될 수 있었던 배경에는 1996년 한국의 경제협력개발기구(Organization for Economic Cooperation and Development; OECD) 회원국 가입이라는 사실이 있었다. 정부는 경제협력개발기구 가입을 위하여 금융시장을 서둘러 개방하였다. 그런데 투기성 국제 금융자본에 대한 적절한 감독 장치를 전혀 갖추지 못하였기 때문에, 이때부터 한국 정부의 외환 관리체계가 붕괴하기 시작하였다.

까지 파급되면서, 홍콩과 일본까지 그 영향권에서 벗어나지 못하였다. 아시아 각국의 주가가 동반 폭락하는 도미노 현상이 나타나면서, 환율과 금리가 흔들렸다.

한국은 1997년 국제통화기금에 구제 금융을 신청함으로써 경제 파탄국으로서 국제기구의 법정 관리 대상이 되는 신세가 되었다. 기업 부도가 줄을 잇고, 내수가 위축되어 가동을 멈추는 공장이 늘어났다. 국내 산업기반이 아예 붕괴하고 말 것이라는 우려마저 나왔었다. 더 큰 고통 요인은 급증한 실업자였다. 실업자 수는 1998년 1월에만 93만 7천 명을 기록하였다. 2월 말에는 실업자 수는 123만 5천 명으로 한 달 사이에 30만 명의 실업자가 발생하였고, 실업률은 5.9%였다. 국제통화기금으로부터 구제 금융을 받기 이전의 실업률이 2%대에 머물렀다는 점을 고려하면, 두 달 만에 실업률이 거의 두 배 이상 증가한 것이다. 1998년 1~2월 두 달 동안 57만 7천 명이 늘어난 것이다. 이는 하루 평균 9,780명꼴이다. 실업률은 그 후에도 급격히 상승하여, 3월 6.5%, 6월 7.0%, 7월에는 7.4%에 이르렀다. 1998년 12월 말 실업자 수는 166만 5천 명이었다. 이는 1997년 12월 실업자 수는 65만 8천 명보다 100만 명 이상 증가한 것이다.

외국인 근로자도 경기침체의 충격에서 예외일 수는 없었다. 제2차 노동시장은 속성상 경기의 변화에 가장 민감한 부문이기 때문에, 그들이 받은 충격은 한국인 노동자보다 훨씬 컸다. 그들 중 일부는 회사의 도산으로 일자리를 잃었고, 다른 일부는 정규직 노동자에서 '아르바이트' 노동자로 전락하였다. 또 다른 일부는 회사에 다니면서도 몇 개월 치 임금을 받지 못하였다.

취업 중인 외국인 근로자는 한국 돈의 평가절하뿐 아니라 회사의 조업시간 단축으로 인하여, '임금수준의 극심한 저하'를 경험하였다. 심한 경우, 달러로 환산한 임금수준은 외환위기 전의 절반까지 떨어졌다. 그러나 외국인 근로자의 출신국도 대부분 한국처럼 외환위기를 겪고 있으므로, 자기 나라 화폐로 환산했을 경우 원화의 평가절하가 미친 충격은 별로 크지 않았다. 한 국보다 훨씬 심한 화폐의 평가절하를 경험한 인도네시아 루피(Rupiah:Rp.)와 비교할 경우, 원화 가치는 상대적으로 더 높아졌기 때문이다. 문제는 한국 돈 으로 받는 절대적 임금수준이 떨어졌다는 점에 있다. 경기침체는 단순노동 자의 임금수준을 현저히 저하시키는 요인으로 작용했다.

더욱 치명적인 사실은 외국인 근로자의 취업 기회가 그 전보다 대폭 축소 되었다는 점이다. 실업 상태는 수입 없이 지출만 계속되기 때문에, 외국인 실 업자가 '지출 극소화 전략'으로 버틸 수 있는 것은 이내 한계에 도달한다.[25] 국내에 머무르는 외국인 근로자들의 실업률이 증가하면서 그들의 생존마저 위협받을 정도였다. 요컨대 1998년 8월 말까지 외국인 미등록노동자가 대 량 귀국한 근본적 원인은 '임금수준의 저하'보다는 '취업난'에 있었다.

한국 정부의 '불법체류자 범칙금 면제 조치'는 그들의 귀환을 재촉하였다. 제법 목돈을 모은 외국인 근로자는 '그 돈을 까먹기 전에' 귀국하는 것을 선 택하였고, 한국에 오기 위하여 투자한 비용을 만회하지 못하였거나 목표 수 준만큼 돈을 모으지 못한 사람들은 '지출을 극도로 억제하면서' 경기 불황에 대처하며 살아가고 있다.

일반적으로 경기침체기에는 내국인과 외국인 근로자 사이의 관계가 '실

---

25 한 필리핀 여성은 '귀환 외국인 근로자'로 한국의 경제위기 때문에 이산가족이 되었다. 그녀는 한국 에서 만나 필리핀 남성과 결혼하여, 아들을 낳아 기르며 한국에 살고 있었다. 1997년 말 경기침체 로 인한 기업의 부도로, 그녀는 일자리를 잃었고, 새로운 직장을 구할 수도 없었다. 그래서 그들 부부 는 '지출을 극소화하기 위하여' 1998년 3월 아들을 필리핀으로 보냈다. 그녀 역시 일자리를 구하지 못하면서 '번 돈을 마냥 까먹을 수만은 없었기 때문에' 1998년 5월 필리핀으로 돌아갔다. 그러나 그 의 남편은 임금수준은 삭감되었지만, 여전히 일자리를 유지할 수 있었기 때문에, 한국에 남았다. 그 의 남편은 대략 2년 정도 더 일하여 필리핀에서 자영업을 할 수 있는 사업자금을 마련한 다음 필리 핀으로 돌아갔다.

직의 공포' 때문에 악화할 가능성이 있다. '실직의 공포'는 정부의 외국인력 정책에 먼저 반영되며, 내국인 노동자의 외국인 근로자 배척 심리를 강화하게 된다. 그렇지만 한국인 노동자의 외국인 근로자에 대한 적대적 행위는 출현하지 않았다. 그 이유는 한국인 노동자와 외국인 근로자가 국내 노동시장에서 점유하고 있는 부문이 달라서 외국인 근로자로 인한 '실직의 공포'를 느끼는 한국인 노동자가 거의 없었기 때문이었다.

내국인과 외국인 근로자의 노동시장이 분절된 것은 한국 정부가 '보완성의 원칙'을 내세워 외국인력을 제한적으로 받아들였기 때문이기도 하다.

한국 정부는 외국인 미등록노동자를 한국인 실업자로 대체하고, 신규산업 기술 연수생의 도입을 중단함으로써 실업 문제에 대처하려 하였다. 그러나 한국인으로 외국인 미등록노동자를 대체하려는 한국 정부의 정책은 그다지 성공적이지 못했다. 한국인들은 여전히 3D 직종을 꺼렸기 때문이다. 실업률의 급증에도 불구하고, 여전히 3D 직종의 인력난이 심각하다는 점이 이 사실을 입증한다. 그 결과 외환위기 전보다는 줄었지만, 외국인 근로자가 필요한 일자리 공급은 계속되었다. 따라서 중국, 동남아시아, 남부 아시아를 비롯한 전 세계 저개발국으로부터 새로운 외국인 근로자들이 김포공항과 인천항 등을 통해 유입되었다.[26] 외국인 근로자의 한국 유입이 경과하면서, 그들의 국제노동력 이동 연결망이 유지·강화되었고, 심지어 인력 송출국이 기업의 형태로 조직화 되어 외국인 근로자의 한국 유입은 극심한 경기침체에도 불구하고 지속되었다.

---

26 외국인 근로자가 한국에 계속 들어오고 있다는 사실은 한국 경제의 회복 가능성이 크다는 사실과도 밀접한 관련이 있다. 서유럽과 미국 자본이 한국 기업과 은행의 인수·합병에 활발히 나서고 있는 것도 이러한 점을 반영하는 것이었다. 만약 한국 경제가 정말로 '추락하는 이무기' 신세로 전락하였다면, 시장 메커니즘에 의하여 작동되는 미등록노동자의 유입은 종결될 것이다.

2) 단순 기능 외국인력 제도

단순 기능 외국인 인력을 활용하기 위한 정책은 크게 산업기술 연수제, 고용허가제, 노동 허가제로 분류된다. 산업기술 연수제는 외국인이 국내기업체에서 기술습득 및 현장 연수 등을 목적으로 일정 기간 연수 후 취업하는 제도이고, 고용허가제는 외국인력 활용을 원하는 사업주에게는 고용을 허가하고, 외국인에게는 고용허가를 받은 해당 사업주에게 고용되는 조건으로 일정 기간 취업비자를 발급해 주는 제도이다. 가장 이상적인 외국인 인력정책이라고 할 수 있는 노동 허가제는 업종이나 기업 규모와 관계없이 외국인 본인의 신청에 따라 정부로부터 노동 허가를 받아 자유롭게 취업할 수 있게 하는 제도이다.

고도 성장기였던 1980년대 후반부터 우리나라에서는 3D 업종을 중심으로 단순 기능인력 부족 현상이 심화하였다. 이런 상황에서 사용자단체들은 외국인력의 도입을 주장하기 시작했다. 그러나 노동단체들은 해외인력의 수입이 내국인 근로자의 취업 기회를 박탈하고 근로조건 개선에 걸림돌로 작용할 우려가 있다는 점을 들어 반대 뜻을 표명[27]하였다. 이러한 분위기 속에 외국인력을 근로자로서 도입하는 대신 연수생 신분으로 도입하여 활용하도록 하는 외국인 산업기술연수생제도가 도입되었다.

한국 정부의 외국인력 정책의 변천 과정은 크게 3시기 즉 외국인 인력정책 도입기(1993~2000.04) → 고용허가제 도입 및 정착기(2004.08~2007.03) → 고용허가제 발전기(2007.03~현재)로 구분해 볼 수 있다.

---

27 산업기술 연수제에 대한 노동 및 인권단체들의 주장은 시간이 흐르면서 변화했다. 산업기술 연수제가 도입되기 전과 도입된 얼마 후에는 '외국인력 도입 불가'가 기본입장이었다 그러나 외국인 근로자가 10만 명이 넘는 상황이 되면서 노동 및 인권단체들은 더 이상의 확대 도입은 불가하지만, 외국인 근로자들에게는 정당한 대우를 해주어야 한다고 주장하기 시작했다.

〈표 8-9〉 외국인 정책 변천 과정

구분	년	월	일	내용
외국인 인력정책 도입기 (1993~ 2004.07)	1991	10		• 법무부 "외국인 산업기술 연수 사증발급 등에 관한 업무지침" 및 그 시행세칙 제정
		11		• 외국인 산업연수생제도 시작
	1992			• 하반기 3D 업종 내 국내 노동자 기피 업종에 연수생 도입
	1993			• 산업연수생제도 일시 중단
		11		• 외국인 산업연수생제도 재개, 산업연수생 20,000명 도입하기로 결정
		12	28	• "외국인 산업기술연수 사증발급에 관한 업무지침"을 개정, 중소기업중앙회의 추천에 의해서도 연수생의 도입이 가능하도록 함
	1994	05		• 중국 · 베트남 · 필리핀 등 10개국에서 연수생 입국 시작
	1995	02		• 노동부 고용허가제 법 제정 추진 발표 •「외국인 산업기술연수생의 보호 및 관리에 관한 지침」 제정
	1995	03	01	• 외국인 산업연수생에 대해서도 산업재해보상보험, 의료보험의 적용과 근로기준법상의 강제근로 금지, 폭행 금지, 금품 청산, 근로시간 준수 등 일부 규정의 법적 보호를 받을 수 있도록 함
	1995	07	01	• 국내 최저임금법 적용
	1996			• 노동부「외국인 근로자 고용 및 관리에 관한 법률」국회 제출, 통과 안 됨
	2000			• 노동부, 의원입법형식으로「외국인 근로자 고용 및 관리에 관한 법률」추진, 무산
		04		• 산업연수생제도 -〉 연수 취업제로 전환
	2002	11		• 민주당 의원「외국인 근로자 고용 및 관리에 관한 법률」발의 • 일부 서비스 분야 외국 국적 동포 취업 허용관리제 등장
	2003	07	31	•「외국인 근로자 고용 등에 관한 법률」국회 통과
		08	16	•「외국인 근로자 고용 등에 관한 법률」제정 · 공포 법률 제975호
		12	02	• 시행령 및 시행규칙 제정을 위한 관계부처 회의
		12	03	• 시행령 및 시행규칙 입법예고(~26일)

구분	년	월	일	내용
고용허가제 도입&정착기 2004.08 ~2007.03	2004			고용허가 송출국 6개국에서 15개국으로 증가, 일반 고용허가제와 특별고용허가제(방문취업제)로 양분
		03	17	시행령 제정(대통령령 제18314호)
		03	25	2004년도 외국인력 수급 계획 확정 발표
		04	13	외국인력 도입공고(노동부 공고 제2004-16호)
		04	23	'한-필리핀' 인력수급 양해각서 체결
		04	30	시행규칙 제정(노동부령 제209호)
		08	17	일반고용허가제 및 기존 산업연구생제도 병행 (~ 2006.12)
	2005			기존 건설, 제조, 농축, 서비스업 6개 업종에서 37개 업종으로 변화
		12		외국인 근로자의 고용 등에 관한 법률 시행규칙 개정에 따라 개정내국인 구인노력 기간 차등화, 적극적 구인노력 시 내국인 구인노력 기간 단축
고용허가제 발전기 (2007.03 ~현재)	2012	07		성실 근로자의 경우 1회에 한하여 재입국 허용
	2015	10		개정된 외국인 근로자의 고용 등에 관한 법률 시행규칙에 따라 표준 근로계약서 개정 및 농축산업 표준 근로계약서 신설

자료: 행정안전부 국가기록원(https://www.archives.go.kr/next/search/listSubjectDescription.do?id=000277&pageFlag=&sitePage=1-2-1).; 김기태 2020, 95; 고혜원 · 이철순(2004). 30.

〈표 8-10〉 2022년 외국인력 정책 주요 변화

법, 제도적 변화	내용
일반고용허가제 외국인 근로자 (E-9) 규모 확대	2021년 대비 7천 명 증가(5만 9천 명)
외국인 근로자 체류 및 취업 활동 기간 연장	'22.1.1.~4.12. 기간 내 체류 및 취업 활동 기간이 만료되는 외국인 근로자(E-9, H-2)(약 40천 명)의 취업 활동 기간을 만료일로부터 1년 연장 - 코로나 19 상황을 고려하여 4.12 이후 만료자에 대한 연장도 검토
인력난 업종 외국인 근로자 활용 제고(동포(H-2) 허용업종 추가)	'육상화물 취급업'(상·하차 업무에 한정하여 허용) '기관 구내식당업', '휴양콘도운영업', '4~5성급 호텔업'

법, 제도적 변화	내용
인력난 업종 외국인 근로자 활용 제고(고용 허용 인원 상향) 인력난 업종 외국인 근로자 활용 제고(고용 허용 인원 상향)	50인 미만 제조사업장의 경우 사업장별 고용 허용 인원 20% 상향(내년까지 한시적 연장)
	영세 양계 · 양돈 농가에 외국인 근로자 배정을 허용(총 2명)
	파프리카 작물: 배정 인원을 최대 20명에서 25명으로 확대
외국인 유학생(D-2)의 외국인 근로자(E-9) 활용 방안	대상자 : 고용허가제 송출국 국적 외국인 중 유학(D-2) 체류 자격으로 졸업한 사람 중, 전문인력(E-1~E-7)으로 미취업한 외국인 근로자(E-9)로 일하기를 희망하는 사람

출처: 김기태 2020, 98-101.

3) 외국인 산업연수생 제도[28]의 역사 및 현황

'외국인 산업연수생 제도'는 외국인 산업연수생이 대한민국의 연수업체에서 일정 기간 연수함으로써 중소기업은 인력난을 완화하고 연수생에게는 기술습득 기회를 제공하여 국가 간의 상호협력을 증진 시키기 위해 마련된 제도로, 연수생이 일정 기간 연수 후 소정의 검증 절차를 거쳐 취업 자격을 취득하면 정식 근로자로 취업하도록 하는 제도이다. 이러한 외국인 산업연수생 제도는 「출입국관리 법령」에 있었던 '산업기술 연수'의 체류 자격 제도

---

28 문자 그대로 산업연수생이라면 한국의 고급 산업기술을 배웠으니 자국으로 돌아가서 연수 기간 배우고 익힌 기술을 마음껏 활용하여 자국의 산업발전에 이바지하는 것이 지극히 정상이다. 하지만 이들은 산업연수생으로 입국하기 위하여 자국의 브로커들에게 큰 금액의 뒷돈을 주고 열악한 산업현장에서 40~70만 원 정도의 작은 급여를 받으며 힘든 노동을 했다. 그러나 매월 받은 급여 중 절반은 자국 가족들에게 회사에서 직접 송금해주고 5만 원 정도는 산업연수생에게 지급하고 나머지는 회사에서 보관하는 것이 관례처럼 되어 있었고, 여권과 외국인등록증은 회사에서 보관하는 것이 관행화되었다. 이러다 보니 산업연수생들은 휴일이 되어도 제대로 외출 한번 못하고 기계처럼 회사에서만 일하고, 숙식을 하다가 2년 가까이 되어갈 때쯤이면 2년 동안 받은 월급이 산업연수생으로 한국에 오기 위하여 자국의 브로커들에게 낸 금액에도 미치지 못하다 보니 불안과 긴장감에 빠지게 되고 결국 공장을 이탈하는 경우가 발생한다(송인선 2018, 196).

를 이용한 것이다. 산업기술 연수 자격은 해외 현지법인이 있는 사업체가 국내 사업체로 기술 연수를 보내기 위해 마련한 별도의 체류 자격으로 연수 기간은 6개월 이내였다.

산업연수생 제도 도입 배경·근거[29]는 1980년대 후반 이후 임금 상승과 고임금 속에 3D 업종을 중심으로 한 다수의 중소기업에서는 극심한 인력난을 겪게 되었다. 또한, 대기업들은 해외로의 이전을 통해 고임금을 돌파하거나 자본집약도를 높이고 있었지만, 중소기업들에는 이 두 방법 모두 비용 문제로 선택할 수 있는 방법이 아니었다.

이에 정부는 개발도상국과의 경제협력 사업으로 추진되고 있었던 인력 유입 중 외국인을 일정 기간 한국 중소기업에 연수토록 허용하고 나아가 고용을 허가함으로써 중소기업의 인력 부족을 간접적으로 도와주기로 하였다.

'외국인 산업연수생 제도'는 1991년 10월에 제정된 법무부 훈령 '외국인 산업기술 연수 사증발급 등에 관한 업무지침' 및 그 시행세칙을 통하여 본격적으로 이용될 수 있게 되었다. 외국인 산업기술 연수 사증발급 등에 관한 업무처리지침이 제정된 이후 해외 진출기업체의 현지 고용인력기능향상이라는 명목으로 외국인 산업기술 연수생들이 국내로 들어왔다. 이 산업기술 연수생들은 해외 진출 한국 기업의 현지 공장 외국인 근로자[30]의 자격으로 한국의 모 기업에서 연수시킨다는 취지로 국내기업에서 일하게 되었다. 그러나 실제로는 국내 인력난을 해소하려는 방편이었다. 이 제도는 중견기업 이상의 해외투자 기업에만 집중되었기 때문에 극심한 생산직 인력난을 겪고

---

29   유성재(2006). 외국인 산업연수생 제도, 행정안전부 국가기록원.

30   국제적인 기준에 의하면 이주노동자라는 용어가 사용되고 있다. 국제노동기구(ILO)에서도 외국인 근로자라는 용어 대신에 이주노동자라는 용어를 사용하고 있다. 그러나 국내에서는 외국인 근로자라는 호칭이 법적으로도 이용되고 있다.

있는 중소기업의 경우 외국인력을 합법적으로 활용할 수 있는 방안이 되지 못하였다.

중소기업중앙회(이하 '중앙회')[31]는 1992년 2월에 외국인 산업연수생의 연수 기간의 연장과 연수 대상 업체의 범위를 확대해 달라고 요구하였다. 이에 대해 정부는 1992년 하반기부터 3D 업종으로서 국내 근로자들이 꺼리는 염색, 도금, 주·단조 등 10개 업종에 연수생을 들여오기 시작하였다. 그러나 1993년에 들어서 국내의 실업률이 상승하고, 경기침체에 따른 고용 사정의 악화, 외국인 연수생의 불법 취업 등 많은 문제를 발생시키게 되어 1993년 4월 일시적으로 중단되었다. 그러나 1993년 11월 24일에 '외국인 산업기술 연수 조정협의회'를 열고 산업연수생 도입을 재개하였다.

1993년 12월 28일에 '외국인 산업기술 연수 사증 발급에 관한 업무지침'을 개정하여 종전의 연수업체 대상에 추가하여 '주무 부처의 장이 지정하는 산업체 유관 공공단체장이 추천하는 사업체'를 추가함으로써 중앙회의 추천에 의해서도 연수생의 도입이 가능하게 하였다. 이와 같은 새로운 제도에 의해서 1994년 5월 말부터 중국, 베트남, 필리핀 등 10개국으로부터 연수생 입국이 시작되었고, 이후 중소기업 인력난의 심화와 맞물려 산업기술 연수생의 정원은 지속해서 확대되었다.

산업연수생 제도의 주요 경과로는 1993년 11월 24일 '산업기술 연수 조정협의회'에서 외국인 연수자 2만 명을 초청하고 이들의 추천창구를 '중앙회'로 일원화하기로 하였다.

---

31 1961년 12월 중소기업협동조합법 제정, 공포 및 1962년 5월 중소기업협동조합 중앙회 설립법 제정. 회원 상호 간의 협동 정신에 따라 조직적인 단체 활동을 강화함으로써 중소기업을 운영하는 이들의 경제적 기회 균등과 자주적인 경제활동을 북돋우어 그 경제적 지위 향상과 국민경제의 균형 있는 발전을 도모함을 목적으로 설립하였다.

1994년 1월 4일 상공자원부[32]가 '중앙회'를 연수추천 단체로 지정하였고 1월 26일부터 2월 28일까지 연수업체 추천신청을 접수하였다. 1994년 2월 8일부터 5월 23일까지 연수업체를 선정하고 연수업체 연수 허용 인원을 결정하였으며 대상 국가별 인원 조정과 함께 연수업체와 계약을 체결하였다.

1994년 4월 25일부터 연수자 선발이 시작되었다. 이후 신상명세서 접수를 시작으로 5월 2일부터는 연수업체 추천서 발급, 사증발급 인정서 발급, 신청 서류 접수와 인정서 발급, 수령 및 송부 절차를 진행하였다. 이러한 절차를 거쳐 5월 31일부터 연수자 입국이 시작되어 연수자 및 연수업체의 교육과 상해보험 가입 절차를 완료한 후 연수업체에 연수자를 인도하였다.

첫 입국자는 네팔인 33명이었으며, 1994년 6월 1일부터 산업기술 연수생이 본격적으로 도입되기 시작하였으며, 이후 중소기업 인력난의 심화에 맞물려 산업기술 연수생의 정원은 지속해서 확대되었다. 산업기술연수생제도의 관리기구는 정부가 아닌 중소기업협동조합 중앙회로 정해졌는데 당시 이 제도의 관리기구가 노동부가 되어야 한다는 주장도 있었으나 결국은 중소기업 사용자단체인 중소기업협동조합 중앙회(이하 중기협으로도 표기)가 담당하게 되었다. 즉, 중소기업협동조합 중앙회가 산업기술 연수생의 모집 · 알선 · 연수 및 사후관리를 담당하게 되었는데 중기협은 1994년 1월 외국인 산업기술 연수 협력사업 운용요령을 제정하여 이를 토대로 현재까지 연수생 도입과 관련한 업무를 담당하고 있다.

이러한 외국인 산업기술 연수제도가 본격적으로 시행되면서 제도 및 운

---

32 상공자원부(商工資源部)는 1993년 3월 6일 상공부와 동력자원부를 통합하여 발족하여, 상업 · 무역 · 공업 · 공업단지 · 동력 · 지하자원 · 전기 · 연료 및 열관리에 관한 사무를 관장하는 한국 정부의 중앙행정기관으로 역할을 하다가 1994년 12월 23일 「정부조직법」 개정으로 통상산업부로 개편되었다가 1998년 2월 다시 산업자원부→지식경제부(2008)→산업통상자원부(2013)로 바뀌었다.

영상의 한계로 국내 체류 외국인 근로자의 관리상 난맥이 표출됨으로써 사회문제로 심화하자 정부는 외국인 산업기술 연수제도의 개선책을 모색하게 되었다. 1995년 2월 14일 외국인 산업기술 연수생의 보호 및 관리에 관한 지침을 제정하여 1995년 3월 1일부터 산업기술 연수생도 산업재해보상보험, 의료보험의 적용과 근로기준법상의 강제근로 금지, 폭행 금지, 금품 청산, 근로시간 준수 등 일부 규정의 법적 보호를 받을 수 있게 되었고, 산업안전보건법상의 안전과 보건상의 조치 및 건강진단 등의 혜택을 받을 수 있게 되었다. 또한 1995년 7월 1일부터 국내 최저임금제도의 적용을 받게 되어 최저임금이 연수 수당의 기준이 되었다.

대법원도 1995년 7월 11일 "외국인이 국내기업과 체결한 산업기술 연수 계약이 산업기술의 연수에만 그치는 것이 아니라 해당 기업의 사업장에서 지시, 감독을 받으면서 근로를 제공하고 그 대가로 임금을 받는 내용이라면, 그 외국인 연수자는 근로기준법 제14조의 소정의 근로자에 해당한다."라고 판결하였다.

그러나 기존의 산업기술 연수제도가 사실상 근로 형태로 운용되면서, 연수생의 업체 이탈, 송출 비리 등의 문제점이 지속해서 발생하자 1997년 9월 경제 장관간담회에서 외국인력 관리제도 개선 방안으로 연수 취업제도의 도입이 결정되었고, 정부의 출입국관리법 개정안이 국회에 제출되어 통과되었다. 이의 후속 조치로 법무부는 1998년 4월 1일 출입국관리법 시행령을 공포하였으며, 이에 따라 외국인 산업기술 연수제도는 법무부 훈령이 아닌 법률로 규정되어, '연수 취업제도' 즉 2년간의 연수 후 일정 자격을 갖춘 연수생이 '근로자'로 체류 자격을 변경하는 '체류 자격변경허가제도'의 법률적 근거가 마련되었다 이 연수 취업제도는 2000년 4월부터 본격적으로 실시되었다. 이 제도는 2001년에는 연수 1년, 취업 2년으로 조정되었으며 연수 취업제도의 활성화를 위해 연수업체 추천제도는 폐지되고 시험방법도 구술질문 중심으로 전환되었다.

2001년 11월에는 외국 국적 동포의 국내 취업 욕구를 충족하고 서비스 분야의 인력 부족을 해결하기 위해 '서비스 분야 취업 관리제'가 도입되었다. 이 제도는 국내에 8촌 이내의 혈족 또는 4촌 이내의 인척이 있거나 대한민국 호적에 등재된 자 또는 그의 직계존비속으로서 40세 이상인 외국 국적 동포에 대하여 음식점업, 사업지원 서비스업, 사회복지사업, 청소 관련 서비스업, 병간호서비스업, 가사서비스업 등 6개 서비스업 부문에 3년의 범위에서 근로자 신분으로 취업할 수 있도록 하는 것이었다.

외국인 산업연수생 제도가 시작된 지 10년이 지난 2004년에는 외국인 근로자 인권향상을 위한 「외국인 고용허가제도」가 도입되었다.

참고문헌

'외국인력 정책위원회'. 위키백과(https://ko.wikipedia.org).

'이주노동자 정책 비교(2006.05.12.)', '외국의 이주노동자 사례(2006.05.12.)'. https://blog.naver.com/PostList.naver?blogId=raindrops_gr(검색일:2021.10.16.)

Niessen Jan, Schibel Yongmi and Magoni Raphaele (eds.), EU and US Approaches to the Management of Immigration, Migration Policy Group, 2003.

USA Department of Homeland Security(2019), 2019 Yearbook of Immigration Statistics https://www.dhs.gov/immigration-statistics/yearbook/2019

강명세(1998). IMF 위기, 한국 모델의 파탄, 그리고 새로운 모색. 한국정치연구회 편, 『동아시아 발전모델은 실패했는가』. 삼인. 61-90.

고혜원·이철순(2004). 외국인 고용허가제 도입과정. 『한국정책학회보』13(5). 17-44.

곽민주(2020). 한국 사회에서의 이주노동자 권리의 질적 향상을 위한 제언:현행 고용허가제의 문제점을 중심으로. 『ATE』10. 297-332.

권기섭(2004). 외국인 근로자, 어떻게 고용하나?. 「월간 인삼 약초」3(5). 37-39.

김철효(2021). 한국의 이주노동자 정책 현안과 개선 방안. 대선 정책 이슈페이퍼. 한국노동조합총연맹. http://inochong.org/storehouse/283007.

김태환(2011). 외국인 근로자의 법적 지위에 관한 연구. 동국대학교 석사학위 논문.

김현미(2014). 『우리는 모두 집을 떠난다』. 돌베개.

박노영(2002). 신자유주의적 세계화와 한국의 재벌체제 및 노동체제 개혁. 사회과학연구 13. 135-158.

박선욱(2018). 다문화사회와 사회통합을 위한 법 정책 비교. 『법학논총』42(2). 185-218.

배규식·윤진호·조효래·이정희(2008). 『87년 이후 노동조합과 노동운동 한국 노사관계 시스템의 변화와 미래 전망』. 한국노동연구원.

아비바 촘스키(2008). 백미연 역. 『그들이 우리의 일자리를 빼앗고 있다!:이민에 대한 미국 사회의 편견과 신화』. 전략과 문화.

유길상 · 이정혜 · 이규용(2004).『외국인력제도의 국제비교』. 한국노동연구원.

유성재(2006). '외국인 산업연수생제도', 행정안전부 국가기록원.

이규용(n.d.). 외국인 이주노동자 정책 현황과 과제. http://www.ydi.or.kr/upload/
　　board/1572368392081.pdf

임현진(1998).『지구시대 세계의 변화와 한국의 발전』. 서울대학교출판부.

정정훈(2009), 이주노동자의 노동권 보장을 위한 고용허가제의 개선 방향과 과제,「고
　　용허가제 시행 5년, 이주노동자의 기본권은 보장되고 있는가?」, 국가인권위원회
　　토론회 자료집. 1-75.

최명민 외(2015).『다문화사회복지론』. 학지사.

제9장

·
·
·

외국인 고용허가제

　1991년 이후 2004년 8월 16일까지 한국의 외국인력 정책의 근간이었던 산업기술 연수제도는 불법체류 · 송출 비리 · 인권침해 문제의 악순환에서 헤어나지 못했다.

　외국인 고용허가제[1](이하 고용허가제)는 산업기술 연수제도가 초래한 송출 비리, 불법체류, 기본적인 인권침해 등의 문제를 개선하기 위해 산업기술 연수제도를 대체하는 차원에서 도입이 논의되기 시작하였으나 점차 외국인력 정책 차원에서 단순 기능인력의 취업을 제도화하기 위한 목적이 강화[2]되면서 추진되었다.

1　이규용(n.d.). 외국인 이주노동자 정책 현황과 과제. http://www.ydi.or.kr/upload/board/15723 68392081.pdf

2　외국인 고용허가제 도입 논의는 최초에는 외국인 근로자의 인권 보호 및 노동권 보호를 위해서 추진된 측면이 있으나 법안의 통과는 우리나라 외국인력 정책의 제도화 측면이 강조되었다. 만약 노동권 보호만을 위해서라면 기존의 노동관계법 적용을 강제하는 차원에서도 충분하였으며, 굳이 고용허가제를 시도할 필요가 없었다.

2004년 8월 17일부터 본격적으로 시행된 고용허가제는 내국인 고용이 어려운 국내기업에 외국인 고용을 합법적으로 허가하는 제도로서 불법체류자의 과다한 발생과 내국인 고용기회 침해 등의 시장 실패를 최소화하기 위하여 외국인력의 도입과 관리를 국가(정부)가 직업 담당하는 단순 기능 외국인력 도입관리 제도이다(권기섭 2004, 37).

고용허가제는 매우 어려운 도입과정을 거친 후 2003년 7월 31일에 산업기술 연수제도와 병행한다는 조건에서 법안이 가까스로 통과되었고(고혜원·이철순, 2004), 2003년 8월 16일 국회에서 제정 공포된 '외국인 근로자의 고용 등에 관한 법률'을 근거로 2004년 8월 17일부터 시행되었다. 고용허가제는 유길상(2007)에 따르면 송출비용, 임금 체불, 근로시간과 환경 등에서 이전 산업연수생제보다 많은 긍정적인 면이 있다.

〈표 9-1〉 고용허가제와 산업연수생제 비교

구 분	평균 송출비용 ($)	임금 체불 경험비율 (%)	근로시간 만족도 (5점 만점)	작업환경 만족도 (5점 만점)
산업연수생제	3,509	36.8	2.38	2.47
	↓	↓	↓	↓
고용허가제	1,097	9.0	3.48	3.57

자료:유길상, 2007

고용허가제도는 국내 인력을 구하지 못한 기업에 적정규모의 외국인 근로자를 합법적으로 고용할 수 있도록 허가해 주는 방식이다. 고용허가제하에서 외국인 근로자는 단순 기능 업무에 종사할 수 있는 비전문 취업(E-9) 사증을 발급받아 입국 전에 국내 사업주와 근로계약을 체결한다.

1. 고용허가제 운영조직과 운영

고용허가제는 고용노동부, 법무부를 주축으로 정부의 다양한 부처에 의해 운영된다. 외국인 근로자의 고용 등에 관한 법률 제4조 및 시행령 제4조에 근거하여 설치된 외국인력 정책위원회를 중심으로 시행된다. 각 부처의 다양한 의견을 종합하여 반영하기 위해 국무총리실 소속인 외국인력 정책위원회(위원장:국무총리실장)는 외국인 근로자 관련 기본계획 수립과 외국인 근로자 도입업종 및 규모 등에 관한 사항, 외국인 송출국가의 지정 및 해지 등을 심의 · 의결한다.

외국인력 정책위원회 위원들은 총 21명으로 기획재정부, 외교통상부, 법무부, 행정안전부, 문화체육관광부, 농림수산식품부, 지식경제부, 보건복지부, 고용노동부, 국토해양부의 차관과 중소기업청장을 포함한 당연직 11명과 위촉직 10명으로 구성된다(곽민주 2020, 301: '외국인력 정책위원회', 위키백과).

고용허가제로 취업할 수 있는 자격요건은 업종〈표 9-2〉에 따라 구분된다.

〈표 9-2〉 일반 및 특례 고용허가제 구분에 따른 취업 가능 업종

산업분야	일반고용	특례고용	
제조업	상시근로자 300인 미만 또는 자본금 80억 이하		
건설업	모든 건설공사		
어업	연근해 어업, 양식 어업, 천일염 생산 및 암염 채취업		
농축산업	작물재배업, 축산업, 작물재배 및 축산 관리 서비스업		
서비스업	건설폐기물 처리업	■ 하수 · 폐수 및 분뇨 처리업	■ 기타 간이 음식점업
		■ 육지동물 · 애완동물 도매업	■ 외국인 음식점업
		■ 생활용품 도매업	■ 한식 음식점업
		■ 기계장비 · 관련용품 도매업	■ 산업용 세탁업
		■ 기타 생활용품 소매업	■ 자동차 종합 수리업

산업분야	일반고용	특례고용	
서비스업	건설폐기물 처리업	■ 기타 상품 전문 소매업	■ 자동차 전문 수리업
		■ 무점포 소매업	■ 모터사이클 수리업
		■ 육상여객 운송업	■ 사회 복지 서비스업
		■ 여관업　　■ 욕탕업	■ 호텔업
		■ 개인 간병 및 유사 서비스업	
		■ 가구 내 고용 활동	
		■ 여행사 · 기타 여행보조 서비스업	
		■ 폐기물 수집운반, 처리 및 원료재생업	
		■ 건물 및 산업 설비 청소업	
		■ 사업시설 유지관리 서비스업	
	건설폐기물처리업, 냉장냉동창고업(내륙위치), 서적잡지 및 인쇄물 출판업, 음악 및 기타 오디오물 출판업		

자료: 고용노동부(2019), 고용허가제 업무편람; 외국인 고용 관리시스템

　고용허가제로 입국한 외국인 근로자는 종업원 수가 300인 미만인 중소제
조업, 농축산업, 연근해 어업에 최장 3년까지 취업할 수 있고, 사업주에게 재
고용되어 취업 활동 기간을 연장하는 경우(1회만 가능)에는 추가로 1년 10개
월간 근무 가능하여 총 4년 10개월간[3] 취업이 가능하다. 이후 외국인 근로자
(E-9)는 출국 6개월 후 재입국이 가능하였지만, 2012년 7월 2일 성실 근로
자 재입국 특례 취업 제도가 시행되어 4년 10개월의 근로계약 종료 후 소규
모 제조업이나, 농축산 · 어업, 서비스업 등 힘든 근무환경 속에서 사업장변
경 없이 근무한 외국인 근로자는 사업주의 요청에 따라 3개월간[4] 본국 귀환
후 다시 4년 10개월의 취업이 가능하다(재취업 역시 1회만 가능). 결국 외국인 근

3　5년 이상 국내에 거주하게 되면 영주권 신청이 가능하기 때문에 외국인 근로자의 영주권 신청을 막
　　기 위한 방안으로 4년 10개월로 정한 것이다.

4　2020년 9월 22일 재입국 특례 허가를 받은 외국인 근로자는 출국 후 3개월 후 재입국해야 함에 따
　　라 출국 기간 동안 사업장의 업무 공백이 발생할 수 있어, 이를 최소화하고자 재입국 제한 기간을 3개
　　월에서 1개월로 단축하기 위한 취지의 입법예고 되었고, 2021년 10월 14일부터 적용되고 있다.

로자는 고용허가제로 최소 3년에서 최대 9년 8개월까지 취업이 가능하다.

이러한 고용허가제 외국인력 고용 규모와 업종 및 출신국 등은 '외국인력 고용위원회'(위원장: 노동부 차관)의 심의를 거쳐 '외국인력 정책위원회'(위원장: 국무조정실장)에서 결정한다.

이러한 고용허가제 시행은 전 세계적으로 좋은 평가를 받았다.

잠깐 읽어 보기

〈 고용허가제에 대한 국제적 평가 〉

▶ 국제기구에서 바라본 고용허가제

2010. 9월, ILO는 「이주발전 글로벌 포럼 2010」(GFMD)에서 우리나라의 고용허가제를 "아시아의 선도적 이주관리 시스템"으로 소개

- '2004년 대한민국은 양질의 일자리 제공을 위해 대단한 실험을 시작했고, 그 결과 고용허가제는 아시아의 가장 중요한 노동력 이주협정이 되었다.'

▶ '외국인 고용허가제(EPS)의 우수성을 세계가 인정'

한국산업인력공단(이사장 유재섭)이 (중략) 외국인 근로자 도입 절차를 투명하고 공정하게 운영함으로써 외국인 근로자 선발과 도입과정에서 발생할 수 있는 송출 비리, 인권침해, 불법체류 등의 문제를 크게 개선한 점을 높게 평가받았다. (중략) 고용허가제(EPS)는 기존 산업연수생제도의 송출비용 과다 등의 문제점을 해결하고, 중소기업의 인력난 해소를 효과적으로 지원하기 위해 2004년 8월에 도입되었으며, (중략) 고용노동부와 한국산업인력공단은 공정한 한국어 능력 시험 시행, 투명한 구직자명부 관리, 체계적인 근로계약 체결, 입국 및 체류 지원 등을 통해 고용허가제가 성공적으로 정착되도록 노력해 왔다.

출처: 대한민국 정책브리핑(2011.05.02.).

2004년 필리핀을 시작으로 몽골, 스리랑카, 베트남, 태국, 인도네시아와 MOU를 체결하였고, 현재 한국은 2016년 라오스와 16번째로 고용허가제를 위한 MOU를 체결⟨표 9-3⟩하였고, 국가별로 특화된 업종⟨표 9-4⟩이 구분되어 있다.

⟨표 9-3⟩ 국가별 MOU 체결일

국가	MOU 체결일	국가	MOU 체결일
필리핀	2004.04.23	캄보디아	2006.11.20
몽골	2004.05.03	중국	2007.04.10
스리랑카	2004.06.01	방글라데시	2007.06.04
베트남	2004.06.02	키르기스스탄	2007.06.27
태국	2004.06.25	네팔	2007.07.23
인도네시아	2004.07.13	미얀마	2007.12.28
우즈베키스탄	2006.03.29	동티모르	2008.05.13
파키스탄	2006.06.26	라오스	2016.10.17

자료: 고용노동부 각 지방고용노동청

⟨표 9-4⟩ 업종별 특화국가

업종	특화 국가명
건설업	스리랑카, 베트남, 태국, 캄보디아, 미얀마, 중국
농축산업	베트남, 태국, 캄보디아, 네팔, 미얀마, 중국
어업	스리랑카, 베트남, 인도네시아, 동티모르, 중국
서비스업	몽골, 우즈베키스탄, 중국

자료: 고용노동부(2019), 고용허가제 업무편람

2004년 필리핀과 고용허가제 제1호 송출국가로 필리핀과 MOU를 맺으면서, 고용허가제가 시작되어 매년 조금씩 확대되었고, 2022년 일반고용허가제 외국인 근로자(E-9) 규모는 2021년(52천 명)보다 7천 명 증가한 5만 9천 명으로 결정하였다⟨표 9-5⟩(고용노동부 2021).

〈표 9-5〉 연도별 고용허가제 외국인 근로자(E-9) 도입 규모

단위:명

구 분	총 계	제조업	농축산업	어업	건설업	서비스업
2022	59,000	44,500	8,000	4,000	2,400	100
2021	52,000	37,700	6,400	3,000	1,800	100
2020	56,000	40,700	6,400	3,000	2,300	100
2019	56,000	40,700	6,400	2,500	2,300	100
2018	56,000	42,300	6,600	2,600	2,400	100
2017	56,000	42,300	6,600	2,600	2,400	100

자료: 고용노동부(2021), 외국인 고용관리 시스템

〈표 9-6〉 고용허가제 외국인 근로자(E-9) 업종별 · 국가별 도입현황

업종별	제조업		농축산업	어업	건설업	서비스업	합계
2021	7,455	71.0%	1,841	592	595	18	10,501
2020	4,806	71.9%	1,388	286	207	1	6,688
2019	40,208	78.3%	5,887	3,520	1,651	99	51,365
2018	43,695	81.1%	5,820	2,845	1,405	90	53,855
2017	39,415	77.5%	6,855	2,621	1,846	100	50,837

국가별	2021	2020	2019	2018	2017
네팔	387	955	7,088	8,404	7,476
동티모르	278	28	561	352	337
라오스	96	17	167	136	-
몽골	176	63	785	793	1,398
미얀마	25	700	4,736	6,378	5,388
방글라데시	111	141	1,646	2,354	1,782
베트남	957	260	6,471	3,774	5,864
스리랑카	1,108	500	3,579	3,414	3,435
우즈베키스탄	312	94	1,715	2,250	2,632
인도네시아	173	641	6,202	6,923	3,717
중국	148	24	171	347	265
캄보디아	3,477	2,172	7,773	6,626	7,647
키르기스스탄	11	13	153	384	201

국가별	2021	2020	2019	2018	2017
태국	2,928	627	5,236	6,195	5,776
파키스탄	63	44	507	759	620
필리핀	251	409	4,575	4,766	4,299
합계	10,501	6,688	51,365	53,855	50,837

자료: 통계청(KOSIS). 고용허가제 외국인 근로자(E-9) 업종별 · 국가별 도입현황

연도별 고용허가제 외국인 근로자 도입 규모〈표 9-16〉와 도입 현황〈표 9-6〉을 비교해 보면 고용허가제로 국내에 입국하는 외국인 근로자 수는 매년 부족한 상황에 있다는 것을 알 수 있다. 특히 코로나 19로 인하여 입국의 어려움이 있었던 2020년과 2021년에는 12%, 20% 정도의 외국인 근로자가 고용허가제로 국내에 취업하였다.

고용허가제로 국내에 입국하는 국가 중 상위 5개국〈표 9-7〉이 차지하는 비율이 평균 70% 이상을 차지하고, 특히 캄보디아, 태국, 네팔에서는 매년 많은 이주노동자가 고용허가제를 통해 국내에 입국하고 있다.

〈표 9-7〉 고용허가제 외국인 근로자(E-9) 상위 5위 국가

구분		1위	2위	3위	4위	5위	합계
2021	국가	캄보디아	태국	스리랑카	베트남	네팔	
	인원	3,477	2,928	1,108	957	387	8,857
	(비율)	(33.1%)	(27.9%)	(10.6%)	(9.1%)	(3.7%)	(84.3%)
2020	국가	캄보디아	네팔	미얀마	인도네시아	태국	
	인원	2,172	955	700	641	627	5,095
	(비율)	(32.5%)	(14.3%)	(10.5%)	(9.6%)	(9.4%)	(76.2%)
2019	국가	캄보디아	네팔	베트남	인도네시아	태국	
	인원	7,773	7,088	6,471	6,202	5,236	32,770
	(비율)	(15.1%)	(13.8%)	(12.6%)	(12.1%)	(10.2%)	(63.8%)
2018	국가	네팔	인도네시아	캄보디아	미얀마	태국	
	인원	8,404	6,923	6,626	6,378	6,195	34,526
	(비율)	(15.6%)	(12.9%)	(12.3%)	(11.8%)	(11.5%)	(64.1%)

구분		1위	2위	3위	4위	5위	합계
2017	국가	캄보디아	네팔	베트남	태국	미얀마	
	인원 (비율)	7,647 (15.0%)	7,476 (14.7%)	5,864 (11.5%)	5,776 (11.4%)	5,388 (10.6%)	32,151 (63.2%)

2. 고용허가제 관련 법

1) 근로기준법

모든 이주노동자가 근로기준법의 대상이 되는 것은 아니다. 근로기준법에 따르면 5인 이상의 사업장에 근무하고 정해진 장소와 시간에 근무하며, 임금을 받을 시 근로기준법의 적용을 받을 수 있다(임종률, 2019).

우선 근로기준법 제2조(정의) 1항 1호에서는 '근로자란 직업의 종류와 관계없이 임금을 목적으로 사업이나 사업장에 근로를 제공하는 자'라고 규정하고 있다.

나아가 제6조(균등한 처우)에서는 '사용자는 근로자에 대하여 남녀의 성(性)을 이유로 차별적 대우를 하지 못하고, 국적, 신앙 또는 사회적 신분을 이유로 근로조건에 대한 차별적 처우를 하지 못한다'라고 규정하고 있다.

해당 규정들을 통해 볼 때, 외국인 근로자의 지위를 가진 자에게는 내국인과 같게 근로기준법이 적용됨을 추론할 수 있다.

2) 노동조합 및 노동관계조정법

노동조합 및 노동관계조정법 제2조 제1항에 따르면 '근로자라 함은 직업의 종류를 불문하고 임금, 급료 기타 이에 준하는 수입에 의하여 생활로 하는 자'라고 규정하고 있으며, '최저임금법', '산업안전보건법', '산업재해 보상법'에서도 같게 근로기준법상 근로자 정의 규정을 준용하고 있다.

3) 출입국관리법

출입국관리법 제1조에서는 '대한민국에 입국하거나 대한민국에서 출국하는 모든 국민 및 외국인의 출입국관리를 통한 안전한 국경관리, 대한민국에 체류하는 외국인의 체류 관리와 사회통합 등에 관한 사항을 규정함을 목적으로 한다'라고 규정하고 있으며, 취업 자격 관련 특별법인 외국인고용법에 비해 모든 외국인에게 적용된다는 점에서 포괄적이라고 할 수 있다.

또한 외국인 고용의 제한을 명시한 제18조 1항에 따르면 외국인이 대한민국에서 취업하려면 대통령령으로 정하는 바에 따라 취업 활동을 할 수 있는 체류 자격을 받아야 한다. 그리고 제2항에서는 제1항에 따른 체류 자격을 가진 외국인은 지정된 근무처가 아닌 곳에서 근무하는 것을 금지함으로써 고용될 수 있는 외국인의 자격을 제한하고 있다.

세 번째로 '근무처의 변경, 추가'를 명시한 제21조에서는 대한민국에 체류하는 외국인이 그 체류 자격의 범위에서 그의 근무처를 변경하거나 추가하려면 미리 법무부 장관의 허가를 받아야 한다고 명시하고 있다.

4) 외국인 근로자의 고용 등에 관한 법률(외국인고용법, 이하 외고법)

외국인 근로자의 고용 등에 관한 법률은 통상 '외국인고용법' 또는 '고용허가제법' 등의 약칭으로 통용되고 있다. 제1조에서는 '외국인 근로자를 체계적으로 도입 관리함으로써 원활한 인력수급 및 국민경제의 균형 있는 발전을 도모함'을 목적으로 하고 있음을 명시하고 있다.

이하 제6조부터 제12조에서는 외국인 근로자를 고용하는 절차를 구체적으로 명시하고 있으며, 제13조부터 제21조는 외국인 근로자의 고용관리를, 제22조부터 제25조는 외국인 근로자의 보호를 명시하고 있다. 특히 이 법 제22조에서는 사용자는 외국인 근로자라는 이유로 부당하게 차별대우를 하여서는 안 된다고 규정하고 명시하고 있다.

3. 고용허가제 원칙

고용허가제의 첫 번째 원칙은 '**보완성**'**의 원칙**으로. 내국인 노동시장을 대체하는 것이 아니라 보완하는 수준에서 외국인 인력을 들여온다는 것이다. 고용주는 일정 기간 한국인을 구인하기 위해 노력했다는 것을 증명해야 하고, 내국인을 구하지 못한 경우에만 외국인을 합법적으로 고용할 수 있다. 노동부는 고용허가제를 '한국인의 기피 업종 등 300인 미만 중소기업의 인력 부족을 해결하는 제도'라고 설명한다. 외국인과 한국인이 동일 업종에서 경쟁하는 것을 막고 외국인 유입에 대한 한국인의 반감을 상쇄하기 위함이다. 외국인은 한국인의 '대체 인력'이므로 이들의 이주 조건은 한국에서 부족하거나 자국인이 꺼리는 3D 업종의 일, 즉 '게토화된 직업군'으로의 이주만을 허용한다. 몽골어, 중국어, 독일어를 유창하게 구사하면서 울란바토르의 중견기업에서 일한 경력이 있는 알탕치메 씨는 한국에서는 희소한 자원일 것으로 생각하여 통역 일에 지원했지만 선발될 가능성은 아예 없었다. 그녀는 2년의 기다림 끝에 경기도 남양주에 있는 '물수건 표백 가공 공장의 생산직 보조일'로 한국에 왔다. 유해물질과 열악한 노동환경, 낮은 임금 때문에 이 공장은 한국인을 고용하지 못하고 있었다(김현미 2014, 128).

고용허가제의 두 번째 원칙은 '교체 순환'의 원칙으로, 계약 기간이 다하면 노동자는 본국으로 귀환해야 하고, 대신 새로운 노동자가 다시 와야 한다는 것이다. 원칙적으로 외국인 이주노동자는 한국에서 정주할 수 없으므로 3년 계약이 끝나면 본국에 갔다가 다시 들어와 4년 10개월까지 일할 수 있다. 이 기간에는 가족 동반도 금지된다. 한국에 합법적으로 5년 이상 지속해서 정주한 외국인은 영주권을 신청할 수 있는 자격이 부여되기 때문에, 고용허가제나 방문취업제로 들어온 외국인과 동포의 영주를 막기 위해서라고 정부는 이들을 반드시 출국시켜야 한다는 입장이다(김현미 2014, 129).

고용허가제의 마지막 원칙은 '사업장 이동 제한'의 원칙으로, 외국인 근로자가 한국에 들어오면, 특별한 사유가 없는 한 원래 계약한 사업장을 옮길 수 없다. 사업장 이동이 필요한 부득이한 경우, 계약 기간에 총 세 번만 사업장을 변경할 수 있지만, 이런 상황에도 변경 사유를 이주노동자가 '증명'해야 한다. 한국어가 익숙하지 않고, 고용주와의 관계에서 매우 수세적인 위치에 있는 이주노동자가 이 일을 하기란 쉽지 않다. 작업장 이동의 주요 사유인 휴폐업, 임금 체불, 열악한 작업환경, 상해, 폭력(언어, 성(性), 물리적 등) 문제가 일어나면, 이주노동자는 입증의 책임을 지고 사업장변경을 신청해야 한다. 고용주가 사업장변경 요청의 원인을 제공했더라도, 이로 인해 크게 처벌을 받는 경우는 드물다.

외국인 근로자가 사유를 충분히 증명해도 사업장변경이 반드시 이루어지는 것은 아니다. 외국인 근로자 최초로 국정감사에 참고인으로 출석한 캄보디아 이주 여성 딴 소푼 씨의 사례는 이를 잘 보여준다(김현미 2014, 129).

딴 소푼 씨는 2012년 6월 고용허가제로 입국해 1년간 전남 담양의 딸기 농장에서 일했다. 한국 입국 전 체결한 표준계약서에는 월 226시간 근무에, 시간당 4,580원의 최저임금을 적용해 월 103만 원 정도를 받는 것으로 되어 있다. 실제로 그녀는 한 달 평균 320시간 넘게 일했지만, 추가 노동에 대한 임금은 받지 못했다. 그녀는 1년간 작성한 근로 일지와 일하는 장면을 찍은 동영상을 고용노동청에 제출했지만, 공무원들은 믿지 않았다. 오히려 고용주는 이에 앙심을 품고 딴 소푼 씨를 '이탈' 노동자로 신고해 취업 자격을 빼앗았다. 현재의 고용허가제에서 한국인 고용주는 '작업장'을 이탈한 외국인 근로자를 신고할 수 있고, 한 달 내에 노동자가 근거 있는 항변을 하지 않으면 '불법'체류자로 만들 수 있다.

딴 소푼 씨는 자신이 겪은 불합리한 일에 대해 여러 번 증거를 제출했지만, 고용노동청에서는 그녀의 주장 일부만을 인정해 1년간의 체불임금이란 명목으로 40만 원을 지급하게 하였고, 사업장변경은 불가하다는 통보를 했다(김현미 2014, 129-130).

잠깐 읽어 보기 ● ● ●

〈 외국인 근로자의 국정감사 참석 〉

받지 못한 돈 474만 원, 소송 걸린 돈 473만 원

전남 담양의 딸기 농장주 ㅇ 씨는 딴 소푼(35 · 여 · 캄보디아)에게 소송을 제기했다. ㅇ 씨는 소장에 썼다. "피고인이 퇴직함에 따라 그동안(2012년 6월 5일부터 2013년 6월 15일까지 376일)의 임금과 퇴직금 전부를 지급했다. 그러나 피고인들은 위 기간 동안 식대 및 숙박대금을 지금까지 지급하지 아니하고 있다." ㅇ 씨는 딴 소푼에게 473만 7600원을 청구했다.

ㅇ씨가 말한 "임금 전부"는 최저임금의 60% 전후를 뜻한다. 2012년 7월 딴 소푼은 330시간 일하고 90만 원(시급 2,727원 정도)을 받았다. 376일 동안 하루의 휴일도 얻지 않았다. 실제 노동시간에 법정 최저시급을 계산했을 때 그가 받지 못한 돈은 474만 원이다. 2개월간 고용노동청에 진정해 인정받은 돈은 41만 원뿐이었다. ㅇ씨가 청구한 식대 · 숙박비는 딴 소푼이 1년 동안 받은 1250만 원의 3분의 1을 한참 넘는다. 딴 소푼은 2013년 10월 14일 이주노동

자로선 최초로 국정감사에 출석해 살인적인 노동 강도를 고발했다. ○ 씨는 5개월 만에 '밥값을 달라'며 소송에 나섰다.

출처: 이문영 · 김연희(2014); 박철웅(2013)

4. 고용허가제 도입에 대한 찬 · 반 근거

1) 도입 찬성의 근거

① 기존의 산업기술 연수제도는 애초의 취지와 달리 낮은 임금을 받는 외국인 근로자며, 이들은 연수생이라는 이유로 노동관계법이 적용되지 못하여 인권침해를 유발하고 연수생 사업체 이탈을 초래하였다.

② 산업기술 연수제도는 현지 송출기관의 비리를 양산했다. 과다한 송출 수수료를 충당하기 위해 막대한 빚을 진 연수생들이 입국하자마자 사업체를 이탈하고 있다. 연수생의 20~30%가 사업체를 이탈하고 있다.

③ 고용허가제 시행으로 고용 비용은 증가하지 않는다. 능력과 생산성에 따라 임금을 차등적으로 지급하는 것이 근로기준법에 어긋나지 않으므로 한국어 구사 능력이 떨어지는 외국인에게 한국인보다 낮은 임금을 지급하는 것이 제도적으로 가능하다. 개별 근로계약을 체결할 때 최저임금선 이상의 기본급만 충족하면 된다. 산업기술 연수제도 하에서는 별도의 수당이나 숙박시설까지 제공하였으므로 실제 외국인 근로자들에게 근로 관계법을 적용하여 연월차수당, 퇴직금 등을 보장하더라도 기업체의 부담이 그다지 증가하지 않는다.

④ 산업기술 연수제도는 전체 중소기업체 중의 극히 일부에게만 유의미

하다. 산업기술 연수제도의 폐지에 결사적으로 반대하고 있는 측은 중기협이다. 그러나 중기협에 소속되어 있는 중소업체는 전체 중소기업 중 약 1.6%일 뿐이며, 그중에서도 5.3%만이 산업기술 연수제도를 채용하고 있다. 그리고 심각한 인력난에 시달리는 대다수 중소기업은 불법체류자를 쓰고 있는 형편이다. 불법체류 이주노동자들을 채용하고 있는 중소기업은 16만여 개에 달한다.

⑤ 노사분규가 심화할 가능성은 거의 없다. 고용계약을 1년 단위로 체결하기 때문에 집단행동 가능성이 최소화된다. 외국인에게 노동삼권을 허용한 대만이나 싱가포르 등에서도 외국인 근로자의 집단행동이 거의 발생하지 않았다.

⑥ 불법체류 문제가 근본적으로 해결될 수 있다. 기업은 필요한 적정규모의 인력을 합법적으로 활용할 수 있고, 외국인은 합법적 '근로자'로서 적절한 대우를 받을 수 있으므로 불법 노동시장이 최소화된다.

⑦ '국내 근로자 구인 노력'은 반드시 거쳐야 할 필수적 절차라는 점을 고려하면 외국인 근로자 수입절차가 복잡해지지 않는다. 국내 근로자를 구할 수 있음에도 저임금을 이유로 외국인 근로자를 고용하는 것을 예방하고, 국내 인력으로 충원이 되지 않는 경우에만 외국인력 사용을 허용하기 위해 필수적 절차이다.

⑧ 고용 사정 변동에 따라 탄력적으로 제도 운용이 가능하다.

⑨ 외국인 근로자의 가족 동반을 금지해서 영주 가능성을 차단할 수 있다.

⑩ 고용허가제는 외국인력을 수입할 때 일반적으로 다른 국가에서도 채택하는 보편적 제도이다.

2) 도입 반대의 근거

① 불법체류자 양산은 미약한 정부 단속 등 불법체류가 쉬운 외부환경 때문이다. 관광이나 친지 방문 등 단기 체류로 입국한 이들이 불법체류를 많이 하고 있다.

② 이들 불법체류자는 신분상 약점으로 인해 법적 보호의 사각지대에 있는 것이다. 산업기술 연수제도 때문이 아니다.

③ 생산성에 비례하여 임금을 지급하는 것이므로 생산성이 낮은 외국인 근로자는 국내 근로자와 비교해 저임금을 받을 수밖에 없다.

④ 송출 비리의 근본적 원인은 국가 간 임금 격차이기 때문에 고용허가제를 도입하였다고 해서 송출 비리가 근절되지 않는다.

⑤ 단일민족사회로 오랫동안 살아온 한국의 경우 이주노동력의 대량 도입으로 생길 많은 문제를 소화해 나갈 수 있는 사회적·문화적 기반이 대단히 취약한 상태이다.

⑥ 장기체류로 인한 결혼, 2세 출생, 2세 교육 문제가 속출할 것이고, 주거 문제나 미비한 사회보장의 확산에도 상당한 제약 요인으로 작용할 것이다.

⑦ 한국 경제에도 도움이 되지 않는 측면이 있다. 한국 경제는 종전에는 저임금에 바탕을 둔 단순 조립형 수출주도 경제였지만 지금은 부가가치가 높은 산업구조로 개편되어야 한다. 이런 산업 구조조정 과정에서 경쟁력이 현격히 떨어지는 영세, 중소기업들은 경영 혁신과 산업 구조 개선을 통해서 경제성을 갖춰내야 하며 정부는 이들 영세, 중소기업들의 산업구조 개선을 중장기적 계획을 세우고 지원해야 한다. 그런데 저임금의 외국인 근로자를 계속 공급해 나가는 것은 영세중소기업에

마약을 제공하는 효과를 가져올 따름이다.

5. 현행 고용허가제의 문제점[5]

현행 외국인고용법은 기본적으로 외국인 근로자의 측면에서가 아니라 국내 노동시장의 관점에서 제정되었고, 현재에도 기본적으로 이러한 모습을 유지하고 있다. 우선 국내 정책적 관점에서 보면 취업 허용 기간을 최대 5년 미만으로 인정하여 외국인 근로자의 정주(定住)를 방지하고자 하고, 외국인 근로자를 고용하고자 하는 사업자는 내국인 구인노력을 우선해야 하며, 그런데도 인력을 구하지 못했을 때만 외국인 근로자의 고용을 허가하도록 하여 내국인 우선 고용원칙을 유지하고 있다. 또한 외국인 근로자의 도입 규모도 노동시장의 상황에 따라 유연하게 조정하여 무분별한 외국인 근로자 유입의 차단을 통해 노동시장에서 국내 근로자를 보호하려고 노력하고 있다. 기업으로서도 직업안정기관의 장이 추천한 외국인 근로자 중 선택으로 채용할 수 있도록 하는 등 국내 정책적 관점과 사용자의 입장에 무게의 중심을 두고 있다. 한편 외국인 근로자의 처지에서는 외국인 근로자에 대한 차별금지나 사용자와의 계약 체결할 때 표준계약서의 사용, 출국만기보험 또는 신탁, 귀국 비용보험 또는 신탁, 임금 체불에 대비한 보증보험, 건강보험이나 상해보험 등에의 가입을 통하여 신체적 경제적 위험에 대비하도록 하는 규정을 만들어 보호하고 있다.

종래 외국인고용법상의 고용허가제에 대한 많은 비판의 의견이 있었으

---

5   손윤석(2013). 이주노동자의 고용허가제 개선 방안. 법학연구 49. 1-23.

며, 이에 대한 보완책으로 부분적인 개선을 통해 현재에 이르고 있다. 많은 부분이 개선되었다는 평가를 할 수 있으나 여전히 고용허가제는 시민단체를 비롯하여 여러 학자에 의해 문제점들이 지적되고 있다. 일반적으로 제기되고 있는 주요한 문제점들을 살펴보면 다음과 같다.

1) 정주화(定住化) 방지 원칙에 따른 문제점

고용허가제와 관련된 많은 규정이 법 개정을 통해 개선되고 있지만, 외국인 근로자의 정주화 방지라는 대원칙은 수정 없이 현재에도 적용되고 있다. 따라서 외국인고용법은 원칙적 취업 활동 기간 3년과 한 차례만 2년 미만(1년 10개월) 범위에서 인정되는 취업 활동 기간 연장이라는 제한이 있다. 이는 외국인고용법이 외국인 근로자를 상대적으로 저임금을 받는 단순 노무 인력으로 한정하여 이들의 장기체류로 인한 사회적 폐해나 사회적 비용의 증가 등을 방지하기 위함으로 파악된다(고준기·이병운 2010, 4).

이러한 정책을 관철하기 위하여 외국인고용법은 외국인 근로자가 최대 5년 미만의 취업 활동을 국내에서 할 수 있고,[6] 취업 활동 기간이 만료되면 일단 출국하였다가 일정 기간 후 다시 재입국하여 국내에서 취업 활동을 할 수 있도록 규정하고 있다. 다만, 재입국을 통해 국내에서 재취업을 하기 위한 요건은 비교적 까다롭게 규정되어 있는데, 우선 최초의 취업 활동 기간 3년 후 출국하기 전에 사용자가 고용노동부 장관에게 재고용허가를 요청한 외국인 근로자를 대상으로 하고, 그러한 외국인 근로자 가운데 연장된 취업 활동 기

---

6 최초 3년의 취업 활동 기간 후 2년 미만의 범위에서 취업 활동 기간을 연장하기 위해서는 취업 활동 기간 3년이 만료되어 출국하기 전에 사용자가 고용노동부 장관에게 재고용허가를 요청하여야 한다(법 제18조의 2 제1항).

간이 만료되어 출국하기 전에 사용자가 재입국 후의 고용허가를 신청하면 고용노동부 장관은 그 외국인 근로자에 대하여 출국한 날부터 3개월이 지나면 같은 법에 따라 다시 취업할 수 있도록 하고 있다. 단, 취업 활동 기간에 사업장변경을 신청하지 않아야 했고, 외국인력 정책위원회가 도입업종이나 규모 등을 고려하여 내국인을 고용하기 어렵다고 정하는 사업 또는 사업장에서 근로하고 있어야 하며, 재입국하여 근로를 시작하는 날부터 효력이 발생하는 1년 이상의 근로계약을 해당 사용자와 체결하고 있어야 한다는 요건을 모두 충족할 때만 한 번 재입국 취업이 허용되게 된다. 이렇듯 까다로운 재입국 취업으로 인하여 외국인 근로자의 재고용 여부와 재입국 취업 여부에 대한 결정권이 모두 사용자에게 배타적으로 부여됨으로써 외국인 근로자의 고용종속이 심화할 우려가 있고(정정훈 2009, 34.), 이러한 요건을 모두 충족하기 어려운 외국인 근로자의 사업장 이탈로 인해 불법체류자가 양산될 수 있다는 문제점도 있다.

2) 계약자유의 제한에 따른 문제점

(1) 근로계약 갱신 거절권의 제한

2009년 법 개정 이전에서는 외국인 근로자의 계약 기간을 1년 미만으로 규정하고 근로계약의 갱신에서도 매번의 근로계약 기간은 1년 미만으로 하도록 규정하였다. 동 규정은 개정을 거쳐 현재 3년의 취업 활동 범위 내에서 당사자 간의 합의에 따라 근로계약을 체결하거나 갱신할 수 있도록 하고 있다.(법 제9조 제3항) 따라서 이제는 종래 계약의 기간만료 때마다 신분의 불안을 느꼈던 외국인 근로자가 장기계약을 통해 비교적 안정적으로 취업 활동을 할 수 있다는 점에서 긍정적인 평가를 받고 있다(고준기·이병운 2010, 14).

하지만 계약의 갱신과 관련하여 외국인 근로자에게 갱신거부권이 있는지는 좀 더 검토해 볼 필요가 있다. 예컨대 고용계약 기간을 2년이나 1년으로 설정한 경우, 우선 사용자가 고용계약 기간만료 후 갱신을 거부할 때는 다시 고용허가를 받아 다른 외국인 근로자를 채용하는 절차를 밟을 수 있고, 이 경우 외국인 근로자는 법 제25조 제1항 제1호에 따라 직업안정기관의 장에게 사업장변경을 신청할 수 있다.

사용자 입장에서는 다른 외국인 근로자를 채용하기 위한 절차의 반복으로 인해 발생할 수 있는 사업 수행상의 손실은 별론으로 하더라도 근로계약 종료 후의 갱신 거절권을 자유로이 행사할 수 있고,[7] 외국인 근로자는 사업장 변경신청을 통해 새로운 사업장에서 근로를 계속할 수 있는 길이 열리게 된다는 점에서 사용자의 일방적인 갱신거부로 인한 피해를 최소화할 수 있다. 한편 외국인 근로자에 있어서 고용계약 만료 후의 갱신 거절권은 '당사자의 합의'에 따라 근로계약을 체결하거나 갱신할 수 있도록 규정하고 있는 법 제9조 제3항의 규정에서 해석상 도출할 수 있다. 그러나 갱신을 거절한 외국인 근로자의 지위나 처우는 불안정해질 수밖에 없다. 우선 법 제25조가 규정하고 있는 사업장 변경신청의 사유에는 사용자가 근로계약이 만료된 후 갱신을 거절하려는 경우만을 규정하고 외국인 근로자의 갱신 거절에 대해 언급하고 있지 않기 때문에 외국인 근로자는 근로계약 만료 후 갱신 거절을 통하여 사업장변경을 신청할 수 없다.[8]

---

7 법 제25조 제1항 제1호의 사유에서 사용자의 갱신 거절을 명시하고 있다.

8 이 부분은 명백한 입법적 불비로 보인다. 사업장변경신청에 관해 규정하고 있는 외국인고용법 제25조는 외국인 근로자의 고용계약만료에 따른 계약갱신 거절의 경우를 사업장변경신청 사유로 규정하고 있지 않기 때문에 외국인 근로자가 근로계약 종료 후 계약갱신을 거절하여 결과적으로 다른 사업장에서 근무하게 되는 경우는 동조 제4항이 규정하고 있는 사업장변경 횟수에 포함되지 않고 따라서 이에 따른 제한이 적용되지 않게 된다.

따라서 외국인 근로자는 고용계약만료 후 갱신을 거절하게 되면 1개월 이내에 구직신청을 해야 하고, 3개월의 구직기간 내에 다시 고용되어야만 정상적인 취업 활동을 할 수 있게 된다. 만일 1개월 이내에 구직신청을 하지 않거나 3개월의 구직기간 동안 고용이 되지 않을 때는 출국하게 되어 있다. 또한 고용계약의 갱신 거절로 인하여 사업장을 변경하였을 때 법 제18조의 4의 요건을 충족하지 못하여 재입국 취업이 불가능하게 된다. 결국 외국인 근로자의 처지에서도 고용계약 기간만료 후 계약갱신을 거절할 수 있는 권리는 있으나 계약갱신을 거절할 때 불안정한 지위에 놓이게 되고 때에 따라 출국해야 하는 상황이 될 수 있다. 또한 계약갱신을 거절하고 새로운 사업장에 취업이 될 때도 외국인 근로자에게는 직장을 선택할 수 있는 권리가 인정되지 않기 때문에 종전 사업장보다 새로운 사업장이 더 나을 것이라는 기대를 할 수도 없다. 현행 제도 아래에서는 외국인 근로자의 고용계약갱신 거절권은 상당히 제한될 수밖에 없다는 문제점이 있다.

(2) 사업장 변경의 제한

외국인 근로자의 사업장 변경과 관련하여 외국인고용법은 외국인 근로자의 사업장 변경권을 원칙적으로 인정하지 않고, 일정한 요건에 해당하는 경우에만 예외적으로 이를 허용하는 태도를 보인다. 즉, 외국인 근로자는 ① 사용자가 정당한 사유로 근로계약 기간 중 근로계약을 해지하려고 하거나 근로계약이 만료된 후 갱신을 거절하려는 경우나 ② 휴업, 폐업, 제19조 제1항에 따른 고용허가의 취소, 제20조 제1항에 따른 고용의 제한, 사용자의 근로조건 위반 또는 부당한 처우 등 외국인 근로자의 책임이 아닌 사유로 인하여 사회 통념상 그 사업 또는 사업장에서 근로를 계속할 수 없게 되었다고 인정하여 고용노동부 장관이 고시(고용노동부 고시 제2012-52호)한 경우, 또는 ③ 상해 등으로 외국인 근로자가 해당 사업 또는 사업장에서 계속 근무하기는 부적합하나 다른 사업 또는 사업장에서 근무하는 것은 가능하다고 인정되는 상황에 해당하는 경우에만 사업장 변경을 신청할 수 있으며, 그 횟수도 최초 3년의 취업 활동 기간에는 3회, 2년 미만의 기간 연장되었을 때 2회를 각각 초과할 수 없도록 제한하고 있다.

②의 요건의 경우 구법에서 '휴업 폐업 그 밖의 외국인 근로자의 책임이 아닌 사유로 그 사업장에서 근로를 계속할 수 없게 되었다고 인정되는 경우'로 규정하여 외국인 근로자의 귀책사유나 책임 유무에 대한 판단 기준이 명확하지 않다는 비판을 받게 되었고(고준기·이병운 2010, 16.), 결국 이를 좀 더 구체화해서 고용노동부 장관의 고시로 규정하였을 때 한정하도록 개정하였다. 또한 ②의 요건에 해당할 때는 사업장 변경 횟수의 제한을 받지 않는 것으로 규정하였고, 재입국 취업에서도 불이익을 받지 않도록 개선하여 외국인 근로자의 사업장 변경신청권을 대폭 확대하였다. 그러나 ②의 요건에 해당하지 않는 한 여전히 외국인 근로자의 사업장 변경신청권은 제한적으로 인정되고 있고, 사업장 변경을 한 경우에는 재입국 취업을 제한받는 등 불이익을 감수해야만 한다는 문제점이 있다. 또한 ②의 요건도 고용노동부 장관의 고시가 지나치게 까다롭고 제한적으로 인정되고 있어서 실질적으로 외국인 근로자가 사업장 변경신청을 하기까지는 사용자의 부당행위를 감수해야할 부분이 크고, 이 고시도 여전히 추상적인 표현으로 되어 있어 그 해석에 논란이 있을 수 있다.[9]

---

9   예컨대 "채용 시 제시된 근로조건 또는 채용 후 일반적으로 적용받던 임금 근로시간이 20% 이상 저하되거나 기타 근로조건이 현저하게 낮아지게 되는 등 사용자의 근로조건 위반 등으로 더는 근로관계 유지가 어렵다고 인정되는 경우로서, 그 기간이 사업장 변경 신청일 전 1년 동안 2개월 이상인 경우"

고용허가제 과정은 외국인 근로자를 고용하고자 하는 자는 공공직업안정 기관에 우선 내국인 구인 신청을 해야 하며 직업안정기관의 직업소개에도 불구하고 인력을 채용하지 못할 경우, 외국인 근로자 고용허가를 신청하게 된다. 노동부의 고용지원센터는 고용허가를 신청한 사용자에게 외국인 구직 자 명부 중 구인 요건에 맞는 외국인을 복수 추천하며, 사용자는 추천된 외 국인 구직자 중에서 적격자를 선정한다. 고용지원센터는 적격자를 선정한 사용자에게 선정된 외국인 근로자 성명 등을 기재한 외국인 근로자 고용허 가서를 발급한다. 근로계약 기간은 1년을 넘지 못하며 최대 3년의 범위에서 근로계약을 갱신할 수 있다. 외국인 근로자를 고용하는 사업 또는 사업장의 사용자는 외국인 근로자를 피보험자 또는 수익자로 하여 출국만기보험 또는 출국 만기일 기금 신탁에 가입해야 한다. 이는 중소기업들의 퇴직금 일시지 급에 따른 부담을 완화하면서 외국인 근로자의 체류 기간만료 후 출국을 유 도하고자 함이다. 외국인 근로자는 귀국 시 필요한 비용에 충당하기 위하여 귀국 비용보험 또는 신탁에 가입해야 한다. 외국인 근로자들의 임금 체불에 대비하여 임금채권 보장법이 적용되지 않는 사업장 또는 상시 300인 미만의 사업장의 사업주는 임금체불 이행 보증보험에 가입해야 한다.

외국인 근로자는 원칙적으로 고용허가를 받은 사업장에서 계속 취업을 원칙으로 하지만 사업장의 휴업 폐업, 사용자에 대한 외국인 근로자의 고용 허가 취소 및 고용 제한 등의 사유가 발생하여 그 사업장에서 정상적인 고용 관계를 지속하기 곤란한 때에는 사업장을 변경할 수 있다. 외국인 근로자라 는 이유로 부당한 차별적 처우를 해서는 안 되며, 내국인 노동자와 동등하게

라고 표현하여 '현저하게'라는 추상적인 개념을 사용하고 있고, 외국인 근로자는 사업장 변경 신청일 전 1년 동안 2개월 이상 사용자의 근로조건 위반을 감수해야만 같은 조건을 충족할 수 있는 문제점 이 있다.

근로기준법 등 노동관계법을 적용받는다. 외국인 근로자에게는 4대 사회보험이 적용된다⟨표 9-8⟩.

⟨표 9-8⟩ 국가별 고용허가제 외국인 근로자의 4대 사회보험

사업장 당연 가입 지역가입 당연 가입		사업장 당연 가입 지역가입 제외		사업장 가입 제외 지역가입 제외	
중국	필리핀	몽골	태국	베트남	캄보디아
우즈베키스탄(3개국)		스리랑카	라오스	파키스탄	네팔
		인도네시아		미얀마	동티모르
		키르기스공화국(6개국)		방글라데시(7개국)	

자료: 고용노동부(2019), 알기 쉬운 고용허가제

고용허가제가 도입된 이후 처음에는 산업 연수제와 병행 시행되었으나 2007년 1월 1일부터 한국의 생산기능직 외국인력제도는 고용허가제로 일원화된다. 정부는 2006년 11월 30일 국무조정실장 주재로 외국인력 정책위원회를 열어 '일원화 관련 고용허가제 세부 업무 추진 방안'을 확정하여 발표하였다. 한국산업인력공단에서 송출국가와 관련된 업무 일체를 전담하는 현행 시스템을 유지하되, 제도 일원화 후 외국인력 도입 규모 증가로 업무 부담이 늘어날 것에 대비하여 기존 한국산업인력공단과 더불어 중소기업 중앙회·대한건설협회·농협중앙회·수협중앙회 등 민간단체들이 사용자를 대행하는 역할을 맡을 수 있도록 하였다.

이로써, 산업 연수제에서 연수생 추천 업무를 맡았던 사용자단체들이 외국인 근로자를 도입·관리하는 업무와 외국인 근로자 취업 교육에 참여할 수 있는 길이 열린 것이다.

한국산업인력공단의 조직을 조금 더 확대하고 직원 수를 늘려 그 역할을 맡기는 방안이 고용허가제의 원래 도입 취지에 가장 잘 부합되지만, 기존 산업연수 추천 단체의 조직과 인력을 활용하려는 것으로 결론이 났다. 산업연수제도를 운용해 온 민간단체의 기득권을 인정해주자는 현실론이 적극적으로 반영된 것으로 평가한다.

고용허가제 대행 기관은 사용자를 대신하여 외국인력의 도입 · 취업 교육 · 관리 등의 업무를 처리해주는 역할을 한다. 정부는 외국인력 도입의 '일괄 업무 처리'(one stop service)가 가능해질 것이라고 밝혔다. 그것이 현실화할 경우, 사용자는 지금보다 훨씬 신속하고 편리하게 외국인 근로자를 고용할 수 있을 것이다.

외국인력 도입을 원활하게 하기 위해서는, 법무부 출입국관리국과 노동부 고용지원센터, 한국산업인력공단과 대행 기관 사이의 업무 협조 체계 정비가 필수적이다.

그렇지만 외국인력 도입 기간 단축이 '내국인 구인노력' 등 국내 노동시장 안정화를 위한 의무를 소홀히 하는 것으로 연결되어서는 절대 안 된다. 한국인으로 충원되지 않는 특수 분야에만 외국인력을 채용하는 것이 고용허가제의 기본취지이고, 국내 노동시장을 안정시킬 수 있는 방책이기 때문이다.

선진적 제도의 도입만으로 성공이라 할 수는 없다. 제도 자체보다는 그 운영이 훨씬 중요하다. 운영 과정에서 군데군데서 삐걱대는 소리가 들리게 되면 시스템은 필연적으로 망가지게 마련이다. 고용허가제의 성공적 정착을 위해서는 그 운영에 참여하는 사용자 · 노동자 · 공익 · 정부의 공동 노력이 절실하고, 언론과 시민사회의 엄중한 감시가 필수적이다.

일원화된 고용허가제의 조기 정착을 위해서는 다음 세 가지가 필수적으로 지켜져야 한다. 첫째, 송출 비리의 차단을 위한 지속적인 노력이 필요하다. 대부분의 송출국에서 우리나라 이외의 인력송출 대상 국가에 대한 인력 송출을 민간 송출업체가 담당하고 있는 점을 고려할 때 송출 비리 발생 가능성은 계속 존재하고 있다. 따라서 송출국의 모집 과정에서 생길 수 있는 비리를 감독할 수 있는 제도 또는 장치의 마련이 필요하다.

둘째, 고용허가제의 성공적 정착을 위해서는 제도 시행과정에서 나타나는 문제점들이 제도 개선으로 이어질 수 있도록 체계를 갖추어야 한다. 즉, 고용허가제의 계획-집행-평가-제도 개선의 환류 시스템이 정착될 필요가 있다.

셋째, 중장기적으로 외국인력이 국내 노동시장에 미치는 영향을 최소화하고 외국인력에 대한 수요를 적정수준으로 억제하기 위하여 외국인 고용부담금제도(levy system)를 도입하는 방안을 검토할 필요가 있다. 외국인 고용부담금은 시장 기능을 살리면서도 외국인 근로자에 대한 수요를 적정수준으로 통제할 수 있는 효율적인 장치로서, 한국에서도 외국인 고용허가제도 도입을 논의하는 과정에서 도입 여부를 검토하였으나 사업주들의 반대를 우려하여 채택되지는 못했다.

그러나 고용허가제도의 건전한 발전을 위해서는 외국인 고용부담금제도의 도입을 가까운 시일 내에 다시 논의하는 것이 바람직할 것으로 판단된다.

참고문헌

'외국인력 정책위원회'. 위키백과(https://ko.wikipedia.org).

USA Department of Homeland Security(2019), 2019 Yearbook of Immigration Statistics
　　https://www.dhs.gov/immigration-statistics/yearbook/2019

강명세(1998). IMF 위기, 한국 모델의 파탄, 그리고 새로운 모색. 한국정치연구회 편,
　　『동아시아 발전모델은 실패했는가』. 삼인. 61-90.

고용노동부(2019).「알기 쉬운 고용허가제」, https://www.moel.go.kr/policy/policydata/
　　view.do?bbs_seq=20190400177

고준기 · 이병운(2010). 개정 고용허가제의 문제점과 개선 방안.『노동법 논총』18. 1-36.

고혜원 · 이철순(2004). 외국인 고용허가제 도입과정.『한국정책학회보』13(5). 17-44.

곽민주(2020). 한국 사회에서의 이주노동자 권리의 질적 향상을 위한 제언:현행 고용허
　　가제의 문제점을 중심으로.『ATE』10. 297-332.

국제노동연구소(1991).『ILO 조약 · 권고집(1919-1991)』. ILO 연구총서 3. 돌베개.

김철효(2021). 한국의 이주노동자 정책 현안과 개선 방안. 대선 정책 이슈페이퍼. 한국
　　노동조합총연맹, http://inochong.org/storehouse/283007.

김현미(2014).『우리는 모두 집을 떠난다』. 돌베개.

남기범 외(2021).『이민 정책론』. 윤성사.

박노영(2002). 신자유주의적 세계화와 한국의 재벌체제 및 노동체제 개혁.『사회과학연
　　구』13. 135-158.

박선욱(2018). 다문화사회와 사회통합을 위한 법 정책 비교.『법학논총』42(2). 185-218.

손윤석(2013). 이주노동자의 고용허가제 개선 방안.『법학연구』49. 1-23.

아비바 촘스키(2008). 백미연 역.『그들이 우리의 일자리를 빼앗고 있다!:이민에 대한
　　미국 사회의 편견과 신화』. 전략과 문화.

유길상(2007). 외국인고용허가제 시행 3주년 평가 및 제도개선방안 연구, 노동부.

이규용(n.d.). 외국인 이주노동자 정책 현황과 과제. http://www.ydi.or.kr/upload/
　　board/1572368392081.pdf

이연옥(2015). 불법으로 체류 및 노동하는 외국인 근로자:용어를 중심으로. 『다문화와 평화』 9(2). 59-81.

임현진(1998). 『지구시대 세계의 변화와 한국의 발전』. 서울대학교출판부.

정연승 · 성백남 · 이원영(2005). 『대중소기업 간 생산성 및 임금 격차에 관한 연구: 제조업 중심으로 한 경제 발전론적 접근』. 중소기업연구원.

정정훈(2009), 이주노동자의 노동권 보장을 위한 고용허가제의 개선 방향과 과제, 「고용허가제 시행 5년, 이주노동자의 기본권은 보장되고 있는가?」, 국가인권위원회 토론회 자료집. 1-75.

통계청(KOSIS). 고용허가제 외국인 근로자(E-9) 국가별(업종별) 도입현황. (검색일: 2022.02.22.).

제10장

. . .

한국 사회와 외국인 근로자 통합정책

1. 외국인 근로자와 한국 상황

고용허가제는 산업기술 연수생제도의 폐해를 극복하기 위한 제도로 연수생이라는 신분으로 한국에 들어와 수많은 인권침해를 당해야 했던 산업연수생제도의 문제를 해결하고, 사업주에게 내국인으로 채워지지 못한 일자리에 적정의 외국인 근로자들을 공급해서 국내 경제 활성화를 이끌고, 외국인 근로자에게는 산업연수생제도에서 발생하였던 많은 문제를 보완 해결하여 권익 보호를 한다는 내용으로 2004년 8월 17일 도입된 제도이다.

그러나 고용허가제 도입 20여 년이 되어 가는 현재, 여전히 단기순환 원칙으로 인하여 이주노동자로서의 불안정한 지위로 인하여 정주의 권리를 보장받지 못하고, 결혼이민자나 영주권자 등 정착 이민자들에게는 직업 선택의 자유가 인정되지만, 외국인 근로자에게는 사업장 이동의 제한으로 인하여 직업 선택의 자유가 제한되고 있다. 또한 노동삼권(단결권, 단체교섭권, 단체행동권)이 보장되고 있지 않으며, 불안정한 체류 지위로 열악한 노동조건은 악순환되고 있다. 이로 인하여 ① 송출 과정상의 문제점은 여전히 줄어들지 않고 있고, ② 임금과 인권의 문제와 같은 일상적 차별이 지속되고 있으며, ③ 장기체류자의 권리를 보장하지 않기 위한 장기 순환 제도가 악용되고 있다.

내국인 일자리 침해를 막기 위해 이들에게 직업 선택의 자유는 부여하지 않아 폭행, 폭언, 임금 체불 등 부당한 대우에도 불구하고 권리구제 신청도 못 하거나 허가 없이 사업장이탈을 해 불법체류자 신세로 전락하게 만드는 독소조항으로 작용하여 외국인 근로자를 근로자가 아닌 노예로 전락시켜 현대판 노예제도라는 비판도 제기되고 있다. 현대판 노예제도가 아니라 국내 상황과 외국인 근로자 서로에게 필요한 제도가 되기 위해서는 고용허가제를 노동 허가제로 바꾸는 것이 핵심 관건이다. 외국인 근로자는 배정받은 사업장에서 일하는 것이 원칙이고, 불가피한 사유가 있는 경우에만 고용허가를 받아 다른 사업장으로 갈 수 있다. 물론 내국인이 꺼리는 일자리에 취업한 외국인 근로자들의 사업장 이동을 규제하는 것은 전 세계 공통이라는 주장도 제기된다. 다만, 사업주의 폭행, 임금 체불 등 문제가 발생했을 때 피해 사실을 입증할 책임은 외국인 근로자에 있다는 조항이 문제가 된다. 여건상 쉽지 않아 입증하지 못하고 임의로 옮기면 불법체류 외국인 근로자로 전락하게 된다.

코리안드림을 품고 왔을 이주노동자들이 여전히 폭행, 폭언에 시달리고 인권을 침해받는 경우도 많다. 지금까지 사회적 편견과 장벽이 참 높고 이를 제어할 제도적 기반도 허술하다.

오늘을 사는 한국인들은 '전 지구화의 도전'에 대응하여 한국 사회의 발전을 지속시켜야 할 역사적 사명이 있다. 이미 선진국의 대열에 진입한 한국 사회가 노동집약적 산업을 기반으로 한 수출 지향적 공업화를 통해 고도성장을 달성하였지만, 한국 경제가 노동집약적 산업으로 국제 경쟁력을 유지하는 것은 불가능한 일이라는 것을 자각하고 전 지구화 시대에 한국 경제가 살아남기 위해 정보와 기술을 기반으로 양보다는 질 위주의 첨단산업을 육성하였다. 산업구조 조정과 재벌 위주 경제구조의 재편을 핵심으로 민주주의와 복지의 확대를 통하여 국제 경쟁력을 획득하였다.

이제는 정부가 전 지구화에 능동적으로 대처할 수 있는 주체적 행위자로서 시장과 사회의 이해관계 대립을 공정하게 중재할 수 있어야 한다. 외국인 근로자에 대한 공정하고 투명한 정책 입안과 집행으로 한국 사회가 지향해야 할 '발전' 방향을 다음과 같이 제언한다.

첫째, 외국인 근로자는 '피해자'나 '가해자'라는 일방적 이미지로 규정하기에는 매우 복합적 성격이 있다. 그들은 한국 사회 속에서 자기 삶을 적극적으로 성실하게 개척해 나가는 '목표 추구자'로 자리 매겨져야 한다. 그들을 불쌍한 사람이나 단순히 돈을 벌기 위해 들어온 일꾼, 한국의 3D 산업의 빈자리를 메우는 사람 등 사회부조의 대상으로 여기거나, 언제 사고를 일으킬지 모르는 위험한 사람들로 보고 경원시하는 태도는 버려야 한다. 또한 외국인 근로자를 단기적 이익 추구를 위한 수단으로 취급해서는 안 될 것이다.

단기적 이익을 앞세운 애국주의자들은 외국인 근로자에 대한 임금 체불을 '외화 유출을 막은 애국적 행위'로 강변하는 예도 있다(박무영, 1995). 이처럼 집단화된 탐욕 앞에서는 '사람이 사람답게 산다'라는 기본적 가치까지 붕괴할 수밖에 없다. 외국인 근로자를 '말 잘 듣는 싸구려 노동력'으로 취급하는 것이 아니라 '인격을 가진 사람, 권리를 가진 사람'으로 그들 역시 우리와 똑같은 인간이라는 점을 인식하고 동등하게 대우할 필요가 있다. 물론 모든 면에서 외국인 근로자를 내국인 노동자와 똑같이 처우하는 나라는 없지만

그들의 기본적 인권보장은 반드시 준수되어야 하는 것이 국제사회의 규범이다.[1]

둘째, 국내에 들어온 외국인 근로자는, 지난 수천 년간 단일 민족에 기반을 두고 동질적 문화를 유지해 온 한국인들에게 새로운 적응의 과제를 부여하고 있다. 한국인이 외국인 근로자를 대하는 태도는 차별과 편견으로 점철되어 있다. 외국인 근로자가 3D 직종에 취업한 데서 비롯된 근거 없는 편견이 한국 사회에 만연하고 있다. 한국인은 외국인 근로자가 게으르고, 불성실하며, 탐욕스럽고, 책임감이 없다는 부정적 선입관에 사로잡혀 있다. 이러한 차별과 편견은 피부와 직업 등 조건에 따라 사람의 귀천을 가리는 한국인의 '위계 의식'의 표출로 이해된다.

자유와 평등이 절대적 가치로 인식되고 있는 현시점에서 국적과 인종에 따른 위계가 존재한다는 것은 시대적으로 퇴행하고 있는 모습일 것이다.

셋째, 한국인의 외국인 근로자에 대한 차별의식은 한국 정부의 근시안적인 외국인 근로자 정책에 의하여 조장된 측면이 있다.

한국 정부는 단순 생산기능직에 종사하는 외국인 근로자에게 '취업 사증'을 발급하여 저임금과 쉬운 노동 통제를 확보하고 있다. 한국 정부는 이들의 노동자의 권리('사업자 이동의 권리' 등)를 전혀 인정하지 않는 경우가 빈번하게 발생하고 있다. 극단적으로 말하면, 외국인 근로자에 대한 차별대우를 제도

---

1 국제연합의 「세계인권선언(1948년)」, 「경제적·사회적·문화적 권리에 관한 규약(1976년)」, 「시민적·정치적 권리에 관한 국제규약(1976년)」, 「모든 이주노동자와 그 가족의 권리 보호에 관한 국제협약(1990년, 미가입)」, 국제노동기구의 「고용 및 작업상 차별대우에 관한 협약(1960년, ILO 제111호)」 등 국제법은 성과 국적에 따른 노동자의 차별을 인정하지 않고 있다. 또한 국내법도 「헌법」에서 '외국인은 국제법과 조약이 정하는 바에 의하여 그 지위가 보장된다'(제6조 2항)라고 규정하고 있고, 「근로기준법」에서 '사용자는 근로자에 대하여 남녀의 차별적 대우를 하지 못하며 국적 또는 신앙을 이유로 근로조건에 대한 차별적 처우를 하지 못한다'(제5조) 라고 규정(설동훈, 1997a)하고 있다. 이처럼 국제법·국내법에 따라 모든 외국인 근로자는 국적에 따른 차별을 받지 않아야 한다.

화한 악명 높은 '새로운 징용제도'나 '현대판 노예제도'라 할 수 있다.

넷째, 한국에서 비인간적인 차별 대우를 경험한 외국인 근로자는 한국에 대하여 부정적 시각을 가질 수밖에 없고, 국제 교류가 지극히 당연한 시대를 살아가는 상황에서 이러한 인식은 쉽게 반한감정(反韓感情)으로 바뀌게 된다.[2] 한국에 입국하는 이주노동자의 유입과정에서도 알 수 있듯이 우리의 인식과는 다르게 그들 중 상당수는 본국에서 헐벗고 굶주린 하류층이라기보다는 중간층에 속하여 언제든 여론을 주도할 수 있는 여론주도층이라는 사실은 본국 사회에 미치는 파급효과도 매우 크다. 결국 이러한 부정적 인식이 확산하면 한국의 국가 이미지도 실추될 수밖에 없고, 여러 가지 면에서 손해를 초래할 것이다. 하지만 한국 사회에서는 눈앞에 보이는 경제적 이익에 집착하는 경향이 여전히 지배적이다. 노동부와 시민운동 단체들이 '고용허가제도'에 대한 문제와 개선 방향을 제시하고 있지만 큰 변화 없이 지금도 지속되고 있다는 것을 인식해 새로운 변화가 이루어져야 한다.

다섯째, 외국인 근로자에 대한 제도적으로 가해지는 모든 부당한 제약은 철폐되어야 한다. 한국 정부는 모든 외국인 근로자에게 합법적 '근로자' 신분을 부여하고, 외국인 근로자 관리 업무를 공익기관에 맡겨야 한다. 또한 한국 사람들이 외국인 근로자에 대한 편견과 차별대우의 시정도 필요하다. 제도 개선이 하드웨어라면 문화적 수용은 소프트웨어라 할 수 있다. 물론 외국인 근로자들도 직무에 대한 낮은 헌신몰입도, 높은 이직률 · 이탈률 등 여러

---

2 반한감정을 가진 노동자의 비율이 단순히 높지 않다고 해서 모든 외국인 근로자가 한국에 대해 긍정적으로 인식하고 있다고 볼 수는 없다. 차별 대우나 인권침해 등 '반한감정'의 확산은 확률이나 수치로 평가할 문제가 아니다. 정보가 순식간에 지구 곳곳으로 확산한다는 점에서 '차별 대우를 당한 외국인 근로자의 억울한 사연'은 한국 사회는 물론 외국인 근로자의 본국, 그리고 세계 각국으로 번져나가게 된다. 더욱이 언론과 미디어는 쉽게 과장되고 증폭된다는 점 역시 '반한감정' 확산에 영향을 미친다.

문제점을 안고 있는 것이 사실이지만, 한국인들이 국내 외국인 근로자에게 자행하거나 해외 진출기업이 현지 노동자에게 행하는 비인간적 착취와 인권 유린에 비할 바가 아니다. 이는 '기울어진 문화 접변'(김경동, 1993)의 결과이므로, 그 책임 소재는 한국 사회와 한국인에게 있다.

더 큰 문제는 한국인들이 북한 이탈 주민, 중국 동포 등 재외동포 노동자까지 차별한다는 것이다. 동포조차 포용하지 못하면서 어떻게 한국인이 삶의 지평을 전 세계로 확장할 수 있을 것인가? 이제는 모든 한국인이 세계사회의 한 성원으로 살아갈 수 있는 문화적 훈련이 필요하다. 한국인은 이 땅에 좀 더 나은 삶을 위해 찾아온 외국인 근로자(동포를 포함)들이 모든 인간으로서 인간다운 삶을 누릴 수 있는 권리가 있다는 것을 인정해야 한다.

외국인 근로자들의 기능 수준과 노동시간 등을 고려하여 적정수준의 임금을 주면 된다. 그리고 노사 쌍방이 평등한 인격을 가진 사람이라는 점을 인정하고 실천하면 된다. 임금 체불과 인권침해 등이 일어나는 풍토가 시정되어야 한다. 즉 제도적 차별을 철폐함과 아울러 문화적 갈등을 상호 이해를 통해 불식시키려는 적극적 노력이 필요하다.

이러한 노력은 외국인 근로자의 권리를 보호함과 동시에 노동시장 개방이 내국인 노동자나 한국 사회에 발생할 수 있는 부작용을 사전에 방지할 필요가 있다는 문제의식에서 출발하고 있다.

전 지구화는 한국 사회가 피할 수 없는 현실이며 외국인 근로자의 배제가 현실적으로 가능하지 않다는 상황을 직시하면서, 내국인 노동자와 외국인 근로자가 공존할 수 있는 최적의 상태를 모색할 필요가 있다.

한국에서 일하고 있는 외국인 근로자는 과거 한국인의 자화상이라 할 수 있다. 외국인 근로자는 한국 사회가 안고 있는 치부를 우리에게 인식시켜 주고 있다. 반성이 필요한 시기에 그들이 받은 차별 대우는 한국 사회의 문제점을 거울처럼 뚜렷하게 보여준 것이 '외국인 산업기술 연수제'였고, 이후 '고용허가제' 도입을 통해 외국인 근로자에 대한 문제를 해결하고자 하였지만, '고용허가제' 역시 많은 문제가 있다.

우리는 모두 전 지구화 속에서 벗어날 수 없는 상황에서 전 지구화를 한국 사회발전의 자원으로 활용할 수 있도록, 전 사회구성원이 자세를 재정립해야 한다. '공존·공영의 가치가 지배하는 전 지구화된 사회(국가)'라는 새로운 전망을 공유하며 살아가는 세계시민이 되어야 한다.

2. 외국인 근로자와 한국 사회발전

1) 경제 발전의 동인으로 이주의 활용

국제이주는 이주출신국과 이주정착국 및 이주민 자신들에게도 기회를 제공한다. 하지만 이주에 따른 편익은 아직은 완전히 발현되지 못하고 있으며, 이동성이 점증하는 상황을 활용하는 더 큰 노력이 요구된다. 이주를 실제로 하는 사람보다는 이주하는 것에 동기가 부여된 사람들이 더 많다는 맥락을 바탕으로, 다음과 같은 세 단계의 접근법을 통해 이주를 경제 발전의 동인으로 활용할 수 있다.

제1단계: 경제 발전의 측면을 통합시킨 정책의 설계

이주가 경제 발전의 전제 조건은 아니지만, 이주출신국과 이주정착국 모두의 경제 발전에 유의한 수준으로 이바지할 수 있다. 정책입안자는 인류 이동성에서 비롯되는 비용은 최소화하고 편익은 극대화하는 방식으로 그 이주 및 경제 발전 전략을 설계해야 한다.

이주출신국에서는 관련 정책 목적에 송금 비용의 인하, 송금되는 자금의 생산적 투자 유도, 경제 발전계획에 재외동포의 참여 유도, 이민자에 본국송환 유도 및 재통합, 이민에 동참하지 않고 남은 가족들에 대한 지원 제공 등이 포함되어야 한다. 이민자 유출의 비율이 우려할 만큼 높은 국가에서는 본국의 환경개선, 특히 적절한 일자리 창출과 복지증진을 위한 노력이 배가되어야 한다.

2020년 8월 '비거주자 · 외국인 거주자는 지정거래 외국환은행을 통해서만 해외송금이 가능하다'라는 외국환 거래 규정(제4-4 비거주자 또는 외국인 거주자의 지급 3)에서 특례를 인정한 법안이 제정 · 시행(2020-21호)되어, 국내에 사는 외국인 거주자는 비자 · 마스터 등 신용카드사를 통해 국제금융결제망인 국제은행간통신협회(SWIFT) 망을 이용하여 해외로 돈을 보내는 것이 가능하게 되었다. 보통 해외송금은 2~3일 정도의 시간과 3~5% 정도의 수수료가 있지만, 카드 이용한 송금은 길어도 몇 시간 내에 송금이 이뤄져 은행보다 빠르며 송금 수수료 역시 송금액의 1% 안팎이다. 금융기술(핀테크) 기업들은 외국인 근로자를 위한 소액송금 서비스를 하고 있다(이남철, 2021).

이주민 유입이 많은 국가에서는, 노동시장 개선, 비공식 부문의 비중 축소, 재정기반 확대, 금융시장의 강화 등을 통해 이주민에게 언어훈련, 교육보건 혜택을 제공하면서 사회적 통합과 결속력을 증진하고 이주의 경제적 편익의 극대화, 이주민의 신분 상태와 관련 없이 이주민의 권한 보호, 이주에 대한 태도를 개선하기 위한 홍보전략의 설계 등이 이러한 조치들에 포함되어야 한다.

다른 부문의 정책입안자들도 이주를 경제개발전략에 통합시킴에 있어서 이주 정책과 그 외의 공공정책 사이의 상호연관성을 더 많이 고려해야 한다.

제2단계: 정책 및 제도적 일관성 추구

정책입안자들은 이주의 경제 발전에 기여를 향상하는 공공 추진계획 협업의 증진에 그 목표를 두어야 한다. 정책 일관성의 개선은 모든 관련인, 특히 이주민의 필요성과 복지를 반영하는 정책 균형을 만드는 데에 도움을 줄 수 있다.

이를 위해서는 가장 시급한 것이 외국인 근로자에 대한 정책을 총괄할 수 있는 중심관리조직이 있어야 한다. 현재 〈표 10-1〉에서 알 수 있듯이 외국인 근로자에 대한 정책 시행이 부처별로, 다른 법에 근거하여 시행되고 있다.

〈표 10-1〉 외국인 근로자 관련 정부 부처, 관련 법안과 내용

부처 위원회		법적 근거	정책 내용
국무총리실	외국인력 정책 위원회	「재한외국인 처우 기본법」	• 외국인 정책 기본계획 작성 • 연도별 외국인 정책 시행계획 • 연도별 외국인 정책 심의 · 의결
		「외국인 근로자의 고용 등에 관한 법률」	• 외국인도입 계획 심의 · 의결 • 경제 상황에 따른 외국인력 도입 규모 결정
법무부[3]		「재한외국인 처우 기본법」	• 외국인 정책의 기본계획 수립 • 이주민 사회적응 지원
		「출입국관리법」	• 외국인 관리 보호, 체류 질서
행정안전부		거주 외국인지원 표준조례	• 이주민 지역 정착 지원
교육부		다문화가정 자녀교육지원정책	• 불법체류 자녀 교육권 보장

---

3 법무부의 「국적법」은 국적 부여 등의 업무를 담당하지만 단순 근로 외국인 근로자의 경우는 앞에서도 보았듯이 4년 10개월(최대 한 번 더 연장하여 9년 8개월) 이상 국내에 거주권조차 보장받지 못하는 실정에서 국적에 대한 업무는 외국인 근로자에게는 거의 적용되지 않는다고 볼 수 있다.

부처 위원회	법적 근거	정책 내용
문화체육 관광부	「문화 다양성의 보호와 증진에 관한 법률」	• 외국인 근로자 문화·체육활동 시설지원
산업통상 자원부	「외국인 근로자의 고용 등에 관한 법률」	• 외국인 근로자 선발 관리
고용노동부	「외국인 근로자의 고용 등에 관한 법률」	• 외국인력 도입 및 송출국가 선정 • 고용허가제 운용 • 불법고용 대책 지원
보건복지부	「외국인 근로자의 고용 등에 관한 법률」	• 외국인 근로자의 복지 지원

박선욱(2018), 204~206.

또한 국내의 정책 및 제도에서 일관성을 확보하기 위해서는 지방정부의 추진계획을 활성화하는 정부 부처 간 협업을 촉진하는 기제의 도입이 필요하다. 왜냐하면, 지방정부가 일선에서 이주를 관리하고 이주와 경제개발에서 큰 역할을 담당하는 비정부 기관과의 협의와 협력을 끌어내기 때문이다.

한 국가의 정책은 다른 국가에 파급효과를 줄 수 있다. 예를 들면, 고소득 국가들의 보호무역주의, 특히 농업 부문과 섬유 부분에 대한 무역 보호는 저임금 국가의 발전에 장애가 될 수 있으며, 이는 개발도상국에서 이주압력을 간접적으로 증가시키게 된다. 따라서 정책입안자들은 더욱 일관성이 있는 정책을 설계하기 위해서는 이러한 정책 균형을 고려해야만 한다.

제3단계: 국제협력의 강화

국제사회는 공통된 현재 및 미래의 이주 문제를 다루기 위한 협력체계를 강화할 필요가 있다. 특히 양국 협정은 이주의 편익과 효용성을 향상시킬 수 있다. 이러한 예로는 양국의 상황변화에 따른 입국사증 발급 건수를 조정하는 입국사증(비자) 협정, 상호자격증 인증협정, 기술개발 협력 협정, 연금 이

전협정 등을 들 수 있다. 지역적 이동성을 증진하기 위해서 지역무역협정에 역내 자유 이동성이 포함될 수 있으며, 역내 직업소개소는 다른 국가의 채용 정보를 제공할 수 있게 된다. 하지만 국제이주에 관련된 글로벌 제도는 현재 제한적이다.「지속 가능한 개발목표(SDG)」에 이주 관련 사안이 포함되면 상호적, 국제지역적, 국가적으로 해당 사항이 모니터링될 수 있을 것이다. 2018 년 채택될 것으로 예상되는「난민 글로벌 협약(Global Compact on Refugees)」과 「안전 · 질서 · 정규 이민에 관한 글로벌 협약(Global Compact for Safe, Orderly and Regular Migration)」도 글로벌 제도의 정책에 이바지할 수 있다.

난민 위기의 대책에는 국제연대의 증진이 필요하다. 고소득 국가는 지원 자금의 확대, 재정착 합의도출, 난민의 대안적 이주 경로(예: 노동 이주, 학생 사증) 접근개선 등을 통해 난민 수용국을 지원해야 한다.

이주는 세계화의 중요한 측면이며 미래에는 현재보다 더욱 중요성이 있을 것이다. 관련 데이터의 개선, 조사연구 확대 및 증거기반 정책의 시행이 필요하다. 국제사회는 이동성이 더욱 확대되는 향후의 세계에서 당면할 어려움에 대응하고 전쟁에서 탈출을 모색하는 절망적인 사람들을 나락으로 빠뜨리는 상황에 대한 견고한 해결책을 도출해야 한다. 지속 가능한 경제 발전을 촉진하고 여기에 이주가 이바지하도록 만들기 위해서는 더 큰 노력이 요

〈표 10-2〉 외국인 근로자의 국민경제적 효과 발생 과정

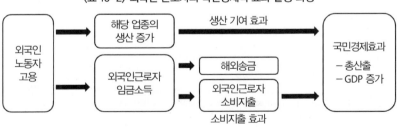

출처:강동관 2011, 15

구된다.[4]

2) 외국인 근로자와 경제 발전

'국내 이민자의 경제활동과 경제 기여 효과'에서는 국내에 미치는 경제효과는 2016년 74조 1천억 원(부가가치효과 18조 8천억 원 + 생산 유발효과[5] 55조 3천억 원)으로 분석하였고, 매년 지속해서 증가하여 2026년(추정치)에는 2배가 넘는 162조 2천억 원이 넘을 것으로 전망한다〈그림 10-1〉.

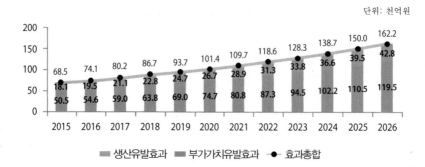

단위: 천억원

출처: 강동관 2016, 38

〈그림 10-1〉 이민자에 의한 경제적 유발효과

한국경제연구원이 발간한 『이민 확대의 필요성과 경제적 효과』 보고서에도 이 같은 내용이 잘 나타나 있다. 보고서는 "외국인 근로자의 유입에 따른

---

4 OECD(2016). 『Perspectives on Global Development 2017: International Migration in a Shifting World』, OECD Publishing, Paris, https://doi.org/10.1787/persp_glob_dev-2017-en.

5 생산 유발효과란 어떤 상품이나 서비스에 대한 최종수요 발생이 직·간접적으로 전 산업 생산에 미치는 영향을 말한다. 예를 들어 자동차 한 대에 대한 수요가 발생할 경우, 자동차 한 대를 생산하기 위하여 엔진, 타이어, 라이트 등과 같은 수많은 중간재가 생산되어야 한다. 이처럼 자동차의 생산은 직접 관련이 없는 것처럼 보이는 많은 산업의 생산 활동에까지 영향을 미치게 된다.

거시 경제적 효과는 노동시장에 미치는 효과뿐만 아니라 생산과 소비 등 경제 각 부문의 상호작용 최종결과로서 나타난다. 외국인 근로자의 존재는 유입국의 국민이 외국 문화를 이해할 수 있는 기회 제공 및 조세 효과(소득세·간접세 증대)가 있다"라고 설명한다. 이러한 외국인 근로자의 경제활동은 외국인 근로자는 지금까지 우리나라에서 번 돈으로 세금을 낸 것이기 때문에 기여한 것이 없다(연합뉴스, 2019.06.19)는 논리는 전혀 맞지 않는 것이다.

2021년 국세 통계연보 외국인 근로자 근로소득 연말정산 신고 현황에 따르면, 2020년 외국인 근로자 54만여 명이 원천징수 형식으로 소득세 9,620억 원을 냈다. 소비에 부과되는 부가가치세도 당연히 낸다〈표 10-3〉.

〈표 10-3〉 외국인 근로자 급여 및 세액

(단위:명/백만 원)

구분[6]	근로자 수	총급여	결정 세액	월평균 급여*	1인 평균세액**
2015	543,773	12,669,730	694,743	1,941,639	1,277,634
2016	563,495	13,511,203	721,037	1,998,125	1,279,580
2017	558,246	14,001,253	770,651	2,090,066	1,380,486
2018	573,325	14,826,816	783,609	2,155,092	1,366,780
2019	585,542	15,940,538	904,298	2,268,630	1,544,378
2020	544,883	15,863,486	961,953	2,426,130	1,765,430

* 1인 평균 급여 = 총급여/근로자 수/12
** 1인 평균세액 = 결정세액/근로자 수

---

6   TASIS국세통계포털, https://tasis.nts.go.kr/websquare/websquare.html?w2xPath=/cm/index.xml

3. 한국 사회의 외국인노동자 사회통합

1) 사회통합 정의

사회통합[7] 개념은 18세기 이후 전제 왕정의 몰락과 함께 근대국가의 등장과 사회분화가 본격화되면서 나타났다(강수택, 2004).

근대국가 등장 이전의 전근대적 체제에서는 왕권과 종교가 사회구성원을 동질적 집단으로 묶는 상징적인 기제로 작용하였기 때문에 사회 자체에 대한 개념이 희박하였다. 그러나 근대국가 등장으로 종교와 왕정 체제가 지닌 사회적 결속력이 쇠퇴하고 국민국가(nation-state) 체제의 등장으로 '사회통합'이라는 근대적인 시민사회를 결속시키는 새로운 장치가 요구되었다(장용석 외, 2012).

사회구성 인자들 간의 통합성향(사회적 구심력)과 해체 또는 다원화 경향(사회적 원심력) 간의 부단한 긴장과 균형 속에서 이루어지는 현상(한양환, 2008)을 의미하는 사회통합(Social inclusion)이란 개념은 명확한 경계를 가진 국경과 국적을 전제로 한다는 특징이 있다. 사회통합은 학술적으로 합의된 명확한 정의는 없지만, 일반적으로 유럽연합(EU)에서 경제 · 복지 차원에서 발생하는 사회적 배제(Social exclusion)와 반대되는 빈부격차 해소, 소외계층에 대한 포용 등 '경제 및 복지 차원'에서 사회적 분리와 갈등 해결에 중점을 둔 개념으로 활용되는 개념으로, 공동체의 구성원들이 공동체에 대한 소속감을 느끼고, 공동의 비전을 공유하며, 다양한 배경을 가진 구성원들이 동등한 기회를 누

---

7 사회통합은 가정 내 통합, 지역사회통합의 하위차원으로 구분 · 측정이 이루어지는 객관적 사회통합과 안녕감과 삶의 만족도를 활용하여 측정이 이루어지는 주관적 사회통합으로 구분되기도 한다(박철민 2019).

릴 기회를 제공하여, 다양한 배경의 개인들이 강력하고 긍정적인 관계를 발전시켜 나가도록 하는 상태라고 볼 수 있다(노대명, 2009).

이민자들을 받아들인 국가는 특정 방향으로 그들을 통합하기 위한 정책을 시행한다. 사회통합 정책의 가장 대표적인 유형은 여러 나라 정부가 추구하는 이민자 사회통합 목표를 기준으로 하여 격리, 동화, 쌍방향 통합 및 다문화주의 모형, 네 가지 유형으로 구분한다.

첫째. 격리(Segregation) 모형은 다양한 인종 · 계급 · 직업 · 민족 집단을 분리하는 정책 또는 행위로 이민자들은 적응을 위한 최소한의 노력만 하도록 요구받고, 수용국의 단일문화는 흔들림 없이 유지된다. 이민자들의 사회참여와 권리행사는 극도로 제한된다. 한국 정부가 '교체 순환 원칙(Rotation Principle)'에 입각하여 도입한 생산기능직 이주노동자를 도입하는 것은 격리 모형에 해당한다.

둘째, 동화(Assimilation) 모형은 소수 집단이 주류 문화의 관습과 태도에 점진적으로 적응해 가는 과정을 뜻하는데, 그 접근목표는 단일 문화적(Monocultural) 양상을 지닌 통일성을 추구하는 데 있다.

셋째, 쌍방향 통합(Two-Way Integration) 모형은 단일 문화적 기준을 토대로 하면서도 이민자와 수용국 사회 양자가 쌍방적으로 적응하도록 요구한다. '용광로(Melting Pot)'라 불리는 이 접근은 수용국 고유의 문화적 유산을 유지하면서 이민자의 유입으로 인한 다양성을 추구하는 것, 즉 수용국 사회와 이민자 양자가 공동문화를 형성하는 것을 지향한다.

넷째, 다문화주의(Multiculturalism) 모형은 한 사회 내에서 한 개의 주류 문화 대신 많은 하위문화를 장려하고 촉진하는 것을 의미한다. '샐러드 그릇(Salad Bowl)' 또는 '무지개 연합(Rainbow Coalition)' 등으로 불리는 이 접근목표는 '다문화적(Multicultural)' 특징을 보이는 다양성 추구에 있다.

캐슬·밀러 및 고든은 이민 수용국 사회가 이주노동자를 통합하는 방식을 동화주의, 차별적 배제, 다문화주의, 세 가지 모형으로 구분하였다.

첫째, 구분배제 모형(Differential Exclusionary Model)은 노동력 유입 사회가 이주노동자나 이민자를 3D 직종의 노동시장과 같은 특정 경제적 영역에만 받아들이고, 복지혜택, 국적(또는 시민권), 선거권, 피선거권 부여 또는 국방의 의무부여와 같은 사회적·정치적 영역에는 절대 받아들이지 않는 것을 말한다.

둘째, 동화모형(Assimilation Model)은 외국인 근로자나 이민자가 출신국의 언어·문화·사회적 특성을 완전히 포기하여 주류사회의 구성원들과 차이가 없게 되는 것을 목표로 삼는다. 주류사회가 자국 사회의 일원이 되기를 원하는 이민자에게 문화적 동화를 대가로 사회의 일원으로 인정하는 정책이다. 동화모형(Assimilation Model)은 유입국 정부가 이민자들이 주류사회의 언어를 습득할 수 있도록 도움을 주는 등 어떤 개인 또는 집단이 다른 개인이나 집단의 기억, 정서, 태도 등을 획득하고 그들의 경험과 역사를 공유함으로써 공통의 문화생활 속으로 통합되는 해석과 융합의 과정을 거쳐 주류사회와 소수민족 집단들 사이의 종족적·인종적 구별이 사라지는 과정을 가리킨다(김미나 2009).

셋째, 다문화주의 모형(Multicultural Model)은 이민자가 그들의 문화를 지켜가는 것을 인정하고 장려하며, 정책목표를 소수 종족 집단의 주류사회로의 동화가 아닌 공존(Symbiosis)에 둔다. 다문화모형은 다양한 문화나 가치, 다양한 민족집단과 그들의 개별적인 언어와 습관들을 그대로 한 나라 속에 공존시키는 정책이다(김미나, 2009). 다원적인 사회에서 다양한 하위문화들이 평등하게 타당성을 지니는 것으로 인정하여 진정으로 다원적인 사회발전을 촉진하는 것이 가장 적합한 통합방식이라는 것이다.

다문화주의 모형은 문화 다원주의(cultural pluralism)와 다문화주의

(multiculturalism)로 세분화할 수 있다. 이 두 개념은 다양성을 인정하고 사회적 통합을 추구한다는 점은 같지만, 전제로 하는 조건과 실현 방법에 있어서는 차이가 있다. 문화 다원주의는 문화의 다원성과 다양성을 인정하면서도 주류사회가 존재한다는 것을 전제하지만 다문화주의는 주류사회의 존재를 인정하지 않고 다양한 문화가 평등하게 인정되어야 한다는 것을 강조한다(김미나, 2009).

구분배제 모형이 외국인 또는 이민자에게 가장 배타적인 태도를 보인다면, 다문화주의 모형은 가장 우호적인 태도를 보이며, 동화모형은 그 중간에 해당한다.

위의 세 모형은 이념형(ideal type)으로 대부분의 국가에서는 이 세 가지 정책 모형 중 한 가지를 중심으로 하고, 다른 두 가지를 부분적으로 병행하고 있다.

〈표 10-4〉 이민자 통합유형 비교

구분	동화주의 모형	차별적 배제 모형	다문화주의 모형
정향성	국민 됨을 전제로 조속한 동화됨을 지원. 제도적으로 국내인과 평등한 대우 지향	원치 않은 이민자의 영주 가능성을 막고, 내국인과 차별적 대우를 유지하려 함	소수자의 동등한 가치를 인정하고 이에 대한 보존지원, 우대 조치를 함
정책 목표	소수자의 주류사회 동화	인종적 소수자의 제거 및 최소화	다양성 인정과 공존을 위한 통합
국가 역할	제한적 지원	적극적 규제	적극적 지원
이주민에 대한 관점	완전한 동화를 전제로 인정	이방인, 위협적 존재	상호존중과 관용
평등개념	사회보장/기회 평등	차별의 정당성 강조	적극적 조치
법적 수단	비차별의 제도화	단속 및 추방	제반 관리 허용
정주화	비교적 기능	불가능	가능
국적 부여 원칙	속지주의 용이한 조건	속인주의 엄격한 조건	속지주의 이중국적 허용
정체성	동질화	이질화	이질화
사례 국가	프랑스	독일, 일본	미국, 캐나다, 호주

각 나라의 이민 정책과 다문화사회 정책은 개별국가의 역사와 사회의 이민 정책 배경에 따라 발달 단계가 다르다. 자민족 우월성이 강해 차별배제모형은 독일, 일본, 한국이 대표적이고, 동화모형은 영국과 프랑스가 대표적이다. 다문화주의 모형은 캐나다와 미국 등 이민 국가와 스웨덴으로 구별할 수 있다(김미나, 2009).

2) 이민자 통합정책

(1) 주요국의 사회통합 정책

최근 OECD 국가의 국제이주 정책의 여건 변화가 많이 일어나고 있다. OECD 국가의 외국 출생 비율은 지속해서 증가했으나 최근의 다량의 인구 유입은 각국의 사회통합 정책에 대한 시험이 되고 있다. 특히 교육, 복지 등

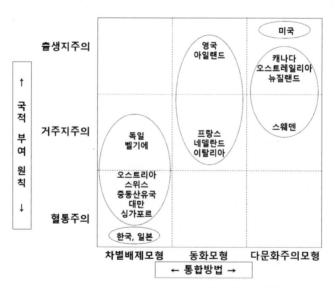

〈그림 10-2〉 체제국 사회의 이민자와 이주노동자 통합유형

기존의 사회서비스 체계가 공식교육이나 직업 활동에 대한 경험이 없고 언어 문제나 건강 문제를 가진 취약 이주민을 수용 가능한지에 대한 우려가 지속되고 있다. 한편 일반적으로 빈약한 사회경제적 배경을 가지는 이민 2세가 직면하는 도전적 상황에 대한 우려도 증폭되고 있다.

주요 이민자 수용국가에서 일어난 이민자들에 의한 사회적 소요 사건들로 인해 개별국가뿐만 아니라, 지역적 차원에서의 이민자 통합을 위한 공동의 노력이 필요해졌다.

〈표 10-4〉에서 볼 수 있듯이 외국인에 대한 지원내용은 국가별로 큰 편차를 보인다. 대체로 유럽국가들의 지원 시스템이 잘 구축되어 있지만, 영미계 국가들은 지원이 미약한 편이다. 유럽국가들이 실시하고 있는 주요 사회통합 프로그램은 언어교육 의무화, 직업훈련, 기초 적응 교육, 차별금지 및 기회 균등 제고 정책 등이다.

(2) OECD의 사회통합 접근방식

OECD(2011)는 사회통합을 이루는 데 있어 '사회적 배제 척결', '사회적 자본 수립' 및 '사회적 유동성 촉진'이라는 세 가지 요소〈그림 10-3〉를 강조하였다.

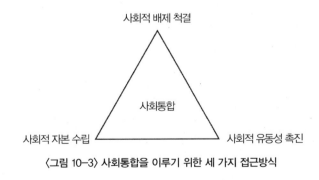

〈그림 10-3〉 사회통합을 이루기 위한 세 가지 접근방식

첫째, '사회적 배제 척결'을 하는 것으로, 크게 세 가지 방면에서 살펴볼 수 있다.

① 차별을 금지하는 것이다. 특히 노동시장에서 이민자들의 노동력 착취를 막고 그들의 인권을 보호하는 것이다. 이민자들에 대한 각종 차별을 척결하기 위해서는 정기적으로 이민을 촉진하고 이민자들의 인권 및 사회적 권리를 보장하는 것 뿐만 아니라 이민자들에 대한 국민의 이미지를 개선하는 캠페인도 실시되어야 한다.

② 이민자의 주거 생활을 보장하는 것이다. 여기에는 주거 및 의료 혜택에 대한 각종 복지서비스를 제공하는 것, 이민자들이 경제적·사회적 및 정치적 과정에도 참여할 수 있는 환경을 제공해야 한다.

③ 이민자들이 모국의 다양한 문화 및 관습들을 영위할 수 있는 자유로운 환경을 조성하는 것 또한 필요한 부분이다.

둘째, '사회적 자본 수립'은 이민자들의 사회적 자본을 형성하는 것으로, 크게 세 가지 차원에서 이루어질 수 있다.

① 교육을 통해 이민자들과 모국인들 간, 자녀 세대 간의 상호교류 및 통합을 확대하고 활성화하는 것이다.

② 이민자들이 포함된 지역별 모임 등을 지원하는 것이다. 대표자가 부재한 이민자들의 각종 연합체 및 모임 등에 리더십을 세워주어 이민자들이 현지의 문화에 쉽게 동화 및 적응하도록 해야 한다.

③ 음식 페스티벌, 국가별 전통문화 체험 페스티벌 등 다양한 문화행사를 개최하여 이민자들의 문화와 국내의 문화가 서로 융화될 수 있도록 하는 것이다.

셋째, '사회적 유동성을 촉진'하는 것이다. 사회적 유동성을 촉진하는 방안은 크게 두 가지 측면에서 이루어져야 한다.

① 비공식적 부분에서 파생된 각종 혜택 등을 강화하는 것이다. 여기에는 낮은 숙련 기술을 가진 이주노동자나 여성 결혼이민자 등 이민자들 가운데 사회적 차별을 더 받을 수 있는 그룹들에 대출 지원 사업을 확대해 시행하거나 각종 사회보장 제도 등을 비공식적 부문으로까지 확대해야 한다.

② 이민자들에게 직업 능력 개발 프로그램을 제공하여 이민자들이 사회적으로 좀 더 안정되고 생산적인 일자리를 찾을 수 있도록 해야 한다. 더불어 이민자 자녀들 또한 세대 내 혹은 세대 간 유동성을 가질 수 있는 각종 교육 프로그램 등이 개발되어야 한다.

(3) OECD 국가 이주자의 노동시장 통합

OECD 국가 이주자의 노동시장 통합정책의 가장 큰 특징은 미래지향적 사회통합을 위한 정책을 시행한다는 점이다. 이러한 미래지향적 사회를 위한 정책의 방향성을 다섯 가지로 범주화할 수 있다.

첫째, 신기술을 활용한 교육 및 직업훈련 기회를 확대한다.

IT와 신기술을 활용한 직업교육훈련은 접근성을 높이고, 비용 효과적 측면에서 매우 유리한 것으로 나타났다. 이민자들의 도착국의 언어능력이 이주민을 받아들이는 주요한 기준이 되는 상황을 고려하여 e-Learning 교육을 활용하여 언어교육 기회의 확대가 사회통합에 긍정적 영향을 미칠 수 있다.

둘째, 이주민의 자격 등에 대한 불확실성을 완화한다.

이주민의 원활한 노동시장 통합을 저해하는 가장 큰 요소로 자국 또는 해외에서 취득한 자격의 이동성(Transferability)에 대한 문제가 제기되고 있다. 이로 인해 일반적으로 이주민은 자신의 숙련 수준보다 하향 취업하는 경향이 나타나고 있는데 이는 자국 출생자의 두 배 수준에 이르고 있다. 이러한 어려움을 극복하는 우수사례로 노르웨이의 '터보 인증제도(Turbo Assessment)'와 EU의 'Erasmus+'이 있다. 터보 평가제도는 특정 직업 지원지의 직업 능력 자격을 빠르게 평가하여 등급을 주는 시스템으로 공식적인 자격인증은 아니지만, 이주민의 신속한 노동시장 통합을 지원하고 있다. EU의 'Erasmus+'는 유럽 난민사태로 유럽연합 지역으로 대규모 유입되는 난민들을 위한 자격증 인증에 관한 평가제도이다. 한편 비공식적 숙련 수준에 대한 평가와 인증을 위해 독일 정부의 'My Skills' 평가제도가 있다. 이 제도는 난민의 비공식 숙련 수준을 평가하기 위해 고안된 제도로 독일의 사업주단체와 협력하여 고안되었고, 30개 직업영역 대상으로 4시간 동안 치러진다.

셋째, 지속 가능한 사회통합을 위한 기초 숙련과정 제공을 강화한다.

최근의 대량으로 유입되는 이주민의 경우 기본적인 언어 과정 외에도 도착국의 풍습 등에 대한 기초 숙련과정의 제공이 불필요한 사회갈등 예방에 도움이 되는 것으로 나타났다. 한편 가장 취약성이 높은 노동시장에서의 원활한 통합을 위해 지속적인 직업훈련과 직업 · 진로지도 등의 투자가 필요하다.

넷째, 2세의 계층상승 촉진을 위해 투자한다.

저학력의 이민자 부모를 둔 이민 2세의 경우 더 취약한 상황에 직면하는 경향이 높으므로 세대 간 이동을 촉진하기 위한 지원이 필요하다. 이민 2세의 경우 교육 및 노동시장에서의 특별한 관심 외에 차별 철폐를 위한 지속적인 관심이 필요하며 사회적 다양성을 촉진하는 정책의 중요성이 높다.

마지막으로 사회적 수용도를 높이는 방향으로 정책을 한다.

과거의 사회통합 정책은 주로 언어와 교육 분야에 집중되어 있었으나 최근에는 도착국의 삶의 방식과 이주민에 대한 사회적 수용도에 중점을 두는 경향이 있다. 캐나다, 스웨덴 등은 이주민이 자국의 문화와 역사를 이해하고 지역사회에 잘 동화될 수 있는 프로그램을 운영하고 있다.

캐나다는 새로운 이주민에게 박물관 무료 패스와 박물관 가이드 투어를 제공하여 자국의 역사와 문화에 대한 이해도를 높이고 있다. 스웨덴은 새로운 이주민이 지역사회의 합창단과 축구단 등에 가입하여 활동할 수 있도록 지원하고 있다. 이 외에도 시민단체, 지역사회 등 다양한 이해관계자가 함께 이주민의 정착을 돕는 사회 전체적 접근방식을 통해 일반 대중의 불안감을 낮추고 이주민의 사회통합을 촉진 시키고 있다.

3) 한국의 이민자 노동시장 통합정책

(1) 배경 및 필요성

가) 이민자 유입증가에 따른 취업이민자 규모 증가

국내 체류 외국인은 지속해서 증가추세를 보이고 있으며, 정주형 이민자도 증가하고 있다. 15세 이상 기준 비자 유형별 체류 외국인 추이를 보면 취업 목적 이외의 외국인 비중이 지속해서 증가하고 있으며, 국적 취득자 규모도 증가하고 있다.

2022년 4월 기준 국내 체류 외국인의 수는 1,987,250명으로 전체 인구 대비 약 3.8%의 비율로 나타나(출입국·외국인 정책본부, 통계 월보, 2022.04), COVID-19 이전과 비교하면(4.5%, 2018; 4.9%, 2019) 감소추세에 있지만, 여전히 한국 사회는 매년 출산율의 저하와 고령화로 이주민이 증가하여 다문화사회로 빠르게 전환되고 있어서 이에 대한 대비가 시급한 실정이다.

인구절벽으로 생산가능 인구가 빠르게 줄어들고 있는 상황과 포스트 코로나 시대를 준비하기 위해 외국인 근로자를 대상으로 한 이민 정책이 획기적으로 개선되는 것이 필요하다는 지적도 나온다(김승호, 2021).

첨단산업과 자동차 산업이 산업 성장의 중심으로 한국 경제구조가 형성 유지되고 있지만, 여전히 제조업 분야는 사회유지 형성에 중요한 부분을 차지한다는 것은 간과할 수 없다.

매년 고용허가제를 통해 한국에 유입되는 대부분의 외국인 근로자들이 제조업 분야로 유입되고 있다는 점은 중요한 부분으로, 한국 사회가 제조업 분야를 포기하지 않는 이상 외국인 근로자의 유입은 막을 수 없는 너무나도 당연한 사회적 현상이기에 단순 억제나 단순 동화가 아닌 사회현상에 대한 현명한 대처가 필요하다.

〈표 10-5〉 제조업 분야 고용허가제 외국인 근로자 비율

제조업	2021	2020	2019	2018	2017	평균
인원	7,455	4,806	40,208	43,695	39,415	
비율	71.0%	71.9%	78.3%	81.1%	77.5%	75.9%

만약 지금과 같은 소비적이고 순환적인 기조를 바탕으로 이루어지는 노동정책은 단순히 노동자의 문제로 끝나는 것이 아니라 한국 경제가 기반을 잃어버리고, 시간의 과정 속에 무너지게 될 가능성을 배제할 수 없다.

제조업이 사라지게 되면 한국 산업이 위기를 맞게 되고, 한국 산업의 위기는 결국 사회적 위기로 나타나게 된다.

경기도에서 의류공장을 운영하는 이모 사장은 "나와 집사람을 포함해 공장에서 일하는 사람 15명 중 10명이 외국인이다. 공장장이 의사소통

문제를 제기해 내국인을 뽑기 위해 공고를 냈지만 오는 사람마다 한두 달만 일하고 그만두기를 반복했다. 외국인이라도 마음대로 쓸 수 있게 해줘야 하는데 그것도 (정부가) 막고 있다. 이쯤 되면 '갑'은 외국인이고, 중소기업 사장인 나는 '을'이다"라고 토로했다(김승호, 2021).

결국 외국인 근로자는 단순히 특정 분야에 유입되어, 임금을 받고 살아가는 단순노동자가 아니라 한국 사회를 유지 발전시키는 중요한 몫을 차지하는 중요한 역할과 의미를 가진 존재임을 잊지 말아야 한다.

인구절벽과 포스트 코로나 시대를 살아가는 현재 이주민 특히 외국인 근로자에 대한 획기적인 외국인 근로자 정책이 필요하다.

외국인 근로자를 받아들이는 정책인 고용허가제도는 매우 소극적인 정책이기 때문에, 인구절벽 상황을 고려하면 제조업, 농업, 어업 등 생산 현장에선 향후 인력난을 심각하게 겪을 수 밖에 없기 때문에 이민이나 이민자를 터부(taboo)시하지 말고 중장기적으로 인력을 안정적으로 확보하기 위한 정책이 필요하다(김승호, 2021).

나) 외국인력 활용도 제고 및 이민자 취업 지원 수요 증대

취업 목적으로 입국한 외국인력에 대한 체류 및 취업 지원을 통해 이들의 생산성을 제고하고, 활용도를 높여 활용 기반을 확대하는 노력이 요구되고 있다. 그동안 외국인력 정책은 주로 유치 및 유입에 초점을 두고 진행됨에 따라 이들의 활용전략을 높이고자 하는 노력이 미흡했다. 비취업 목적의 이민자의 상당수는 정주형 이민자로서 국적취득 여부와 관계없이 한국에 정주화하고 있으므로 이들에 대한 인적자본의 확대 및 취업 능력을 높일 필요가 있다.

전통적인 이민 국가와 유럽연합 회원국들의 경험에 따르면, 이민자의 사회통합(Social integration)을 촉진하는 요인으로 노동시장 통합이 매우 중요하다. 이민자들은 언어문화 사회규범 교육의 질 숙련 등의 제약요인으로 인해 내국민에 비해 낮은 소득, 높은 실업에 직면하고 있다. 임금과 실업 면에서 이민자는 유입국의 근로자에 비해 상대적으로 낮은 성과를 보여 노동시장 통합문제가 과제로 대두되고 있으며 이는 우리나라도 예외가 아니다.

결혼이민자의 저소득문제나 중도입국 자녀와 이민자 2세의 교육훈련에서의 상대적 배제 문제는 향후 주요한 정책 쟁점이 될 전망이어서 이들의 노동시장 통합을 위한 정책지원이 더욱 적극적으로 이루어질 필요가 있다.

이민자 2세대의 상당수는 사회 · 경제적 배경이 약하고 일부 중도입국 자녀들의 경우 한국어 능력 제고를 위한 노력이 필요한 상황이다. 특히 학교 졸업 후 사회진출을 위해서는 언어뿐만 아니라 직업 역량 강화와 취업 연계를 위해 정책지원 수요가 높은 현실이다.

(2) 우리나라 이민자 노동시장 통합 문제점[8]

가) 노동시장 통합정책 프로그램이나 정책 전달체계 미흡

노동시장 통합정책들은 주로 결혼이민자를 중심으로, 동포, 영주권자, 국적 취득자 등 다양한 정주형 이민자를 위한 지원체계가 이루어지지 못하고 있다.

이민자의 취업 지원 등 노동시장 통합정책이 결혼이민자 중심으로 되어 사각지대가 발생하고, 비전문인력의 경우 고용지원센터나 외국인력 지원센

---

8 제3차 외국인 정책 기본계획(2018년~2022년)의 내용 요약

터 등을 통해 고충 상담이나 법률 서비스 지원, 한국어 교육, 무료진료 등을 실시하고 있지만, 전문인력에 대해서는 이러한 지원체계가 미흡하다.

또한 국적 취득자나 영주권자 등 정주형 이민자에 대한 정책은 사각지대에 놓이게 된다. 동포의 경우 체류 규모가 확대됨에 따라 노동시장에서 취약계층도 발생하고 있고 동포의 고령화에 대한 대응책이 마련되어야 하지만 이에 대한 대응책이 제대로 마련되지 않고 있다.

현재 노동시장 정책은 고용허가제를 근거로 취업 가능한 업종, 국가 등 기본적인 조건만 제시하고 있다. 복잡하고 이해하기 힘든 규정보다는 기본적인 것만으로 체계적으로 노동시장이 형성된다면 아무런 문제가 없다. 하지만 현재 외국인 근로자는 고용허가제로 취업한 작업장에 일이 없으면, 고용주의 지인의 작업장에서 노동을 강요받는 경우도 있고, 허가된 작업장을 벗어나 더 많은 임금을 받을 수 있는 지역이나 작업장에서 노동을 하는 경우도 많다.

이러한 불법은 또 다른 불법으로 연결이 되고, 외국인 근로자에게 부당한 처우나 문제가 발생하게 되고, 결국 이러한 통합적인 프로그램과 정책의 부재는 많은 문제를 발생시키는 원인으로 작용하고 있다.

나) 외국인 활용 인재 정책 미흡

외국인력 및 유학생 등 외국인 인재 정책이 주로 유치정책 중심으로 되어 있어 이들의 활용전략에 대한 정책적 접근이 미흡하여 국내 취업 외국인의 인적 자원 개발을 통한 취업 능력 강화 및 생산성 제고 정책이 체계적으로 이뤄지지 않아 우수 취업 외국인의 국내 정주화와 연계 전략이 미흡하였다.

특히 상당수 중소기업형 전문 외국인력의 경우 기업 내 인적 자원 개발의 한계 등으로 직업교육훈련 정책이 제대로 이루어지지 못하고 있다. 유학생의 경우 채용박람회 개최를 통해 유학생을 국내 노동시장으로의 유입·촉진하고 있으나 기업 수요형 유학생 입국 및 지원과 같은 체계적인 활용전략의 부재로 유학생의 국내 노동시장으로의 이행이 많지 않게 나타났다.

동포 인력 활용은 또한 주로 노동시장 부조화를 해소하기 위한 유인정책 중심이어서 동포 인력의 다양한 노동시장 정책 수요를 반영한 정책대안이 마련되지 못하고 있다.

(3) 외국인노동자 사회 통합정책

가) 통합정책 필요

'제3차 외국인 정책 기본계획(2018~2022)'은 이민의 양적 확대와 사회통합 체계를 마련하여 추진하고 있다. 그러나 국내 체류 외국인 중 가장 큰 비중을 차지하고 있는 동포의 경우 방문취업, 영주권 또는 국적취득 등 다양한 체류 자격을 갖고 있어 이들에 대한 통합적인 지원정책으로는 한계가 있다.

동포 인력 중 인적 자원 투자가 필요한 청년층이나 혹은 전문성을 가지고 있는 동포 인력의 활용도 제고 필요성, 동포 취약계층에 대한 취업 지원 서비스 확대 등 다양한 정책 수요가 요구된다.

또한 국내 체류 동포 인력의 고령화도 진행되고 있어서 이들의 귀국 지원이나 정주화를 위한 대책이 요구되고 있어 동포의 사회통합 정책과 같은 한국 생활 적응지원으로는 한계가 있다.

동포와 내국인과의 갈등도 확대되고 있어 이에 대한 보다 적극적인 대처가 요구되고 있다. 따라서 국내 체류 동포의 대상별 특징을 고려한 노동시장 정책, 고령화 대책, 동포 청년 인력 활용, 동포 인재 유치 및 활용전략 등 종합적인 지원정책 수립이 필요하다.

나) 사회통합 교육 프로그램 운영 내실화

외국인 근로자들 대부분이 금전과 생활환경 등의 제약으로 주거 환경에 대한 선택의 폭과 정보가 매우 제한된 상황에 있다는 점을 고려하여 주거 환경개선 등 적절한 숙박과 보호시설의 제공 및 지원이 필요하다. 외국인 근로자들 대부분은 공장에서 제공하는 임시 건물을 숙소로 사용하고, 농축산업에서는 비닐하우스나 콘테이너 등 열악한 환경에서 생활하고 있다.

또한 외국인 근로자 보호시설 역시 대부분이 국가의 정책으로 운영이 되기보다는 종교단체의 부설복지사업시설에 그치거나, 일부 의지가 있는 개인에 의해 운영되고 있어 복지시설 규모가 대체로 영세하고, 예산 역시 보호시설을 운영하고 지원 사업을 수행하기에는 부족한 상황이다.

부족한 예산은 외국인 근로자를 위한 사업이 대체로 노동조건에 대한 상담이나 진료, 한국어 교육 등에 국한되어 보다 실용적인 부분에 치중되어 있다. 하지만 외국인 근로자를 위한 정체성과 역할 등과 같은 좀 더 장래적이고 건설적인 역할 수행이 필요하다.

따라서 외국인 근로자를 고용하고 있는 회사를 중심으로 하여 주거 환경에 대한 외국인 근로자들의 의견을 수시로 타진하고, 좀 더 나은 조건의 주거 환경을 찾을 수 있게끔 부동산 중개소나 주변의 동료, 한국인 이웃들과의 연계를 가질 수 있도록 도와주어야 한다. 그리고 무엇보다 정부가 나서서 외국인 근로자들의 주거 환경, 노동환경, 복지환경 등을 개선하는 방향을 모색해야 한다. 오랜 기간 외국인 근로자 보호 사업을 수행하면서 축적한 다양한 개인과 종교기관의 부설복지기관에 우선적 지원과 외국인 근로자를 중심으로 하는 시민단체 혹은 커뮤니티에 대한 지원을 확대하여 외국인 근로자의 인권과 기본적인 삶의 질을 보장할 수 있도록 해야 한다.

외국인 근로자를 위한 행정 인프라를 확보할 수 있어야 한다. 정부는 국제사회에 맞추어 외국인 근로자를 위한 담당 부서를 만들고 고충 처리를 해 주고 있지만, 실질적으로 정부는 외국인 근로자에 대한 보호와 관리에 매우 소극적으로 임하고 있다. 노동자의 권리 보호를 위한 일선 지방 노동사무소에서 외국인 근로자를 위한 전담 근로감독관은 없을 뿐만 아니라 외국인 근로자의 원활한 의사소통을 위한 통역 인력 또한 없다. 따라서 정부는 현 상황의 문제를 정확히 인식하고 국제사회에 적합한 실질적인 대안을 마련해야 한다.

외국인 근로자들이 겪고 있는 고충 등에 대해 정부가 앞장서서 해결해 주는 등 상담 활동을 활성화할 수 있도록 하는 지원이 필요하다. 즉, 외국인 근로자들이 겪는 문제점을 같이 협력하여 해결해 나갈 수 있는 상담자와의 상담 활동 활성화가 필요하다. 상담 활동을 바탕으로 외국인 근로자들의 장시간 근로시간, 열악한 노동환경, 임금 및 각종 수당의 착취 등에 대한 고충을 해결해 줄 수 있는 적극적인 사회적 정책 방안 또한 모색해야 한다.

외국인 근로자들이 한국 생활에 적응할 수 있도록 하는 정부 차원에서의 프로그램 마련이 필요하다. 외국인 근로자 대부분은 종교시설과의 교류 외에는 한국 사회와의 큰 교류가 없다. 따라서 체류 기간 동안 시민단체 등을 중심으로 국내 체류 생활에 대한 다양한 동적 프로그램, 사회통합을 유도하는 프로그램 등 지역사회와 자주 접할 기회를 제공해 주어야 한다. 이러한 정부 프로그램은 각 나라의 문화교류와 이해 증진을 도모할 뿐 아니라 외국인 근로자에 대한 지역주민의 의식 개선의 기회 역시 제공해 줄 수 있다(김태희 2014, 110-112).

참고문헌

OECD(2016). 『Perspectives on Global Development 2017: International Migration in a Shifting World』, OECD Publishing, Paris, https://doi.org/10.1787/persp_glob_dev-2017-en.

강동관(2011). 외국인 근로자가 국내 경제에 미치는 영향. IOM 이민 정책연구원 워킹 페이퍼 시리즈(No. 2011-08).

강동관(2016). 국내 이민자의 경제활동과 경제 기여 효과. IOM 이민 정책연구원 정책 보고서(No. 2016-05).

강수택(2004). 근대, 탈근대, 사회적 연대. 『한국사회학』 38(5). 56-79.

고용노동부 홈페이지. http://www.moel.go.kr/index.do

김경동(1993). 『한국 사회 변동론』, 나남.

김미나(2009). 다문화사회의 진행 단계와 정책의 관점:주요국과 한국의 다문화 정책 비교연구. 『행정논총』 47(4). 193-223.

김승호(2021). [업(業)을 업(UP) 하다] "싸장님, 우리 없으면…" 제조업 현장, 외국인 근로자에 목맨다. 매트로신문(2021.07.14.). https://www.metroseoul.co.kr/article/20210714500133(검색일:2022.03.18.).

김태희(2014). 외국인 근로자의 사회통합정책 방안. 『한국균형발전연구』 5(2). 101-114.

노대명(2009). 사회통합의 현황과 향후 정책과제. 『보건복지포럼』 150. 6-19.

박무영(1995). 외국인 기술 연수, 한국판 '뿌리'의 오명을 벗을 수 있나, 『노동운동』 25권, 143-147.

박철민(2019). 외국인 근로자의 사회통합 분석:수도권 지역과 비수도권 지역의 비교. (사)한국지방정부학회 추계학술대회 발표논문집.

법제처 국가법령정보센터. 「외국환 거래규정」. https://www.law.go.kr/LSW//main.html

설동훈(1997). 외국인 근로자와 한국 사회의 상호작용:진단과 비전, 고려대학교 노동문제연구소, 『노동문제논집』 13, 131-158.

송하성(2020). 경기도의 외국인복지센터, 새로운 변화 위해 부단히 노력해야!. 마이지뉴스(2020.08.10.). http://danews.kr/news/view.php?no=4588(검색일:2022.03.25.).

연합뉴스(2019). 황교안 "외국인 근로자에 똑같은 임금, 공정치 않다" 발언 논란. 연합
    뉴스 2019.06.19. https://www.yna.co.kr/view/AKR20190619033052001(검색
    일:2022.02.14.).

이성원(2021). 아직도⋯이주노동자들은 '집' 아닌 비닐하우스에 산다. 서울신문(2021.06.13.).
    https://www.seoul.co.kr/news/newsView.php?id=20210614016002(검색일:
    2022.04.17.).

이한숙 외(2017). 『이주 인권 가이드라인 재구축을 위한 연구』. 국가인권위원회.

장용석 외(2012). 사회통합의 다원적 가치와 영향요인에 관한 탐색적 연구. 『한국사회
    학』 46(5). 289-322.

한국다문화복지학회(2021). 『사회 복지와 문화 다양성』. 학지사.

한양환(2008). 아프리카 사회통합모형 구축을 위한 마다가스카르와 모리셔스의 다종족
    사회 비교연구. 『국제지구연구』 12(2). 387-418.

김춘수(Kim, Chun Soo) ─────────────

대구가톨릭대학교에서 재미 한인의 종교 생활에 대한 연구로 박사학위를 취득하였고, 현재 대구가톨릭대학교 다문화연구원에 연구교수로 재직 중에 있다. 연구 관심 분야로 이주민의 종교 생활과 이주민 사회에서 종교의 역할 등 이주와 종교의 관련성 등이 있다. 대구가톨릭대학교 교양교육연구센터 학술지 편집위원과 정책연구 위원으로 활동 중이다. 최근 논문으로는 이중언어교육에 대한 연구가 있으며, 시민교육 차원에서 다문화사회에 필요한 덕목이라고 할 수 있는 관용(Toleration)에 관심이 있다.

이주와 노동
Migration and Labor

초판인쇄 2022년 8월 31일
초판발행 2022년 8월 31일

지은이 김춘수
펴낸이 채종준
펴낸곳 한국학술정보(주)
주 소 경기도 파주시 회동길 230(문발동)
전 화 031-908-3181(대표)
팩 스 031-908-3189
홈페이지 http://ebook.kstudy.com
E-mail 출판사업부 publish@kstudy.com
등 록 제일산-115호(2000. 6. 19)

ISBN 979-11-6801-523-4 93330